곡산 조봉암 평전

죽산 조봉암 평전

ⓒ 시대의창, 2010

초 판 1쇄 2010년 1월 11일 발행
개정판 1쇄 2019년 3월   1일 발행

지은이 김삼웅
펴낸이 김성실
교정 한지은
제작처 한영문화사

펴낸곳 시대의창   **등록** 제10-1756호(1999. 5. 11)
주소 03985 서울시 마포구 연희로 19-1 4층
전화 02) 335-6121   **팩스** 02) 325-5607
전자우편 sidaebooks@hanmail.net
페이스북 www.facebook.com/sidaebooks
트위터 @sidaebooks

ISBN 978-89-5940-674-6 (03990)

잘못된 책은 구입하신 곳에서 바꾸어드립니다.

이 도서의 국립중앙도서관 출판예정도서목록(CIP)은
서지정보유통지원시스템 홈페이지(http://seoji.nl.go.kr)와
국가자료공동목록시스템(http:www.nl.go.kr/kolisnet)에서 이용하실 수 있습니다.
(CIP제어번호 : CIP2018021151)

죽산 조봉암 평전

김삼웅 지음

시대의창

교수형과 투신형의 정치공학

《죽산 조봉암 평전》의 마무리 단계에서 노무현 전 대통령이 서거하셨습니다. 그리고 8월에는 김대중 전 대통령이 서거하셨습니다.

죽산의 처형을 흔히 '사법살인'이라 하지만 달리 표현하면 권력자의 지침에 검찰과 사법부가 하수인 노릇을 한 것입니다. 이승만 대통령이 국무회의에서 몇 차례나 이 사건에 대해 언급하고 '법치'를 강조한 데서도 드러납니다. 용기 있는 정상적인 검찰과 사법부라면 권력자의 위법적인 재판개입을 단호히 거부해야 하지만, 그때나 지금이나 그걸 바라기는 쉽지 않습니다. 검찰과 사법부에서 '충견忠犬'이란 치욕적인 꼬리표를 떼어내는 날 죽산 선생이나 노 전 대통령 그리고 평생을 용공혐의로 재판에 시달린 김 전 대통령도 편히 눈을 감을 수 있을 것입니다.

죽산 선생의 교수형과 노 전 대통령의 투신사에는 어떤 정치공학이 작용했을까요. 또 두 분의 죽음에는 어떤 유사점이 있을까요.

죽산의 처형이 권력자와 검찰, 사법부의 합작품이라면, 노 전 대통령의 서거에는 여기에 수구언론이 한 축을 담당했습니다. 어떤 의미에서는 권력의 작용이나 검찰의 수사보다 언론의 인격살인이 더 견디기 어려웠을 것입니다.

죽산은 1950년대 '멸균실 수준'의 반공 분위기 속에서 이승만과 여기에 기생하는 검찰·법조인들에 의해 처형되었습니다. 투철한 독립운동가, 진보적인 평화통일론자, 양심적인 개혁정치인이었던 조봉암은 부패한 기득세력에게 위협의 대상이 되었고, 이 세력들은 결국 '용공좌경'의 딱지를 붙인 채 그의 목에 밧줄을 걸었습니다. 중세시대 이단 처형의 모습과 꼭 닮았습니다.

문제는 이 같은 야만적인 행태가 1950년대로 끝난 것이 아니라는 데 있습니다. 4월혁명으로 이들의 뿌리가 뽑히는 듯했지만 5.16쿠데타와 더불어 소생했고 더욱 깊은 뿌리, 굳은 가지, 왕성한 줄기로 자라났습니다. 그리고 이들은 비슷한 수법을 계속 사용했습니다. 장준하 선생을 비롯하여 수많은 민주·통일·진보 인사들에게 '용공좌경'의 딱지를 붙여 죽이거나 투옥시킨 것입니다.

죽산은 1951년 독일 프랑크푸르트 암마인에서 채택된 '프랑크푸르트 선언'에서 인류의 미래상을 읽었던 것 같습니다. 그는 노동독재도 자본독재도 거부하는, 민중이 대접받고 주인이 되는 사회를 꿈꾸었습니다. 그리고 분별없이 남북대결을 조성하면서 북진통일을 주장하는 이승만 대통령의 대결노선을 비판하면서 평화통일론을 주창하다가 '용공좌경'의 덫에 걸렸습니다.

산기슭에 설치한 덫(올가미)은 무고한 산짐승의 발목을 채지만, '용공좌경'의 덫은 수많은 양심적인 사람들의 목숨을 챘습니다. 사건 발생 28년 만인 2009년 무죄판결을 받은 아람회 사건도 그중 하나였습니다.

우리 역사에서 개혁·진보의 가치를 든 지도자는 살아남기 어려웠습니다. 멀리 신라의 장보고에서 고려의 만적, 묘청, 신돈, 조선조의 정도전, 조광조, 홍경래, 최제우, 전봉준, 김옥균 그리고 해방 이후 김구, 조봉암, 장준하에 이어 노무현에 이르기까지 권력의 참살 아니면 자살로 생을 접어야 했습니다.

수구세력은 외세에는 빌붙어 강아지 노릇을 하면서도 내부의 진보·개혁세력에는 사납게 물어 찢는 승냥이가 되었습니다. 진보·개혁에게 자칫 기득권을 잃을지 모른다는 위기의

식 때문이었겠지만, 6월항쟁을 거쳐 민주정부가 수립된 이후 10년 동안에도 그들의 재부는 빼앗기기는커녕 더욱 늘어났습니다.

2019년 7월은 죽산 선생이 처형당하신 지 60주년이 되는 해입니다. 제가 평전에서 열거한 대로 그는 애국자이고 반공주의자이며 평화통일론자였습니다. 그리고 때론 권력과 타협하기도 하고 비겁한 모습을 보이기도 했던 '인간'이었습니다. 누구보다 조국 대한민국을 사랑했고 이 땅의 민중을 아꼈습니다. 그는 유언에서, 자신은 '평화통일의 씨앗'을 뿌린 것이고 열매는 후대에 맡긴다고 말했지만, 아직도 이 땅은 평화와 위협이 혼란스럽게 뒤섞여 있습니다. 어디서부터 무엇이 잘못되었을까요.

"역사는 시간을 따라 흘러오지만 역사의식은 시간을 거슬러 간다"는 말이 있습니다. 투철한 역사의식으로 지난날을 돌이켜보고 현실을 직시하면서 다시는 이 땅에서 '사법살인'이나 '권·검·언 합작 살인'이 없어야 하겠습니다. '권리는 스스로 지키는 힘이 없으면 빼앗기게 된다'는 너무나 평범한 상식이 교훈이라면 교훈입니다. 깨어 있는 시민정신과 행동하는 양심만이 권리와 민주주의를 지키는 길입니다.

정부는 더 늦기 전에 죽산 선생을 독립유공자로 인정하여 그의 시련에 찬 항일운동을 평가해야 합니다. 그리고 늦게나마 대법원의 재심판결로써 죽산이 간첩 누명을 벗은 일은 다행입니다.

이 글을 연재할 수 있도록 해주신 이 시대의 정론 매체 《오마이뉴스》와 단행본으로 엮어주신 시대의창 김성실 사장님 그리고 직원 여러분께 감사드립니다.

김삼웅

매년 무더위가 기승을 부리는 한여름의 정점인 7월 31일 한서린 죽음을 맞으신 선친의 기일에 망우리 묘소에서 추모 객들을 맞으면 항상 감사한 마음과 더불어 죄송한 마음이 들곤 했습니다. 숨막히는 더위마저 황망한 현대사의 굴절을 보여주려는 것이었을까요? 시신조차 수습하기 어려웠던 당시는 물론 그후로도 공공연한 추모를 할 수 없었던 시절의 회한을 50주기를 맞는 올해 추모학술대회를 비롯한 각종 행사를 이끌어오신 뜻있는 분들의 활동으로 크게 위안을 갖게 됩니다. 유족으로서 감사한 마음도 들지만 부끄러움이 앞섭니다. 그간 추모사업회나 현대사 연구자를 중심으로 선친의 항일투쟁과 해방 이후 정치활동을 되새겨보게 된 것도 세간의 주목을 피해 살아온 저희 가족으로서는 감회가 새로울 수밖에 없습니다. 이런 가운데 김삼웅 선생님께서 선친과 관련된 공적·사적 기록과 자료를 수집·검증하고 확인·분석해서 《오마이뉴스》를 통해 《죽산 조봉암 평전》이란 제목으로 연재를 하셨습니다. 그리고 드디어 단행본으로 출간하게 되었습니다. 이 책을 통해 가족들조차 잊었거나 알지 못한 면모를 알게 된 부분도 많고, 사사로이 함께 한 시간이 많지 않았으나 역동적인 정치인이면서 여전히 감성이 풍부하셨던 아버님의 인간적인 모습을 만나게 되었습니다.

김삼웅 선생님은 정언 직필을 실천하는 참 언론인이시고 현대사를 냉철히 연구해오신 학자십니다. 오랫동안 일제 강점기의 훼손된 민족정기를 바로 세우는 일에 특히 힘쓰시고 2008년 봄까지 독립기념관장으로 독립운동사 바로잡기에 애쓰셨습니다. 아울러《안중근 평전》《장준하 평전》등 철저히 사실에 입각한 평전을 집필하셨습니다. 그리고 2009년 상반기에는 저희 선친의 평전도 집필하셨는데 마치 저희가 함께 작업한 것 같은 뿌듯한 감회를 주체할 수 없었습니다.

선친께서 제헌 헌법기초위원으로 특히 인권과 경제적 정의에 관련한 사항을 성안되게 하셨다는 내용은 더불어 고루 잘사는 세상을 꿈꾸어오신 이른바 사민주의의 적절한 표현이 아닌가 여겨집니다. 농림부장관 시절 역점을 두어 진행하신 농지개혁이 대한민국 존립에 버팀목이 되었다고 이해하면 저희의 욕심이 될지 모르겠습니다만, 세세한 역사적 사건들이 가감 없이 적시되어 많은 분들에게 편견 없는 실체적 진실로 읽혀지리라 믿습니다.

김삼웅 선생님은 역사의 소용돌이 속에 흩어지고 사라진 각종 희귀자료들을 구석구석 찾아다니고 확인하고 정리하여 일호라도 사실에 어긋난 기술을 하지 않는 분이시라 본 평전을 쓰신 노고가 각별하였을 것으로 짐작합니다. 널리 역사의 변방에 머물러 사라질 수도 있을 많은 훌륭한 분들을 찾아 힘든 여정을 계속해가실 선생님의 노력이 역사 바로세우기의 현장이 되길 바랍니다. 또 역사적 인물이 갖는 중압감으로 자칫 묻힐 수 있는 각인의 인간적 면모도 진솔히 알려지고 더 친근하게 많은 이들에게 다가서는 계기가 되길 희망합니다.

　이제 어두운 과거의 질곡에서 벗어나 밝은 세상을 만드는 데 힘써 오신 원로 분들의 추모활동이 더욱 외롭지 않게 되었습니다. 젊은이들에게도 현대사의 진실이 편안하게 읽힐 것이기 때문입니다. 이 책을 통해 이제 더 많은 역사적 실체가 여실히 드러나 연구가 활성화되길 바랍니다. 그리고 어두운 역사가 반복되지 않는 계기로 작용하길 바라는 마음 간절합니다. 다시금 김삼웅 선생님의 평전 출간에 축하와 감사를 드립니다.

장남 조규호

차 례

조 봉 암 평 전

제 **14** 장   구명운동 그리고 평가

부록

제 1 장
사법살인 당한 독립운동가

우리가 독립운동을 할 때
돈이 준비되어서 한 것도 아니고
가능성이 있어서 한 것도 아니다.
옳은 일이기에
또 아니하고서는 안 될 일이기에
목숨을 걸고
싸웠지 아니하냐

— 조봉암, '어록'에서

비운의 정치인 조봉암

비운의 정치인 죽산 조봉암(1898~1959)과 비운의 정당 진보당. 진보당은 6.25전쟁 뒤 민주사회주의를 표방하며 1956년 11월 10일 결성되었으나 창당 15개월 만에 이승만 정권에 의해 등록이 취소되고 1958년 2월 25일 소멸됐다. 그리고 당수 조봉암은 처형됐다. 한국 현대정당사에서 가장 혁신적인 정강·정책을 제시했지만 가장 비참한 최후를 맞이했던 것이다.

6.25 한국전쟁이 휴전협정으로 겨우 마무리 된 1950년대 중반, "한국전쟁에서 조금이라도 좌파 내지 진보적 색채를 띤 사람들은 철저히 학살당하거나 북으로 가거나 아니면 지리산으로 들어가 죽어버렸다. 분단과 전쟁과 학살이 휩쓸고 간 한반도 남쪽에서는 멸균실 수준의 반공이 이루어졌다."[1] 이런 상황에서 조봉암은 '평화통일론'과 '노동독재도 자본독

---

1 한홍구, 〈현대한국의 저항운동과 촛불〉, 《창작과 비평》, 2008년 가을호, 15쪽.

재도 거부'라는 민주사회주의 깃발을 내걸고 진보당을 창당하고 활동에 나섰다가 참변을 당했다. 이승만의 '반공 히스테리'[2]의 희생물이 된 것이다.

진보Progre's/Progress- 여행자는 자신이 뒷걸음친다고 착각하지만 사실은 앞으로 나아가고 있고, 목적지에 가까이 왔다고 생각하지만 사실은 길을 잃고 헤매고 있다. 자기와 가까이 있다고 느껴지는 두 지점이 사실은 멀리 떨어져 있으며, 이제 앞으로 간다 뒤로 간다는 개념은 의미가 없어질 것이다.

평균 수명은 살인의 방법이 증가하는 것과 같은 속도로 늘어날 것이며 농업은 기아와 함께 발전할 것이다. 시장의 세계화는 전 지구의 연대를 강화할 것이며 이와 동시에 정체성의 추구는 민족국가를 증가시킬 것이다. 통신수단, 학습과 기분 전환의 방법은 고독의 기회만큼 무한정 늘어날 것이다.

미래에는 선과 악의 끔찍한 공존 속에서 살아가는 법을 배워야 한다.[3]

2 강준만, 《한국현대사산책-1950년대편 3권》, 인물과 사상사, 2004, 262쪽.
3 자크 아탈리, 《21세기 사전》, 중앙M&B, 1999, 288~289쪽.

현재 프랑스의 대표적인 지식인 자크 아탈리가 내다본 '진보'의 개념이다. '선과 악의 끔찍한 공존'은 미래가 아니라 이미 1950년대 한국에서, 자유당과 민주당 그리고 진보당 사이에서 한동안 이루어졌다. 그러나 함께 살아가는 법을 배우지 못한 '공존'은 오래가지 못했다.

이승만 대통령에게 현재든 잠재적이든 도전하는 모든 사람에게는 죽음이 따랐다. 제헌의원 선거 때 이승만과 대결한 독립운동가 최능진은 처형되고, 잠재적 라이벌 관계이던 백범 김구는 암살됐다. 야당 대통령 후보 신익희와 조병옥은 병사하고, 현직 부통령 장면은 수하들이 총을 쐈지만 '불행히(다행히)' 죽지 않았다. 다음은 조봉암 차례였다.

조봉암은 제2, 3대 대통령 선거에 출마하여 이승만에게 도전하고, 제4대 대통령 선거를 앞두고는 정권에 위협적인 인물이 됐다. 이승만은 이미 3대 대선에서 혼쭐이 났다. 자신이 농림부장관으로 발탁했던 사람을 좌경용공으로 몰아 처형하고 진보당은 해산시켰다. 조봉암의 '평화통일론'이 정부의 북진통일론에 배치된다는 이유였지만 배경은 정적 제거에 있었다.

60년이 지난 지금도 정부 비판세력을 친북 좌경으로 몰아붙이는 터에 당시에 정적이나 비판세력에 붉은 딱지 붙이는 일은 식은 죽 먹기였다. 조봉암은 공산주의사상을 민족해방운동의 이념이자 사회혁명사상으로 받아들여 일제와 치열하게 싸우다가 해방을 맞아 전향했다. 이승만 정권에 똬리를 튼

친일파들은 자신들의 반민족행위를 재빨리 반공주의로 탈바꿈하면서 독립운동가, 남북협상세력, 반독재 인사들에게 용공의 너울을 씌우고 더러는 형장으로 끌고 갔다.

　그들에게 반공은 구원의 메시지였으며, 자신들을 감싸준 이승만은 바로 구세주였다. 그래서 '국부國父'의 뜻이라면, '국부'를 위해서라면 물불을 가리지 않았다. 최능진, 김구, 장면, 조봉암, 그 누구라도 가릴 것이 없었다. 독립운동의 전력이나 현재의 위치 따위는 그들의 안중에 없었다. 이승만 정권의 안위는 곧 자신들 생존의 길이고 입신출세의 방편이었다. 정권, 사법부, 군, 검찰, 언론계에서 친일파는 주류가 되고 있었다.

　암살, 테러, 사형死刑, 납치, 투옥 등 정적 제거의 여러 가지 방법 가운데 '사법살인司法殺人'이라는 것이 있다. 조봉암을 제거한 방식이 바로 사법살인이었다. 상식적으로 사법부는 시비정사是非正邪를 엄정하게 가리는 국가기관이다. 현대 민주주의 국가가 3권 분립을 원칙으로 하는 것은 입법부나 행정부가 국민의 생명과 재산을 다루는 사법부를 간섭하지 못하도록, 그래서 법관과 검찰은 오직 양심과 법률에 따라서만 사법권을 행사하게 하기 위해서다. 그런 사법부가 행정부의 하수인이 되어 사법의 칼날을 마구잡이식으로 휘두른다면, 정치보복이 자행되고 인권이 유린되어 민주주의는 끝장난다.

　1995년 4월 25일 우리나라의 근대적 사법제도 100주년을 기념하며 MBC가 제작한 한 다큐멘터리에서 현직 판사 315명은 설문조사를 통해 인혁당사건 재판이 '우리나라 사법사상 가장 수치스런 재판이었다'고 응답하여, 법조인들도 이 사건이 정상적이지 못했음을 시인했다.

제네바에 본부를 둔 국제법학자회의는 인혁당사건의 최종 판결날을 '사법사상 암흑의 날'로 선포했으며, 국사사면위원회(엠네스티)에서는 '야만적인 살인행위'라고 박정희 정권을 비난했다.

박정희 정권은 1974년 4월 9일 유망한 인물 8명을 '사법살인'했다. 형식적인 재판의 절차를 거쳤으니 살인에 사법부가 하수인 역할을 한 것이다. 이를 '사법살인'이라 이름한다.

인혁당사건이 있기 16년 전인 1959년 7월 31일 진보당수 조봉암도 '사법살인'됐다. 이승만 정부는 사법부를 동원하여 독립운동가이자 초대 농림부장관과 국회부의장을 두 번이나 지낸 사람을 좌경용공으로 몰아 처형했다. 어김없는 '사법살인'이었다. 보수야당과 언론들은 침묵했다. '공범'까지는 아니더라도 이들은 '종범'이라 할 수 있다.

이승만·박정희·전두환 독재정권이 필설로 다 하기 어려울 정도로 많은 패악을 저질렀지만, 무엇보다 무고한 사람들을 사법의 이름으로 살해한 것은 가장 용서받기 어려운 죄악이다. 죄를 지어 사형당해 마땅한 사람에 대해서도 하늘이 준 인명을 차마 사람이 어찌할 수 없다 하여 사형제 폐지가 국제

사회의 대세가 되고 있는 터에, 죄를 날조하여 사법의 이름으로 사람을 죽이는 행위는 일반 살인행위보다 훨씬 악랄한 죄악이다. 어떤 이유로도 용납되기 어렵다. 더욱이 정치적 라이벌이자 나라의 큰 인물을 죽인 것은 역사와 민족 앞에 결코 용서받기 어려운 죄악이다. 역사적으로 소크라테스도 예수도 '사법살인'으로 희생됐다.

용공의 너울

　이승만 정부는 친일 지주계급이 중심이 된 한국민주당(한민당)을 견제하고, 다양한 계층의 인사들로 조각되었음을 대내외적으로 과시하기 위해 조봉암을 등용했다. 뒤에서 다시 쓰겠지만 주한 미군사령관 하지 중장의 천거설도 있었다.

　이승만은 한민당의 지원으로 대통령이 되었지만 조각에서는 한민당을 철저하게 배제했다. 친일 지주 출신들이라는 이유와 함께 잠재적으로 자신의 권력을 위협하는 세력이 될 것이라 판단했기 때문이다. 한민당을 견제하면서 시급한 현안인 농지개혁을 단행할 적임자로서 조봉암만한 인물을 찾기는 쉽지 않았다. 그는 독립운동, 공산주의운동을 하면서 친일파 지주계급에게 증오심을 갖고 있었고, 미국과 유엔 등 대외용으로도 적격이었다.

　대한민국 정부가 수립된 1948년 가을, 조봉암의 대중적 인기는 어느 국무위원 못지않았다. 국민의 대부분이 농민이었던 당시, 일제와 친일 지주들의 수탈에 시달려온 농민들은 정부의 농지개혁을 목이 빠지도록 기다리고 있었다. 북한에 서는 이미 몇 해 전 '무상몰수·무상분배' 방식으로 농지개혁이 이루어진 터였다.

조봉암은 농지개혁을 서둘렀지만 한민당의 제동으로 개혁은 쉽지 않았다. 이 대통령은 날이 갈수록 농민들 사이에서 인기가 높아가는 그의 행보에 속이 편치 않았다. 농민들은 독립운동을 하다 신의주 형무소에서 손가락 일곱 마디가 잘려 뭉텅해진 조봉암의 손목을 잡으며 그의 곁으로 몰려들었다.

그가 입각할 때도 복합적 요인이 작용했지만 퇴각할 때도 그랬다. 6개월 만에 농림부장관에서 물러난 그는 국회부의장에 선출됐다. 제헌의원으로 당선되어 헌법제정의 기초위원으로 활약이 남달랐던 터였다. 6.25전쟁 시절에는 국난을 극복해야 한다는 신념에서 이승만을 도왔다. 발췌개헌 당시에는 주위의 많은 오해를 사가면서 이를 지지했다. 이승만과 대립하게 된 것은 제2대 대통령 후보에 출마하면서부터였다. 3대 대선 때에는 온갖 탄압에도 불구하고 이승만과 자유당 정권의 간담을 서늘하게 하는 표가 조봉암에게 쏟아졌다. 1960년 제4대 대통령 선거를 앞두고 이승만 세력에게는 조봉암이란 존재가 최대의 걸림돌이었다. 그를 제거하지 않고는 승산이 어려웠다. 그래서 조봉암 제거공작은 시작됐다.

'사법살인'에는 법조인들이 동원됐다. 그들은 권력의 수족이 되어 양심과 법률을 팔았고, 조봉암을 끝내 사형대에 서게 했다. 그를 '사법살인'으로 몰아간 관료, 정치인, 검사, 판사 중에는 친일행위자들이 적지 않았고, 그들은 누대를 두고 잘 먹고 잘 살았다.

용공의 너울을 쓰고 '사법살인'의 희생물이 된 조봉암에게 새겨진 '공산주의자' '간첩'이라는 주홍글씨는 반세기 동안 정권이 바뀌고 시대가 변하면서도 쉽게 사라지지 않았다. 그는 언제까지나 '불온'의 상징이고 '배척'의 대상이 됐다. 그를 죽인 주범은 이승만이었지만 '사법살인'에 가담한 공동정범의 법조인들과 이를 방관한 정치인, 언론인, 지식인 등 종범들이 반성하지 않고 참회하지 않는 까닭이다.

생각해보라. 당신의 아버지나 삼촌, 혹은 할아버지가 혹독한 고문과 동상으로 손가락 마디가 끊어지는 옥고를 치르면서도 독립운동을 했고, 공산주의자들의 패악에 그들과 결별하면서 정부수립에 참여하여 많은 공을 세웠으며, 이승만 정부와 보수세력의 독재·부패를 개혁하고자 혁신의 깃발을 들고 평화통일을 위해 싸우다가 결국 독립운동가들이 처형된 서대문 형무소의 형장에서 죽었다면, 억울하지 않겠는가. 더욱이 조봉암처럼 나라를 위해 살다가 누명을 쓰고 죽었다면 얼마나 원통할까. 아버지의 신원을 위하여 반세기 동안 싸워온 유일한 혈육인 딸 조호정은 "아버님은 〈춘향전〉을 보면서 눈물을 흘린 정도로 정이 많은 분이었다"고 회고한다.

노동자 독재도 자본가 독재도 거부하고 다수가 잘사는 통일된 민주주의 조국건설을 추구했던 그의 정신이 지금도 유효할진대, 그의 삶과 죽임이 재조명되어야 하는 이유가 바로 여기 있다. 이 글은 그의 '억울함'을 해원解寃하는 의미와 함께 이 같은 악행이 되풀이되지 않기를 바라는 소망이 담겨 있다.

이승만은 조봉암이 라이벌로 부각되면서 일찍부터 그를 '제거'할 뜻을 갖고 있었다. 이승만은 김창룡 특무대장에게 '친필지령'을 내렸다. 다음은 언론인이자 혁신정치인 고정훈의 증언이다.

나는 진보당을 할 땐가 민주혁신당을 할 땐가 고 김창룡 중장한테 불려가서 듣고 본 해괴한 일을 생각하지 않을 수 없었다. 고 김창룡 장군은 내가 미군사령부에 있었고 그가 국방경비대 소위로 있을 때부터 잘 아는 처지였고 내가 육군본부에서 근무할 때에도 그랬고 육본 정보국차장으로 있을 때는 더욱 가깝게 지내던 사이였다. 그는 나를 불러놓고,

"어쩌자고 조봉암이와 같이 몰려다니느냐?"고 따지면서 큰일난다고 충고했다. 그의 충고는 고마웠다. 어지간한 사이가 아니면 김 장군은 그런 말을 안 할 사람이었다. 당시 그는 대장이고 중장이고 가리지 않고 수틀리면 무조건 족치는 무시무시한 염라대왕이었다. 나는 서상일 씨와의

관계, 야당통합운동 등을 말했고 법치주의의 중대성을 맹렬히 내세우면서 CIC만큼은 법치주의를 철저하게 존중해줄 것을 당부했었다. 그때는 아직 진보당사건이 터지기 한참 전이었다. 그러니까 나의 말은 원칙론이었을 것이다.

그런데 '법치주의'와 '이 박사의 말이 법'이라고 동시에 생각할 수 있을 정도의 충성을 바치던 그는 나에게 "여기 이 박사의 명령이 있소"라고 하면서 보잘 것 없는 양면괘지의 쪽지를 내보여주었다. '조봉암은 공산당이니 없애야 한다'는 이 박사의 친필이었다. 나도 국방장관실에 근무할 때 이 박사의 친필을 많이 보았었다. 틀림없었다. 나는 '대낮 속의 암흑'을 느끼면서 김 장군과 헤어졌다.

"설마?"

나는 심리작전의 한 수법이겠지, 설마 야당 지도자의 한 사람인 조 씨를 죽이려고 하는 것이야 아니겠지 하고 생각해보기도 했다. 그러나 김구 선생 살해사건이 나의 머리를 짓눌렀다. 나는 야당통합의 시급을 절실히 느꼈고 더욱 열심히 조병옥, 장면, 조봉암 세 선생을 찾아다녔다. 그러다가 진보당사건이 터진 것이었다.[4]

4　고정훈, 《명인옥중기》, 희망출판사, 1966, 24쪽.

서대문 형무소의 '봉암새'와 '죽산조'

　나는 어느 사이 비둘기의 벗이 되었다. 악하고 거짓 많은 인간들보다 이 비둘기는 얼마나 더 기특하며 정다운 친구인가 말이다. 비둘기가 좋아하는 콩, 그 콩을 내 밥에서 골라내어 던져준다.

　마룻바닥에 떨어진 밥알을 주워 먹는 배고픔 속에서도 이 비둘기 모이만은 잊지 않는다. 식후 창가로 가서 구구구 비둘기를 불러 콩알을 던진다.

　여기저기 모여와 구구거리면서 그걸 쪼아 먹는 모습을 내려다보면서 나는 끝없는 희열감에 젖는다. 그러나 알고 보니 이 일은 나만 하고 있는 것이 아니었다. 딴 방의 사람들도 소중한 밥을 나누어 던져주는 것이었다.

　건너편 2사의 조봉암 선생도 끼니 때마다 콩알은 비둘기에게 던져 주고 보리밥알은 창가에 놓아 참새들이 와서 먹게 하는 것을 볼 수 있었다.

한 끼도 빠지지 않았으며 콩과 밥알을 주워 먹는 날짐 승들을 하염없이 지켜보고 있었다. 독방의 고독한 그에겐, 생사의 기로에서 죽음의 그림자를 눈앞에 둔 그분에겐 이 순성順性의 귀여운 날짐승들이 유일한 손님이요 친구가 아닐 수 없었다.

그렇게 정성들여 새를 기르던 그 방의 주인은 어느 무 더운 여름날 홀연히 떠나가버렸고 새들은 그들을 반기고 사랑해주던 사람을 잃고 말았다. 죽산 선생의 파란만장한 일생이 교수대에서 그 막을 내린 것이다.

그후 사형집행장의 버드나무엔 전에 볼 수 없던 진귀 한 새가 나타나 슬피 우는데, 이것이 소위 '봉암새' 혹은 '죽산조竹山鳥'라는 얘기다.

언제부터 생겼는지 누가 지었는지조차도 확실치 않은 '봉암새'의 얘기가 서대문 징역꾼과 형무관 사이에 마치 하나의 전설이나 민화民話처럼 구전되고 있다.[5]

진보당사건(2년)과 민족일보사건(5년)으로 7년을 서대문 형무소에서 수형생활을 한 이상두李相斗가 죽산 조봉암이 수 감되어 처형 직전 비둘기에게 모이를 준 일과, 사후에 수인囚 人과 형무관 사이에 나돈 '봉암새'의 얘기를 적은 것이다.

---

5 이상두, 《옥창너머 푸른 하늘이》, 범우사, 1972, 118~119쪽.

조봉암(1898~1959)은 일제강점기 공산주의 계열에서 독립운동을 하다가 신의주 형무소에서 7년간 복역하는 등 숱한 고난을 겪고, 해방 후 공산주의와 결별하고 전향하여 이승만 정부의 초대 농림부장관이 되었다.

1948년 5.10선거에 참여하여 제헌의원이 되었고, 1950년 5.10선거에서 재선되어 국회부의장에 선출됐다. 1952년 7월 발췌개헌 후에도 국회부의장에 재선됐다. 제2대 대통령 선거에 출마하여 79만여 표를 얻고, 1956년 5월 제3대 대통령 선거에 입후보하여 이승만 정부의 온갖 부정과 탄압에도 216만 표를 획득하여 이승만의 강력한 라이벌이 되었다. 조봉암은 1956년 1월 26일 진보당추진위원회를 구성하고 혁신정당의 창당준비에 들어갔다. '창당발기취지문'은 다음과 같다.

우리 민족의 자주독립과 민주주의 쟁취의 역사적 성업인 3.1운동의 숭고한 정신을 다시 환기 계승하여 우리가 당면한 민주수호와 조국통일의 양대 사업을 수행할 수 있는 혁신적 신당을 조직하고자 이제 분연히 일어섰다.

우리는, 진정한 혁신은 오로지 피해를 받고 있는 대중 자신의 자각과 단결 위에서만 실현될 수 있다는 것을 깊이 인식하고, 관료적 특권정치의 배격과 대중 본위의 균형 있는 경제체제를 확립할 것을 기약하고, 국민 대중의 토대 위에 선 신당을 발기하고자 한다.

진보당추진위원회는 다음과 같은 '강령'을 채택했다.

1. 우리는 공산독재는 물론 자본가와 부패분자의 독재
   도 배격하고, 민주주의체제를 확립하여 책임 있는
   혁신정치를 실현한다.
2. 생산 분배의 합리적 통제로 민족자본을 육성한다.
3. 민주우방과 연대하여 민주세력이 결정적 승리를 얻
   을 수 있는 조국통일의 실현을 기한다.
4. 교육체제를 혁신하여 국가보장제를 수립한다.

조봉암은 평화통일론을 제시했다. 이승만 정부의 북진통
일론에 맞선 통일방안이었다. 평화통일론을 제시한 조봉암을
국가보안법 위반혐의로 구속하고 진보당을 기소한 검찰은
"평화통일이라는 용어는 북한괴뢰가 사용하고 있는 문구인
데 진보당에서 이 말을 쓰는 이유는 무엇인가, 조봉암의《평
화통일에의 길》에서는 유엔 감시 하의 남북총선거를 주장하
였는데, 이는 현 대한민국 헌법의 파괴 내지 폐기를 의미한
다. 따라서 이는 대한민국을 부인하고 국헌을 위배하며 정부
를 참칭하는 것이 되므로 진보당의 통일론은 국가보안법에
저촉된다"고 주장했다.[6]

■■■■ 6 박태균,《조봉암 연구》, 창작과 비평사, 1995, 331쪽.

평화통일론의 탄압

이승만 정부는 평화통일론이 '헌법파괴' '국헌위배'라며 탄압했다. 이에 대해 조봉암과 진보당의 반박논리는 명쾌했다.

북한에서 평화통일이라는 말을 쓴다고 해서 우리는 그 말을 써서는 안 된다는 논리는 억지요, 난센스다. 북한에서 '밥'이라고 한다고 우리는 '밥'을 '떡'이나 '죽'이라고 할 수는 없지 않은가. 북한이 평화통일론을 들고 나온다고 하면 우리는 수세에 몰릴 것이 아니라 적극적·능동적으로 이에 대한 주도권을 잡아야 한다. 진보당의 통일론은 결코 공산당의 전술에 넘어간 것도, 그들의 주장에 동조한 것도 아니다. 만일 진보당의 평화통일론이 보안법 위반이라면 자유당이 내세우는 유엔 감시 하의 북한만의 선거안案과 1954년 변영태 외무장관이 제네바회담에서 제시한 14개조 통일론도 무력통일·북진통일이 아닌 바에야 평화통일이므로 위법이 아닌가. 사실 북진통일론은 현실적으로 불가능하며 위헌성을 가지고 있다. 왜냐하면 헌법 제3조에는 대한민국의 영토가 한반도와 부속도서라고 규정되어 있는데, 그렇게 되면 북한에 사는 주민도 대한민국 국민이 되고 그러할 때 북진으로 전투를 수행하면 필연코 우리 영토를 파괴·유린하고 국민을 대량 살육하는 결과가 된다.[7]

이승만은 정부를 신랄하게 비판하면서 혁신 세력의 리더로 떠오르는 조봉암과 진보당 제거에 나섰다. 조봉암 제거에 대해 민주당이나 보수신문, 미국에서도 침묵 또는 '묵시적 동조'하는 분위기여서 일을 꾸미는 데는 어렵지 않았다.

검찰은 1958년 1월 13일 진보당 간부들을 일제히 검거하고 2월 16일 조봉암과 당 간사장 윤길중을 비롯하여 박기출, 김달호, 신창균, 조규희, 이명하, 조규택, 전세룡, 이상두, 권대복, 이동화 등을 국가보안법 위반혐의 등으로 구속 기소했다. 조봉암에게는 국보법 외에도 간첩죄, 무기불법소지죄 등이 병합됐다.

피신중이던 조봉암은 당 간부들이 대거 구속되자 자진 출두했다. 검찰은 조봉암에 대한 기소장에 ① 박정호 등 당시 남파됐다가 검거된 간첩과 접선 내지 간첩의 공작목표가 진

---

7 이상두, 앞의 책, 123~124쪽.

보당의 지원이라는 것 ② 재일 조총련에서 파견한 정우갑과 밀회 ③ 북한 당국 산하의 이른바 조국통일구국투쟁위원회 김약수에게 밀사를 보내 평화통일추진을 협의한 사실 ④ 북한노동당이 동양통신 외신부 기자이자 진보당의 비밀당원인 정태영을 통하여 진보당에 대한 강평서를 보낸 사실 등을 열거하였다.

자유당은 1958년 2.4파동을 일으켜 국보법을 개정했다. 평화통일론을 엄단하려는 목적이었다. 하지만 어디까지나 조봉암을 모살하려는 조치였다. 측근들은 조봉암을 찾아가 사태의 심각성을 설명하고 해외망명을 권했다. 조봉암은 "진보당 탄압의 정보를 들었지만 혼자 편하자고 망명이나 도주를 할 수 없다"[8]고 거절했다. 1958년 1월 12일 새벽, 진보당 간부들에 대한 일제 검거가 시작됐다. 조봉암은 은신 중이었는데, 동지들의 체포소식에 도망을 가면 무고한 혐의가 사실화될 것이고 애꿎은 동지들만 희생될 것이라며, 1월 13일 오전 당국에 전화를 걸어 자진 출두하겠다고 전했다.[9] 진보당 간부들의 체포와 조봉암의 자수와 관련되는 구체적인 증언이 있다.

　　1958년 1월 12일 새벽, 돌연 비상사태에 돌입한 서울시경 관하 형사대는 이강국 치안국장과 최치환 시경국장의

■■■ **8**　서중석, 《조봉암과 1950년대(상)》, 역사비평사, 1999, 206쪽.
■■■ **9**　임홍빈, 〈조봉암은 왜 죽어야 했나〉, 《신동아》, 1983년 3월호.

진두지휘 아래 진보당 간부에 대한 일제검거에 나섰다. 민의원 선거 4개월을 앞두고 선거대책에 몰두하다가 겨우 잠자리에 든 윤길중, 조규희, 조규택 씨 등은 서울에서 그리고 박기출 씨는 부산에서 체포됐다. 그러나 약수동의 조봉암 씨 집을 급습한 10여 명의 형사대는 이미 이틀 전에 조 씨가 집을 나간 채 돌아오지 않았다는 것을 알고 극도로 당황했다. 이로부터 48시간 동안 시경은 관하 전 수사능력을 조 씨 색출에 투입했으나 그의 행방은 오리무중이었다.

조 씨는 이틀 전에 치안국에서 새어나온 수사기밀을 탐지하고 감쪽같이 자취를 감춘 뒤였으며 관철동에 있는 친구의 집에 은신하고 있었던 것이다. 12일 밤 그는 그곳에서 밤새껏 술을 마시며 사후 대책을 협의했다. 친구들은 이제 붙들리면 다시 나오기 어렵다고 강조하면서 그에게 모든 준비를 해줄 터이니 해외로 망명이나 하라고 권했으나 그는 일소에 붙이고 말았다 한다. "망명을 한다면 어느 나라에서 나를 받아 주겠는가. 또 설사 해외탈출이 가능하다고 해도, 나에게 걸린 혐의는 사실화되고 애꿎은 당원들만 희생될 것이 아닌가. 설마하니 나를 죽이기야 하겠는가. 선거가 끝나면 내주겠지!" 하고 그는 태연히 대답했다고 그 친구들은 말했다.[10]

▬▬ 10 앞의 글, 368쪽.

서대문 형무소의 모범 사형수

   조봉암을 비롯하여 진보당 관련 인사들은 서대문 형무소에 수감됐다.

   진보당사건의 변론을 맡은 한격만 변호사는 조봉암이 과거 농림부장관 재직 시 공금유용 혐의로 기소됐을 때 그를 재판한 사실을 떠올리며 다음과 같은 변론을 했다. 방청석에서는 흐느끼는 소리가 들리기도 했다.

   그때 재판석에서 나는 피고석에 앉은 죽산 선생의 손가락들이 떨어져 없는 것을 보고 마음속으로 울었습니다. 독립운동을 하시다가 체포, 투옥되어 모진 고문과 동상으로 손가락 마디들이 썩어 떨어진 고생을 겪은 분을, 일제 때 그래도 편히 지낸 내가 감히 재판할 수 있을까 생각했습니다. 사실 심리를 해나가는 도중 나는 이 사건은 정치적 모략이요 중상이라고 판단하고 단연 무죄를 언도했던

것입니다.[11]

농림부장관 재직 시 이승만 정부는 조봉암을 공금횡령 혐의로 기소했지만 그는 무죄로 석방됐다. 조봉암의 농지개혁에 불안을 느낀 친일 지주 출신들이 만든 한민당의 무고였다. 조봉암에 대한 박해는 여야 가리지 않고 이처럼 줄기차게 전개됐다. 서대문 형무소에 수감된 조봉암은 사형선고를 받고도 책을 읽으며 조용히 운명의 날을 기다리고 있었다.

그는 조용히 집행의 날을 기다리면서 딸 호정 여사가 차입한 소설, 종교, 철학 등 서적을 많이 읽었고, 한글사전, 과학사전 등은 어찌나 탐독했던지 살아 있는 백과사전이 되었다고 한다. 하루 30분가량 간수에 이끌려 수갑을 차고 바람을 쐬러 옥상에 올라가거나 면회를 하는 시간 외에는 언제나 정좌하여 독서삼매경에 잠겼고, 엄격한 감방 규칙을 잘 지켜 모범수로서 간수들의 화제를 모으기도 했다고 한다.[12]

조봉암을 죽이기로 한 이승만 정부의 음모는 급속도로 진행됐다. 첩자 양명산을 내세워 불순자금을 조봉암에게 전달

▬ 11 이상두, 앞의 책, 134~136쪽, 재인용.
▬ 12 임홍빈, 〈죽산 조봉암의 죽음〉, 《신동아》, 1965년 8월호, 377쪽.

했다는 모략 속에서도 1심은 징역 5년을 선고하는 데 그쳤다. 그러나 고등법원은 사형을 선고했고 대법원은 그대로 따랐다. 짜인 각본대로였다.

재판이 진행되고 있을 때 조봉암은 7월 17일 제헌절을 맞이하여 옥중성명을 발표했다. 제헌의원과 두 차례 국회부의장을 지낸 그로서는 제헌절에 남다른 애정을 가졌던 것이다.

국법에 의하여 사死의 재결을 받고 나는 제헌절에 임하여 국민과 동지들에게 한 말씀을 올리려고 합니다. 나는 비록 법 앞에 죽음의 몸이 되었지만 나의 조국 대한민국에 대한 충성은 스스로 의심할 수 없다는 것을 밝힙니다. 조국에 대한 충성은 생사를 초월한 나의 신조이고 또 어느 우국자를 막론하고 다 같은 심경일 것입니다. 특히 과거의 우리 동지들은 현실의 포로가 되지 말고 조국번영과 우리의 이념을 살리기 위하여 최후까지 노력하시기를 바랍니다.[13]

조봉암에 대한 재심청구도 기각됐다. 대법원의 주심 판사였던 김갑수가 재심의 주심이 된 것도 상식과는 거리가 먼 처사였다. 일반적으로 사형수는 몇 차례 재심청구를 하고 확정판결 뒤에도 한두 해 정도는 형의 집행이 연기되는 것이 관례

━━━ 13 《한국일보》, 1959년 7월 17일자.

였다. 당시 감옥에는 사형선고를 받고도 집행이 유예된 사형수가 여럿 있었다. 조봉암은 형이 집행될 때까지 서대문 형무소 2사상 15방에 갇혀 있었다. 사형수들이 갇힌 옥사였다. 사형이 확정된 1959년 7월 30일, 진보당사건으로 기소되었다가 무죄선고를 받은 권대복 등 관계자들이 조봉암이 수감된 방 앞으로 몰려가 울분에 찬 마지막 작별 인사를 했다.

"선생님, 이승만 도당이 선생님을 모살할 것입니다."
조봉암은 껄껄 웃으며 쇠창살문으로 이렇게 말했다.
"뭘 그렇게 노여워들 하시오. 한 사람이 죽어야 한 사람이 사는 것이 정치입니다. 이 박사가 절대로 나를 살려두지 않을 것입니다. 그러니 여러분은 나가더라도 내 구명운동은 절대 하지 마세요. 내 나이 딱 환갑입니다. 병으로 죽은 사람, 자동차에 치여 죽은 사람도 많은데 평화통일운동을 하다 이렇게 떳떳하게 죽으니 얼마나 기쁩니까."**14**

조봉암이 운명의 순간이 그처럼 빨리 닥치리라고는 미처 생각하지 못한 채 서대문 형무소에서 시간을 보내고 있을 때, 이승만의 수족이 된 검찰은 분주하게 움직이고 있었다.

---

14 오연호, 〈조봉암 처형 전야의 미국 공작원들〉, 《월간 말》, 1993년 8월호, 145~146쪽.

7월 30일 하오 3시, 재심청구 기각통보를 받은 대검은 긴급회의를 열어 이튿날 상호에 조봉암의 사형을 집행할 것을 결정, 만반의 준비를 갖춘다.

날이 밝아 7월 31일 상오 10시 30분, 대기 중인 대검 검사실에 전화로 "집행하라"는 법무장관의 명령이 떨어졌다. 홍 법무장관은 그 집행명령을 몹시 꺼려하여 되도록 늦추려 하였지만 그것은 그의 권능을 벗어난 것이었다.

이 시각 사형집행장인 교수대에는 고검의 안문경 검사가 사형수 조봉암을 기다리고 있었다. 안 검사는 대검으로부터 집행명령을 받는다. 하얀 모시 저고리 바지 그리고 흰 고무신을 신고 가슴에는 '2310'의 번호를 단 채 조봉암이 사형장에 도착한 것은 상오 11시 45분이었다.[15]

조봉암은 사형선고를 받고도 재심신청의 기회가 있었기 때문에 집행을 실감하지 않았다. 아무리 정적으로 몰아 죽이더라도 법질서는 지킬 것으로 믿었다.

---

15 임홍빈, 〈죽산 조봉암은 왜 죽어야 했나〉, 앞의 책, 106~107쪽.

●마지막 순간

1959년 7월 31일 오전 10시 30분, 법무장관 홍진기는 대검찰청에 조봉암의 사형집행을 명령하였다. 이에 따라 서울 고등검찰청의 안문경 검사가 서대문 형무소의 사형집행장에서 형 집행을 지휘하였다. 수많은 의병, 독립운동가들의 형이 집행된 바로 그곳이다.

7월 31일 상오 10시 50분, 형무관이 죽산의 감방으로 왔다. 죽산은 단정한 자세로 책을 읽고 있었다. 감방문이 열리고 죽산의 손목에 수갑이 채워졌다. 순간 그는 죽음을 보았다.

형무소의 보건물을 빠져나와 고만통이란 은어로 불리는 사형집행소로 가는 길목에 들어섰다. 길가에 몇 송이 들꽃이 피어 있었다. 죽산은 무상하게 들꽃을 바라보며 한 마디 말을 피뜩 흘렸다.

"이곳에도 꽃이 피는구먼. 그런데 향기가 없어."

사형수들이 몸부림치며 가는 그 길을 죽산은 평소와 다름없이 조용히 걸어갔다. 이윽고 '고통만'에 다다른 죽산은 하얀 커튼 사이로 사형대의 새끼줄을 보았다.

마지막 입회목사의 설교와 기도가 끝난 뒤, 그는 명상하듯이 삶의 마지막 유언을 했다.[16]

이승만 정권은 철저했다. 이승만의 수족들은 이미 '국부'의 뜻을 간파한 까닭에 머뭇거릴 이유가 없었다. 절대권력 구조에서 관료, 법조인들이 얼마나 비인간화되는지는 20세기 3대 파쇼체제라는 히틀러 치하의 나치 독일, 스탈린 치하의 공산 소련, 도조 히데키 치하의 국군 일본처럼, 이승만 치하의 한국에서도 별반 다르지 않았다. 절대권력 구조의 비인간화 현상은 박정희, 전두환의 군사독재 시대를 거쳐 사이비 민간 정권으로 이어진다.

머리를 산뜻하게 다듬고 평소에 입고 있던 모시 바지 저고리에 흰 고무신을 신은 사형수는 가슴에 2310이란 번호를 붙인 채 10시 45분에 형장에 도착했다. 미리 대기하고 있던 집행관과 형무소 간부들 앞으로 태연한 모습으로

16 윤길중, 《이 시대를 앓고 있는 사람들을 위하여》, 호암출판사, 1991, 194쪽.

묵묵히 걸어갔다. 다음 순간이면 이 세상과 영영 이별해야 될 자신의 운명에는 아랑곳없는 양 양손이 묶인 채 창백해진 얼굴에 담담한 표정으로 집행관의 의례적인 인상조서를 듣고 있었다.[17]

집행관은 의례적인 절차에 이어 마지막으로 할 말이 없느냐고 물었다.

이 박사는 소수가 잘 살기 위한 정치를 하였고 나와 내 동지들은 국민 대다수를 고루 잘 살리기 위한 민주주의 투쟁을 했소. 나에게 죄가 있다면 많은 사람이 고루 잘 살 수 있는 정치운동을 한 것밖에는 없는 것이오. 그런데 나는 이 박사와 싸우다가 졌으니 승자로부터 패자가 이렇게 죽임을 당하는 것은 흔히 있을 수 있는 일이오. 다만 나의 죽음이 헛되지 않고 이 나라의 민주발전에 도움이 되기를 바라며, 그 희생물로는 내가 마지막이 되기를 바랄 뿐이오.[18]

이 대통령의 정치적 희생양이 된 조봉암은 입회목사에게 누가복음 23장 22절을 읽어달라고 부탁했다. "이 사람이 무

■■■ **17** 박태균, 앞의 책, 395~396쪽.
■■■ **18** 임홍빈, 〈죽산 조봉암의 죽음〉, 앞의 책, 381쪽.

슨 악한 일을 하였느냐. 나는 그 죽일 죄를 찾지 못하였나니 때려서 놓으리라 한대 저희가 큰 소리로 재촉하여 십자가에 못 박기를 구하니 저희의 소리가 이긴지라." 조봉암은 예수가 골고다 언덕에서 십자가에 못 박혀 고난을 당하는 심경으로 자신의 운명을 받아들이고 있었다. 이제 이승의 모든 절차는 끝났다. 형의 집행만을 남겨두고 있었다.

두 눈에 하얀 수건이 가려졌다. 사방은 깊은 물속 같이 조용하다. 집행관과 목사, 형무관들이 지키고 있는 가운데 집행명령이 내렸다. 사형수 조봉암의 목에 밧줄이 걸리고 이어 '철썩!' 소리와 함께 사형수가 앉은 의자 밑의 마룻바닥이 떨어져나가면서 일은 끝난 것이다. 시작은 11시 3분, 1959년 7월 31일 한낮의 일이었다. 11분 후인 11시 17분 이미 조봉암은 이 세상 사람이 아닌 싸늘한 시체로 변하여 검시를 받았다.[19]

이승만 정권은 조봉암의 처형 보도를 철저하게 통제했다. 치안국장 이강학의 명의로 각 언론사에 민심을 자극하고 북을 이롭게 하니 일절 보도하지 말라는 지침이 내려졌다.

이 지침에 따라 독립운동가이자 진보적 야당 대통령 후보

---

19 박태균, 앞의 책, 397쪽.

였던 조봉암의 처형 사실은 모든 언론이 침묵하는 가운데 한국일보가 1단 6행으로 짤막하게 보도했을 뿐이다.

"지난 7월 31일 상오 사형이 집행된 조봉암의 시체는 2일 하오 3시 서울시내 충현동 그의 집에서 발인되어 하오 5시 반경 망우리 공동묘지에 묻혔다."

이후 서대문 형무소에는 '죽산조'와 '봉암새'의 신화가 수인들에게 오랫동안 전해졌다.

죽산조竹山鳥

(상략)

1958년 1월 13일
죽산 조봉암이 간첩혐의로 구속된다
대한민국 초대 국회의원
초대 농림부장관, 국회부의장을 지냈고
제2대 제3대 대통령 후보로 출마했던 죽산
그가 공산당의 앞잡이란다
세상은 놀라고 또 놀란다
스물한 살 나이로 3.1운동에 뛰어들어
징역살이로 청춘을 바친 죽산
일본에 건너가 흑도회를 결성

공산주의운동에 앞장 선 죽산
조선공산주의 조직총국 대표로
모스크바 코민테른 총회에 참석했고
초기 조선공산당의 기둥이었다가
해방 후에는 돌연 성명을 내어
박헌영을 몰아세우고 공산당과 등진 죽산
―독립운동을 위해 공산당을 했고 소련의 힘을 빌리고자
그쪽에 가담했다―
고 뒷날 죽산은 밝혔다
공산당을 처음부터 알았던
그래서 공산당을 뿌리쳐야 했던
대한민국의 이념과 사상을 믿고 받아주었던
죽산이 한낱 첩자였다니

7월 2일
유병진 재판장은 죽산의 간첩혐의에
―무죄―를 선고한다
사흘 뒤 200을 헤아리는 청년들이
법원에 쳐들어가 유병진 타도를 외친다

9월 4일
2심에서 양명산은 말한다

─나는 특무대에서 시키는 대로 거짓말을 했다. 죽산선생
은 죄가 없다─
양명산의 말은 쓰이지 않고
김용진 판사는 검사의 구형대로
김춘봉 신태악 변호사 변론도 허사로
김갑수 대법관과 오제도 검사에 의해
사형선고는 움직일 수 없게 된다
죽산은 죽음을 바라보고 있었다

─무죄가 아닐 바에야 죽음이 낫다
─이념 대립의 한쪽이 없어야 승리한다
스스로 공산당으로부터 등 돌렸으면서도
나라를 개혁하는 데는
사회주의 이론을 끌어들인 죽산
죽산은 삶과 죽음의 너머에 서 있었다
감방의 창문으로 한 마리 새를 불러들였다
밥알을 나누어주고
새는 죽산을 보러 날아오고 날아왔다
죽산이 새에게 준 모이는 무엇이었을까
기미년 만세소리였을까
현해탄의 검은 물결이었을까
눈물이었을까

웃음이었을까

죽산을 따르던 이들과
딸 호정은 죽음만은 벗게 하려고
피라는 피, 살이라는 살을 바친다
―6.25 때는 반역자 조봉암을 처단하라는 공산당 벽보가
서울에 붙고 오늘은 아버님이 심혈을 기울이신 대한민국
품안에서 사형수가 되는 것입니까―
리승만과 리기붕에게 향한 눈물어린 호소도
장택상의 구명운동도 모두 물거품
1959년 7월 31일
마지막 재심청구가 기각된 다음날
죽산은 서대문 형무소에서
한 마리 새가 되어 하늘로 날아갔다
죽산이 떠난 후에도
그의 창문 앞에서
울고 또 울었다는 죽산조
그 새의 나라는 어딘가[20] (하략)

20 이근배,《한국일보》, 1984년 11월 10일자.

제 2 장

불우한 젊은 날 그리고 3.1운동

3.1운동은 나로 하여금 한 명의 한국 사람이 되게 하였고,
나를 붙잡아서 감옥으로 보내준 일본놈은
나로 하여금 일생을 통해서 일본제국주의와 싸운
애국투사가 되게 한 공로자였다. 나는 완전히 심기가 일전되었다.
어떻게 하면 직업이나 얻어볼까 하던 생각은 아예 없어졌고,
그 환경에서 그대로 살 생각을 아니했다.

– 조봉암, 〈내가 걸어온 길〉에서

민족 수난의 현장 강화에서 태어나

고구려, 발해가 망하고 반도국가로 전락한 이래 삼천리 강토 어느 곳 하나 외적의 말발굽에 상처입지 않은 곳이 없지만 강화도처럼 심한 땅도 드물 것이다. 민족 수난과 고난에 찬 역사의 현장이다.

고려가 몽골의 제2차 침략으로 도읍을 강화도로 옮겨 38년 동안 항전할 때 이 지역은 한민족의 심장부였다. 미증유의 국난 속에서도 금속활자 주조와 팔만대장경의 조판, 상감청자의 제작이 이곳을 중심으로 이뤄졌다.

한때 삼별초의 근거지가 되기도 했다. 병자호란 때는 봉림대군 등 왕족이 피난하여 청나라 군대에 짓밟히면서 "바닷물에 몸을 던진 여인네들의 머리 수건이 마치 물에 떠 있는 낙엽이 바람을 따라 떠다니는 것 같았다"고 할 만큼 살육과 지절의 고장이었다.

강화도는 근대에 이르러서도 수난이 그치지 않았다. 1866년 프랑스군이 침입한 병인양요 때는 강화성이 함락되고, 다시 5년 뒤에 미군이 침입한 신미양요 때는 초지, 덕진, 관성보가 함락됐다. 이어서 1875년 일본군이 불법 침입한 운요호사건, 이듬해 강제로 체결된 강화도조약(병자수호조약)은 마침내 일제 침략의 신호탄이 되고, 개문납적開門納賊의 계기가 됐다.

　병인양요는 단순한 천주교도 박해에 대한 보복 행위가 아닌 '침략'이었다. 만약 이 전투에서 우리가 졌다면 동양의 많은 약소국가들이 유럽 열강의 식민지가 되어 겪었던 수난을 우리도 같이 겪었을 것이다.

　폭 10미터 전장 700미터의 강화대교를 건너면 바로 갑곶진, 이 갑곶나루의 북쪽 50여 미터 지점 산비탈 밭이 강화의 관문 진해루 자리다.

　프랑스 함대는 이곳 해협까지 올라와 사격을 하며 상륙, 곧바로 강화유수부를 점령했다. 이 나루는 5년 뒤 신미양요 때도 미군에 시달렸고 9년 뒤 운요호사건 때는 일인들에 짓밟혔던 이 나라 개화의 길목이다. 고려 궁지宮址이기도 한 강화읍 관천리 734번지 유수부留守府 자리는 그동안 겪었던 수많은 전란으로 대부분 손실됐고 증축한 동헌 건물 명위헌明威軒과 지난 74년에 건립한 3문만 남아 있다. 몽구蒙寇에서부터 강화도조약 체결에 이르기까지 수많은 외침의 사연을 간직한 역사의 길목 유수부의 복원은 시급했다.

　강화읍에서 정족산성까지는 13킬로미터, 성 둘레 1킬로미터의 이 산성은 축성 연대는 분명치 않으나 단군이 세 왕자에게 명하여 쌓았다는 전설이 전해진다.[1]

　강화도가 수난의 땅이었던 것만은 아니다. 일찍이 단군왕검이 하늘에 제사를 지낸 곳으로 알려진 마니산 참성단, 단군이 세 아들에게 명하여 쌓았다고 전하는 삼랑성三郞城 등 국조國祖의 얼이 깃든 지역이다. 그런가 하면 몽골군, 청국군, 미군, 프랑스군, 일본군의 침략을 차례로 받아 그때마다 싸워서 물리치기도 하고 패배하기도 했던 격전지가 바로 강화도다. 고려시대에 피난 수도가 되었을 즈음에는 강도江都라고도 불렀다.

　우리나라는 신라 후기부터 도참사상과 풍수지리설이 크게 위세를 떨쳤다. 고려왕조에서는 불교와 함께 도참사상이 이념적인 양대 축이 됐다. 온갖 형태의 도참비기와 참서, 괘서가 제작되고 풍수, 명당, 지기 등의 서책이 나돌았다.

　이 같은 현상은 조선시대를 거쳐 일제강점기로 이어졌고, 지금도 정도의 차이는 있지만 여전히 건재함을 보여준다. 대통령 선거나 국회의원 선거를 앞두고 유력 후보들이 부모나

1　조경환, 《역사의 고전장》, 삼조사, 1977, 202~203쪽.

선대의 묘를 이른바 '명당'으로 이장하는 보도를 접하게 되는 것이다. 이장한 후보들이 당선되기도 하여 그 효용성을 판단하거나 입증하기는 어렵지만, 우리 국민의 변하지 않는 의식의 단면을 엿볼 수 있다.

강화도의 경우, 이런 전통적인 도참이나 풍수사상과는 상관없이 지리적 위치, 역사적 연고 때문에 외적의 침입이 잦았고, 이로 인해 지역 주민들은 극심한 시련과 고통을 겪었다. 환경의 산물일 수밖에 없는 인간은 태어나고 성장하면서 지리, 풍토, 역사의 영향을 받게 된다. 모든 사람은 "유전적, 환경적 요소에 의해서 나고, 필연적으로 이 두 요소에 의해 좌우되는 생물학적 실체"[2] 라고 하겠다.

파란이 많은 죽산 조봉암이 곡절 깊은 강화도에서 태어나고 어린 시절을 보낸 것이 결코 우연만은 아닌 듯싶다. 그가 태어난 1898년에는 인천에서 서울까지 최초의 철도가 개통됐다. 강화도에서 서울을 다녀오려면 며칠 걸리던 것이 몇 시간대로 줄어들었다. 이해에 광무황제는 대한국제(헌법)를 반포하여 대한제국이 자주독립국임을 내외에 선포하고, 청국과 맺은 최초의 평등조약인 한청통상협약을 체결하는 등 유달리 '자주독립'을 강조했다.

그만큼 국가의 자주독립이 위태롭게 되어 반사적으로 나

▬▬ 2 에릭 H. 에릭슨, 〈아이덴티티〉, 박아청, 《에릭슨 아이덴티티론》, 교육과학사, 1986, 7쪽.

타난 현상으로 허장성세라 할 수 있다. 일본, 미국, 러시아, 영국, 프랑스, 독일 등 열강의 이권침탈로 대한제국의 철도부설권, 금광채굴권, 삼림벌채권, 동해안포경권, 연해어업권, 심지어 인삼의 독점 수출권까지 외국으로 넘어갔다. 명성황후가 시해되고 황제가 신변의 안전을 위해 러시아 공관으로 피신하는 아관파천이 일어날 만큼 황실은 물론 나라의 안위가 위기로 치닫고 있었다.

전국 각지에서 의병이 일어나고, 동학의 남은 세력이 조직한 영학당이 반외세·반봉건의 기치를 내걸고 재기에 나서는가 하면, 만민공동회가 열리는 등 백성들이 국권수호를 위해 몸부림치고 있었지만 나라의 운명은 하루하루 잔명을 재촉하는 형국이었다.

조봉암은 1898년 9월 25일 강화도 남쪽 원면 마을에서 태어났다. 본관이 창녕昌寧인 아버지 조창규曺昌奎와 어머니 유兪 씨는 다섯 아들을 두었다. 조봉암은 넷째 아들이다. 두 아들을 일찍 잃은 아버지는 셋째 아들은 명이 길기를 바라는 뜻에서 수암壽岩이라 이름 짓고, 이어서 넷째는 봉암, 막내아들은 용암龍岩이라 지었다.

나는 강화도 남쪽 원면이라는 촌에서 나서 강화읍에서 자랐다. 우리 아버지는 삼대독자이신데 우리는 사남매 중에 삼형제이다. 나는 그 둘째 아들이다. 내 애명은 새 봉鳳

자 봉암인데 중간에 받들 봉奉자 봉암으로 행세했다. 원래
는 빛날 환煥자가 소위 돌림자인데 우리 삼형제는 바위 암
자 돌림이다. 어째 그리된고 하니 내 맏형 위로 두 아들을
잃으신 우리 부모님께서는 셋째로 얻은 아들의 명은 길라
고 바위라고 했으면 좋겠는데 차마 바위라고 부르시기는
부끄러우셨던지 목숨 수자를 넣어 수암이라고 부르셨다.
그 다음 나를 낳으실 때는 꿈에 봉을 보셨으니 새 봉자를
넣어서 이름을 지으라는 어머님의 명령으로 형이 수암이
니까 봉암이라고 했고, 내 아우는 용을 보셨다 해서 용암
이라고 부르고 보니 암자 행렬이 되고 만 것이다.[3]

3 조봉암, 〈내가 걸어온 길〉, 《희망》, 1957년 2·3·5월호, 여기서는 정태영,
《조봉암과 진보당》, 한길사, 1991, 326쪽.

유년 시절

조봉암 가족이 언제 원면 마을에서 강화읍으로 이사했는지는 정확한 기록이 없다. 조봉암이 자랄 때 살림은 어려웠지만 가정은 자유롭고 평화로웠다. 아버지는 남과 시비를 할 줄 모르는 온화한 성품이고, 반대로 어머니는 성격이 좀 사나우셨다고 조봉암은 회고했다. 조봉암은 이 같은 부모 슬하에서 구김살 없이 자라났다.

우리 집은 구차하기는 해도 평화스러웠다. 어머니는 좀 사나우신 편이지만, 아버지께서는 거의 절대적인 평화주의자셨다. 그저 착하기만 하셔서 도무지 남과 시비를 하시는 일이 없었다. 그 덕분으로 나는 자유로운 가정 분위기 속에서 자유롭게 자랐다. 집안 살림이 가난하기는 해도 마음에 구김살 없이 의젓하게 자랐다.[4]

조봉암은 청소년 시절 공부하는 것보다 노는 데 더 정신이 팔렸다. 어려운 가정 살림으로 글공부를 하기도 쉽지 않았다. 본인도 공부에 별로 취미가 없었던 듯하다.

4년제 소학교와 2년제 농업보습학교를 마치고는 공부할 것을 단념해버리고 열네 살 때부터 직업을 구하러 나서지 않으면 안 되었다. 6년제 학교라고 다니기는 했는데 성적은 결코 양호한 편이 아니었다. 아침에 책보를 들고 학교에 가서 책보를 펼쳐 놨다가 하학돼서 책보를 싸들고 집으로 돌아와서는 다시는 책보를 펴보지도 않고, 그 이튿날 그 책보를 그대로 들고 학교로 갔다. 나는 6년 동안에 몇 번쯤, 우리 형님에게 붙들려서 머리를 쥐어 박히면서 몇십 분씩 무엇을 좀 읽어본 것 외에는 복습이라고는 해본 적이 없었다. 그러니 성적이 양호하지 못한 것은 불문가지다. 그러나 늘 아주 꼴찌는 면했다.

공부하는 성적은 그러나 장난꾼으로는 실력도 성적도 우수한 편이었다. 학교에 유리창이 깨지면 먼저 조봉암을 부르고 어디서나 학생이 울고 있으면 조봉암을 불렀다. 형세가 이쯤 되고 보니, 동리 아이들의 머리가 터져도 먼저 봉암이를 부르게 되고, 동리 장독이 깨져도 먼저 봉암

━━━ **4** 앞의 책, 326~327쪽.

이를 찾게끔 되었다.[5]

조봉암은 1956년 제3대 대통령 선거에 입후보하여 2위로 낙선하고, 진보당 창당위원장으로 선출되면서 1957년 《희망》이란 잡지에 자신의 생애를 돌아보는 〈내가 걸어온 길〉과, 종합잡지 《신태양》 5월호 별책에 〈나의 정치백서〉를 썼다. 역시 지난날을 회고하는 내용이다.

이 두 편의 글은 조봉암의 파란 많은 인생역정, 특히 젊은 날 그의 초상을 보여준다. 이밖에 1932년 9월 상하이에서 프랑스 경찰에 피체되어 일본 경찰에 신병이 인도되고 일경의 조사를 받을 때 남긴 진술조서가 있다. 여기에도 조봉암이 자신의 지난날을 소상히 밝힌 바 있다.

조봉암은 어려서 대단한 개구쟁이였던 것 같다.

먼저 말씀드린 것 같이 우리 아버지께서는 나에게 전연 불간섭주의시니까 꾸중을 듣는 일도 없지만 어머니께서는 나를 몹시 사랑하시면서도 입에서 꾸중하는 말씀이 떠날 새가 없으셨고 부지깽이를 들고 대문 밖까지 쫓아오시는 일도 비일비재했다. 봉암이가 우리 애 머리를 깨었소, 우리 집 돌담을 허물었소, 우리 애 옷을 찢었소, 하고

━━ 5 앞과 같음.

동리 여인들이 날마다 백활을 하게 되니 우리 어머니는 날마다 집집을 찾아다니며 사과를 하고 큰 것은 배상을 해주어야 되고 작은 것은 고쳐주어야 되었으니 역정이 안 나실 수가 없고 꾸지람이 아니 나실 수가 없으셨다.

그러나 나는 우리 어머니를 두려워하지 아니했다. 꾸중을 하시면 다소곳이 듣고 자막대기로 치실 때는 엄살을 해가며 맞기도 하지만 부지깽이로 단단히 치실 듯하면 밖으로 튀어 나갔다가 한두 시간 뒤에 슬금슬금 어머니 눈치를 보면서 집안으로 들어가면 그동안에 모든 것을 잊으신 듯이 부지깽이도 안 드시고 꾸지람도 안 하시고 밥 때면 밥상을 놓아주시고 잘 때면 이부자리를 보아주시는 우리 어머니였다.[6]

━━━ **6** 앞의 책, 327~328쪽.

진학 포기와 교회 생활

가정 형편 때문에 남들처럼 서울로 올라가서 고등보통학교를 다닐 처지가 못된 조봉암은 강화에서 4년제 공립보통학교를 졸업하고 2년제 관립실업학교라는 보습학교를 마쳤다. 그리곤 진학을 포기하고 일찍부터 밥벌이에 나섰다. 어릴 적에 교회에 나가 세례를 받았지만 중도에 다니지 않다가 다시 나가게 됐다.

나는 구차한 농가에 태어나서 시골(강화)에서 4년제 공립보통학교를 마치고 관립실업학교라는 2년제 보습학교를 마쳤을 뿐 정식으로 중학을 가보지 못했습니다. 집안이 가난하니까 직업을 얻어야 되겠어서 일급日給 10전錢에 급사노릇도 했고 열여덟 살 때에 월급 7원 받고 군청 고원郡廳雇員노릇도 했습니다. 군청 고원으로 있을 때에 일본인 서무주임과 다퉈서 1년도 못 되어 그만두고 직업을 잃고 있는 동안 감리교회의 일을 보았는데 나는 어릴 때에 입교해서 세례까지 받았지만 중간에 열을 잃어서 다니지 않다가 다시 교회생활을 하게 된 것입니다.[7]

조봉암은 10대 때 일급 10전의 급사노릇과 월급 7원을 받는 강화군청 고원 생활을 하고 일본인 서무주임과 싸우다가 직장을 그만둘 만큼 불우한 시절을 보냈다. 그나마 주산에 특별한 재능이 있어서 일을 잘 처리하고 인정도 받았다고 한다.

고원으로서 특기할 것은 아무것도 없고, 다만 한 가지 주산에 빠르다는 것으로 유명해졌다. 주단을 썩 잘 부르는 사람이 여섯 줄까지 최고 속도로 불러도 넉넉히 당해냈다. 그때는 토지대장을 꾸미는 때인데 그 숫자를 맞추고 통계를 내느라고 날마다 수십 명씩 동원이 되었다. 한 개의 확실한 숫자를 내기 위해서는 두 사람, 혹은 세 사람이 같이 해서 두 번 이상 합치된 숫자가 나와야 되는 것이다. 그런데 나는 나 혼자서 한 번 놓은 것으로 족하다고 해서 한 사람이 십인 이상의 능률을 올린 일이 있었다. 그래서 재무계 주임이란 자는 나를 몹시 좋아하고 보배로 알아서 진중했지만 심술꾸러기 서무주임과는 사사건건 충돌을 일삼

7 조봉암, 〈나의 정치백서〉, 《신태양》, 1957년 5월호(별책), 여기서는 정태영, 앞의 책, 364쪽.

다가 일 년 이내에 그만두고 말았다.[8]

조봉암은 11살 때 교회에 나가 세례를 받았다. 열심히 출석했고 교회일도 맡아서 처리할 만큼 성실성을 보였다. 그리고 교회에 나가면서 사회의식에 눈을 뜨게 되었다. 김광국金光國 목사는 민족의식이 남달랐던 목회자였다. 김 목사의 우국충정의 설교는 시골 소년의 잠재된 의식을 깨우고 사회에 대한 관심을 갖게 만들었다. 그 무렵에 거족적인 3.1운동이 일어나면서 조봉암의 사회의식은 역사의식으로 성장하기에 이르렀다.

그후부터는 기독교 예배청년회에서 일을 보았고, 교회에도 잘 나갔을 뿐 아니라 교회 일도 많이 돌보았다. 나는 열 살 때 세례교인이 되었는데 교회에는 별로 나가는 일이 없었다가 의외로 열성적으로 일을 보게 되니 목사(당시 김광국 씨) 이하 여러 노인, 전도사, 권사님들이 나를 퍽 사랑하시고 믿어서 명목도 실력도 없는 나를 권사라고까지 불렀다.[9]

---

8 조봉암, 〈내가 걸어온 길〉, 앞의 책, 329쪽.
9 앞과 같음.

3.1운동에 참여

조봉암이 시골마을에서 힘겹게 청소년 시절을 보내고 있을 때, 나라의 운명은 점점 나락으로 빠져들어 마침내 국치를 당하고 일제의 식민지로 전락했다. 총독부의 식민통치가 이루어지고 일제의 감시와 수탈이 자행되었다. 1910년부터 1918년까지 진행된 이른바 '토지조사사업'으로 수백만의 농민은 토지에 대한 권리를 빼앗기고 영세소작인, 화전민 또는 노동자로 전락하는 민족적 비극을 맞게 되었다.

1919년 1월 21일 광무황제의 죽음이 일본인에 의한 독살이라는 소문이 퍼지고, 2월 8일에는 일본 도쿄에서 우리 유학생들이 독립선언서를 발표한 데 이어 3월 1일에는 민족대표 33인의 독립선언을 계기로 국내외에서 한민족의 저항이 거세게 전개됐다.

3.1운동이라는 민족적 저항은 강화도라고 예외는 아니었다. 오히려 어느 지역 못지않은 거센 저항이 전개됐고 이로

인해 많은 사람이 구속됐다. 조봉암도 만세 시위에 참가했다가 주동자의 한 사람으로 지목되어 서울 서대문 형무소에서 1년 동안 힘든 옥살이를 했다.

조봉암에게 1년의 수형생활은 민족과 역사에 대한 새로운 인식을 갖게한 계기가 됐다. 스스로 '민족혼이 눈 뜨게 되었다'고 회고한다.

그러던 중에 3.1운동이 터졌습니다. 그때 우리 교회의 목사님은 김광국金光國 씨였는데 그분은 애국정신이 높은 분으로 우리 청년들에게 항상 좋은 말씀을 들려주셨습니다. 3.1운동이 터지자 교회 중심의 청년들이 그 운동의 선두에 서게 되었습니다. 그리하여 전 강화가 한 부락도 빼지 않고 독립만세를 불렀고 수천 명이 잡혀서 볼기를 맞았고 그 중 선도자 유봉진劉鳳鎭 씨 외에 20여 명 청년은 서대문 감옥에서 1년으로부터 5년까지 고생살이를 했는데 나는 그 1년 측에 들어서 난생 처음으로 감옥살이를 해보았습니다. 내가 이 이야기를 이렇게 길게 하는 것은 까닭이 있습니다. 나는 스물이 되도록 공부도 못하면서 그저 살기에 바쁘고 곤궁해서 나라니 민족이니 하는 일은 어른들에게서 간혹 얻어 들었어도 별로 깊은 감명을 받지 못했고 그저 어떻게 하면 직업을 가지고 어른들 모시고 살아갈까 하는 생각뿐이었습니다. 그러다가 3.1운동에 참가해서

1년 동안 감옥살이 하는 동안에 전연 딴 사람이 되었다는 것입니다. 감옥에 가서 비로소 민족혼民族魂을 찾았다 할까. 민족이 귀한 것도 알았고, 나라가 중한 것도 알게 되고, 먹고 살기 위해서 살 것이 아니라 나라를 위해서 민족의 장래를 위해서 싸우고 일하지 않으면 안 된다는 생각이 들었고, 또 그 일을 위해서 내 일생을 바칠 것을 결심하기에 이르렀다는 것입니다.[10]

▬▬▬ 10   조봉암, 〈나의 정치백서〉, 앞의 책, 365쪽.

옥중에서 외친 만세

조봉암은 서대문 형무소에서 '모범수'가 아니었다. 독립 만세를 부르다가 간수에게 끌려나가 심한 매질을 당하곤 했다. 의협심이 강한 조봉암은 간수가 혁대로 구타해도 만세 소리를 멈추지 않았고 계속 고문을 당하면서도 다시 만세를 불러 결국 일인 간수가 때리는 것을 그만 둘 만큼 처절하게 저항했다.

그때 옥중에서는 가끔 만세소동이 있었다. 외부에서 이 땅의 독립에 대한 무슨 기쁜 소식이 들려온다든지 옥내에서 애국자들을 학대했다는 소문이 들린다든지 하면, 전 감옥이 들썩들썩하도록 만세 소리가 터져 나왔다. 감방마다 만세를 부르며 소리를 지르고 감방문을 두들기고 야단이 난다. 그런 뒤에는 으레 한 감방 안에서 몇 사람씩 끌어내어 여러 가지 형식의 고문도 하고 마구 두들겨 패기도 했다.

나도 그 사건에 가끔 걸려들어서 매달리기도 하고, 두들겨 맞기도 했다. 하루는 또, 그 고함을 치고 만세를 부르고 문짝을 발길로 차고 날뛰다가 붙잡혀 나갔다. 나는 붙잡혀 나가면서도 기를 쓰고 만세를 불렀다. 놈들이 가죽띠로 마구 후려갈기면 갈길수록 더 악을 써가며 만세를 불렀다. 그러니까 놈들은 독사같이 약이 바싹 올라가지고 발길로 차고 혁대로 갈기면서 "이놈의 자식. 만세 한 번에 혁대 한 번씩 해보자, 어느 편이 이기나 보자" 한다. 그래서 나는 몹시 빨리 만세! 만세! 만세! 하고 한 삼사십 번을 연해 불러댔더니 놈들도 기가 막혔든지 "참 알 수 없는 자식이로군" 하고는 때리는 경쟁은 그만 두었으나 나는 온몸이 피투성이가 되어서 기절한 채로 콘크리트 바닥에서 하룻밤을 세운 일이 있었다. 그때 내 나이 스무 살이었다.[11]

감옥이란 이상한 곳이어서 의지가 강한 사람은 더욱 강하게 단련시키고, 약한 사람은 허물어지게 만든다. 일본인 사이고 다카모리西鄕隆盛의 시구가 있다.

　　獄中辛酸志始堅
　　丈夫玉碎 甑全

■■■ 11　조봉암, 〈내가 걸어온 길〉, 앞의 책, 331쪽.

옥 속에서 쓰고 신 맛 겪으니 뜻은 비로소 굳어진다. 사
내가 옥 같이 부서질지언정 기왓장처럼 옹글기 바라겠나
(함석헌 역).

조봉암은 서대문 형무소에서 나온 후 딴 사람이 됐다. 옥
중에서 온갖 신고를 겪고 그토록 심한 고문에도 굽히지 않고
독립만세를 부르는 사람들을 지켜보면서 새로운 사람이 되어
출감한 것이다.

나는 나라가 무엇이라는 것을 알게 되었고, 내 민족을
위해서 무엇을 할 것인가 생각하는 사람이 되었다. 진심으
로 말하면 3.1운동이 터지고 내가 잡혀서 감옥으로 갈 때
까지는 국가와 민족이 어떻다는 데 대해서는 아무 생각도
없었고, 단순히 일본놈이 우리 조선 사람을 천대하고 멸시
하는 데 대한 불만과 불평이 있었던 청년일 따름이었다.
그러나 감옥에 들어가서부터 비로소 많은 것을 배웠고 많
은 것을 알았다. 세상에 대한 눈이 열렸고 애국심에 불타
게 됐다. 3.1운동은 나로 하여금 한 명의 한국 사람이 되게
하였고, 나를 붙잡아서 감옥으로 보내준 일본놈은 나로 하
여금 일생을 통해서 일본제국주의와 싸운 애국투사가 되
게 한 공로자였다. 나는 완전히 심기가 일전되었다. 어떻
게 하면 직업이나 얻어볼까 하던 생각은 아예 없어졌고,

그 환경에서 그대로 살 생각을 아니했다. 그 테두리를 벗어나서 알기 위한 노력, 싸우기 위한 기회를 가져야 되겠다고 작정했다.[12]

---

12 앞의 책, 331~332쪽.

서울로 상경, YMCA 중학부 입학

출감하여 고향으로 돌아왔지만 조봉암은 이미 시골 농사꾼 청년이 아니었다. 독립운동을 해야겠다는 생각뿐이었다. 하여 며칠 쉬다가 서울로 올라왔다. 간신히 여비만 마련한 빈손의 상경이었다. 중학교 구경도 하지 못한 시골청년에게 서울은 냉정했다. 여러 날 고민 끝에 돈 없이도 입학할 수 있는 기독교청년회YMCA 중학부에 들어갔지만 공부보다는 일본놈들에 대한 증오심과 독립운동을 하겠다는 마음뿐이었다. 그런 속에서도 월남 이상재 선생의 강의에서 많은 것을 배우고 의기를 새롭게 다듬었다.

감옥에서 나와서 얼마 안 되어 빈손으로 서울로 올라왔다. 덮어놓고 어떻게든지 배워 볼 작정이었다. 그러나 중학 구경도 못한 스물한 살 된 돈 없는 학생을 제대로 대접해 줄 학교라고는 생겨나지를 안 했으니까, 어디나 붙여

주는 대로 들어가볼 수밖에는 없었다. 비교적 인심이 좋은 YMCA 중학부에 들어갔다. 그때 심경을 지금 돌이켜 생각해보면, 한편으로는 공부할 욕심에 불탔고 다른 편으로는 일을 해 볼 욕심, 독립운동을 해야겠다는 열정이 부글부글 끓고 있었으니 공부가 제대로 될 리가 만무했다. 나는 그 중학에서 무엇을 배웠는지 무슨 교훈을 얻었는지 아무 것도 생각나는 것이 없고 오직 월남 이상재李商在 선생께서 백발을 휘날리시며 청년들의 의기를 기르고 용기를 북돋아주시느라고 심혈을 경주하여 애쓰시던 모습이 영원히 잊혀지지 않는다.[13]

청소년 시절 누군가의 연설을 듣거나 글을 읽고 각성하여 독립운동에 투신하게 된 이가 적지 않다. 남강 이승훈은 광산업을 하다가 어느 날 오산학교에서 도산 안창호의 강연을 듣고 독립운동에 나서 3.1운동을 주도했고, 백범 김구는 동학농민혁명의 소년접주로 일본군과 싸우다가 패하여 안중근 의사의 아버지 안태훈의 훈도를 받으면서 독립운동의 지도자로 입신하게 됐다. 조봉암도 이때 이상재의 강의와 훈도를 받으며 새로운 독립운동의 길을 찾게 되었던 것 같다.

조봉암은 이 무렵 엉뚱한 일에 연루되어 평양 경찰서에 잡

━━━ **13** 앞의 책, 332쪽.

혀가서 15일 동안 무자비한 고문에 시달렸다. 조봉암은 "평양사건이 내가 왜놈들에게 붙잡혀서 고초를 겪은 두 번째의 일인데 그것이 어찌나 혹독했던지, 그 후에 수차의 감옥살이, 수십 차의 유치장살이를 해보았지만 평양 때보다 더 어려운 고비는 별로 없었다"[14]고 회고할 만큼 혹독한 고문을 당했다.

사건의 발판은 실로 엉뚱한 일이었다. 독립운동을 하던 청년이 다른 일로 경찰서에 끌려가 고문을 받다가 견디기 어려우니까 허위 자백을 한 것이다. YMCA 최 교관과 강락원, 김재영 등 체육지도자와 조봉암이 폭탄을 수십 개 만들어서 감추어 두고 기회를 엿보고 있다고 진술한 것이다. 이렇게 되어 평양 경찰서에 끌려갔다.

그때 평안도에서 제일 간다는 형사 나카무라中林 라는 놈이 담당이 되어 날마다 밤마다 고문을 했다. "이 새끼 여기가 어디인 줄 아니, 평양경찰서. 대동강 돌멩이도 여기에 들어오면 바들바들해진다. 취조 받다가 뒈진 새끼가 얼만지 아니, 이 새끼!" 욕지거리도 어찌 그리 많은지 한국인인 나도 모를 욕이 수두룩했다. 비행기를 태운다고 해서 두 팔을 뒤로 묶고서 그 묶은 두 손목을 끈으로 매어 천정으로 끌어올렸다 내렸다 하는 것이, 옛날 말로는 주릿

---

14 앞과 같음.

대 방망이에 학춤을 춘다는 것이고, 또 둥근 의자에 눕혀 놓고 혁대 혹은 검도용 죽도로 마구 두들겨 패고 벌거벗겨진 궁둥이를 담뱃불로 바싹바싹 지지기도 했다. 견디다 못해서 기절을 하면 냉수를 이마로부터 뒤집어씌운다. 그러면 사오 분 뒤에는 소생한다. 기절했다가 냉수를 뒤집어쓰고 다시 제정신이 돌아설 때처럼 서글픈 일은 없다. 웬만한 사람이면 그때에 눈물짓지 않는 이가 없었다고 한다. 고문을 당해본 경험이 있는 사람은 누구나 같은 소감이었다.[15]

청년 조봉암은 일제의 혹독한 고문을 당하면서 점차 민족주의자로 성장해가고 있었다.

---

15 앞의 책, 333쪽.

제 **3** 장
일본으로 건너가 사회주의사상에 심취

우리 민족이 어째서 이렇게 압제를 당하고
무엇 때문에 이렇게 못살게 되었는가도 알게 되었다.
일본제국주의를 반대하고
한국의 독립을 전취해야 할 것은 물론이지만
한국이 독립되어도 일부 사람이 권력을 쥐고
잘 살고 호사하는 그런 독립이 아니고
모든 사람이 자유롭고
모든 사람이 잘 살고 호사할 수 있는
좋은 나라를 만들어야겠다고 결심했다.

— 조봉암, 〈내가 걸어온 길〉에서

● 호랑이 굴, 일본

조봉암은 평양 경찰서에서 15일 만에 풀려나 서울로 돌아왔다. 그러나 일자리도 의지할 사람도 없었다. 공부를 계속할 형편도 못되었고, 민족적 감정만 높아지고 있었다.

평양에서 그 일을 치르고 서울에 와서부터는 평양으로 잡혀가기 전보다 훨씬 더 민족적 감정이 높아지고 일본 통치에 대한 반항심이 더 강해지고 애국열도 고조됐다. 나라를 위한 일이라면 무슨 일이라도 했다. 안 하고는 못 배기겠고 몸살이 날 지경이었다. 그러나 그때 서울 형편에 나로서는 아무 일거리도 찾아낼 수가 없었고, 그럴 듯한 동지자를 한 사람도 만나지 못했다. 그리고 공부할 열의도 없어졌고 또 계속할 형편도 못되었다.[1]

▬ 1 조봉암, 〈내가 걸어온 길〉, 《희망》, 1957년 2·3·5월호, 여기서는 정태영, 《조봉암과 진보당》, 한길사, 1991, 334쪽.

조봉암은 일본으로 건너가기로 결심했다. 적수공권으로 도쿄행을 결심한 것이다. 부산으로 가서 관부연락선을 타고 일본에 도착했다. 23살 때인 1921년 7월 7일이다. 조봉암은 이를 "호혈虎穴(호랑이굴)에 들어가는 심경으로 동경으로 건너 갔다"라고 썼다. 도쿄에는 동향의 친구 유찬식이 고학을 하 면서 도쿄물리학교를 다니고 있었다. 유찬식은 이성구, 홍순 복, 김찬 등과 자취를 하고 있어서 이들과 함께 지내기로 했 다. 여기서 만난 김찬은 메이지대학 법과에 다니면서 간도와 블라디보스토크를 방문하는 등 사회주의 운동에 깊이 관여하 고 있었다.

조봉암이 사상적인 영향을 받고 그의 뒷날 운명과도 연결 되는 만남이었다. 이들은 엿장수를 하며 고학을 하고 있었다. 조봉암도 이를 따라서 했다. 밑천 없이 손쉽게 할 수 있는 일 이 엿장수였다. 장사 수완이 별로 좋지 않았던 조봉암은 친구 들에 비해 수입이 신통치 않았지만, 학비 조달과 생활비를 벌 기 위해 일본 체류 2년 동안 엿장수 노릇을 했다.

엿장수 생활로 어느 정도 돈이 모아지자 세이소쿠正則 영 어학교에 들어가 영어를 배우고, 연말에는 일본 중앙대학 전 문부 정경과에 입학했다. 늘 동경하던 대학에 들어갔지만, 대 학에서 정규학과에 대한 공부보다 오히려 각종 사상서적을 읽는 일에 흠뻑 빠져들었다.

그래도 그 엿장사를 해서, 먼저 정규 영어학교에 입학해서 영어를 좀 배운 뒤에 중앙대학 전문부 정치과에 적을 두었다. 그런데 그때 내가 동경에 가니까, 평소에 읽고 싶어하던 책도 있었지만 세상에서 처음 보는 좋은 책이 어찌나 많은지, 그저 그 책에 취해서 장사도 하기 싫고 강의도 듣기 싫어져서 그저 책만 붙잡고 늘어졌다. 설마 굶어 죽지는 않을 테지 하고 먹는 걱정, 입는 걱정은 안 하고 그저 책만 읽었다. 아마 내 일생을 통해서 그렇게 열심히 또 그렇게 많이 독서한 것은 그때가 마지막 겸 처음일 것이다.

원래 지식에 주리고 목마르던 참이니까 좋은 듯한 것은 무엇이든지 닥치는 대로 읽게 되었지만, 대별해 보면 처음에는 주로 문학 작품을 읽었고, 다음은 사회과학 방면의 것을 읽었다. 젊은 학도로는 누구든지 거의 그렇지만 처음에 사회주의에 관한 서적을 읽어보니까 어찌 그리 마음에 탐탁하고 기쁘던지 이루 형언해서 말할 수가 없었다. 이러한 진리가 있는 것을 아직도 모르고 살아온 것을 생각하니 서글프기도 했고 통분하기도 했다. 그래서 모든 정열을 다해서 읽었다. 읽으면 읽을수록 그것이 완전한 진리이고, 내 마음 가운데 항상 꿈틀거리고 용솟음치던 생각과 백 퍼센트 일치되는 때에 무한한 만족과 법열을 느꼈다. 나는 사회주의를 연구하고 사회주의자가 되고 사회주의 운동을 하기로 했다. 일본제국주의의 강도 같은 침략과 민족적 수탈이 어째서 생기고 어떻게 이루어지는가를 알게 되었고 우리 민족이 어째서 이렇게 압제를 당하고 무엇 때문에 이렇게 못살게 되었는가도 알게 되었다. 일본제국주의를 반대하고 한국의 독립을 쟁취해야 할 것은 물론이지만 한국이 독립되어도 일부 사람이 권력을 쥐고 잘 살고 호사하는 그런 독립이 아니고 모든 사람이 자유롭고 모든 사람이 잘 살고 호사할 수 있는 좋은 나라를 만들어야겠다고 결심했다. 동경에서 조석을 가리지 않고 오직 책 속에 틀어박혀 있기를 일 년 남짓 하였다.[2]

▬▬ 2 앞의 책, 335~336쪽.

사상의 홍수에 빠져들어

　조봉암은 일본에 체류하는 2년 동안 각종 이념서적을 읽으면서, 특히 아나키즘과 사회주의사상에 많은 관심을 갖게 됐다. 당시 일본에는 수준 높은 몇 사람의 아나키스트들이 사상계를 주도하고 있었다.

　많은 독서를 하면서 사회주의사상에 관심을 갖게 되고 점점 빠져들었다. 당시 일본 사상계는 온갖 사상이 소개되어 백화제방을 이루고 있었다. 자유주의, 민본주의, 무정부주의, 사회주의, 페비어니즘, 사회민주주의, 생디칼리슴, 볼셰비즘 등 각종 사회사상이 홍수처럼 쏟아져 들어와 난립하고 있었다. 그 중에서도 특히 오스기大彬榮, 이와사岩佐作太郎 등이 중심이 된 무정부주의와 사카이堺利彦, 야마가와山川均 등의 사회주의가 언론과 노동운동 부문을 주도하고 있었다.[3]

조봉암은 사상의 춘추전국시대, 사상의 늪지대에서 특히 아나키즘과 볼셰비즘에 관심을 보였다. 일본에서 고학을 하면서 공부하는 대부분의 조선 유학생들은 이같은 진보적 사상에 젖어 들었고, 조봉암의 경우도 다르지 않았다. 어느 측면에서는 가정이나 살아온 역정으로 보아 심정적으로 더 깊고 급격히 빠져들었다고 볼 수 있다.

그때 일본의 사상계는 혼란기였다. 일본에 본래부터 있던 사상계 분야는 그만두고라도 자유주의, 민본주의 등 요새 흔히 말하는 '데모크라시'의 사상이 짧은 시일 내에 한꺼번에 머리를 들고 일어섰다.

고토쿠幸德秋水(일본 최초의 아나키스트로 황실부인론자이다)가 불경죄로 처벌을 당한 이래로 일부 지식층 간에 아나키즘의 뿌리가 박혔고 내가 동경에 있던 1921년부터 몇 해 동안은 오스기 사카에大杉榮를 중심으로 해서 와다和田, 이토伊藤 등 쟁쟁한 투사들이 선두에 서서 언론으로 사상계를 리드하고 일부 노동운동을 지도했으며 그러한 혼란기에는 으레 있듯이 많은 젊은 지식인들이 저의 나라의 재래에 있던 일체의 것을 부정하는 입장에서 아나키즘을 숭상하는 경향도 많아서 한때는 아나키즘 전성을 이룬 감이

---

3 한상구, 〈1926~28년 신간회의 민족협동전선론〉, 서울대학교 석사학위논문, 1993.

있었다. 그런데 그 오스기 사카에는 1923년 동경 대지진 때에 당시 계엄사령부 소속인 아마카스甘粕란 자에게 일가와 더불어 몰살을 당했고 그 아마카스란 자는 그 뒤에 만주에서 고관으로 거들거리고 지냈다는 것이다.

아나키즘이 그렇게 전성했다는 것은 아나키즘으로는 그때가 전성시대였다는 뜻이고, 다른 많은 종류의 주의 사상이 위축되었다는 뜻은 물론 아니다. 한편에서 아나키즘이 소리를 지르는가 하면, 다른 편에서는 사회주의를 내걸고 웅성거렸다. 그때 흔히 떠들던 '생디칼리슴' '페이비어니즘' '사회민주주의' '니힐리즘' 그리고 그때에야 유행어처럼 된 '볼셰비즘' 등 세상에 있는 주의 사상은 하나도 빠지지 않고 일본 사상계에서 북데기를 쳤다.[4]

조봉암은 '사상의 홍수' 속에서 19세기에 나타나 전 세계에 급속히 전파된 아나키즘에 점점 매료됐다. 일체의 지배와 권위, 특히 국가, 종교, 자본, 권력을 거부하는 아나키즘은 바쿠닌, 프루동, 크로포트킨, 고드윈, 슈티르너 등에 의해 주도됐다. 이 무렵 일본에서는 고토쿠, 오스기 사카에, 와다, 이토 등에 의해 활발하게 전파되고, 대표주자 격인 고토쿠는 일황과 황실의 존재를 부인하다가 처형되는 등 탄압을 받았다.

▬▬ 4 조봉암, 〈내가 걸어온 길〉, 앞의 책, 336~337쪽.

아나키즘에 이어 사회주의사상에 경도

조봉암은 박열, 김약수, 원종린 등과 뜻을 같이 하고 일본의 대표적인 아나키스트 오스기와 이와사를 자주 만나면서 이들의 사상에 공명하게 되었다. 1921년 10월 원종린은 '신인연맹'이라는 사상단체를 기획하고 취지서를 만들어 동지 규합에 나섰다. 박열, 조봉암, 김판권, 정태성, 임택룡, 장귀수, 김사국 등이 이에 호응하여 이 해 11월 29일 흑도회黑濤會를 창립했다. 이 단체는 한국인이 일본에서 조직한 진보적 사회단체의 효시가 됐다.[5]

흑도회에는 민족주의, 공산주의, 아나키즘 등 각 사상에 심취한 청년들이 참여했다. 흑도회라는 명칭으로 보아 아나키즘 계열이 우세했던 것으로 짐작할 수 있다. 흑도라는 명칭은 '검은 파도'라는 뜻으로 아나키즘 사조를 뜻한다. 흑도회

5 김삼웅, 《박열 평전》, 가람기획, 1996, 41쪽.

는 조선의 참담한 현실을 양심적인 일본인들에게 알리고, 국가적 편견과 민족적 증오가 없는 세계융합을 실현하는 것 등을 목표로 삼았다. 흑도회는 나가타新潟현 사마노가와信濃川 댐 공사장에서 일어난 조선인노동자 집단학살 사건에 대한 진상규명과 항의투쟁을 벌였다. 이들이 흑도회를 조직하여 활동 중이던 1922년 7월, 니가타현 탄광에서 조선인 노동자 100여 명이 살해돼 집단 매장되거나 강물에 던져지는 만행이 일어났다.

당시 일본 유학생 거의 대부분이 그 소위 신사조에 휩쓸려서 사상과 행동에 큰 영향을 받은 것만은 부정할 수 없는 사실이고, 나 자신의 경우로만 보아도 그러한 영향이 확실했었다. 나는 책을 읽으면서도 일본의 현실을 바로 보려고 노력했다. 그 사상적인 모든 움직임을 깊이 이해하려고 노력했다. 그러나 내가 제일 흥미를 가지고 덤벼든 것은 '아나키즘'이었다. 일본 청년들과 같이 휩쓸려 다녔지만 박열, 신용우, 방한상 등 맹장들과 흑도회黑濤會라는 사상단체를 조직해 우리들만이 사상계에 있어서 최첨단을 걷는 선구자인 것처럼 뽐내고 우쭐대던 것이 기억난다. 그때 우리들은 실제에 있어서 관념적 유희에 만족했을 뿐이고 아무 일도 하지 못했다. 그저 모든 면에 있어서 부정적이고 파괴적인 언론에 시종했다.[6]

조봉암은 얼마 지나지 않아서 차츰 아나키즘에 실망한다. 아나키즘의 '관념적 유희'에 실망하게 됐다고 한다. 보다 강력한 조직을 만들어 일제와 치열하게 싸워야 한다는 생각이 들었다. 그리고 점차 볼셰비즘으로 기울어 갔다. 흑도회는 아나키스트 오스기와 이와사의 영향을 받은 박열, 이윤희 등 아나키스트와 사카이의 영향을 받은 원종린 등 사회주의자로 사상적 경향성이 나뉘어져, 박열 등은 흑우회를 조직하고 김약수 등은 북성회를 결성하면서 분열됐다. 조봉암은 북성회의 일원으로 활동했다.

나는 처음에는 흑도회까지 조직했으나 아나키스트들의 관념적인 유희에는 만족할 수가 없었다. 지식적 충족이나 관념적인 만족이 아니라 어떤 조직을 가지고 힘을 만들어서 일본놈과 싸우고 독립을 해야되며 또 독립이 된 뒤에는 사회주의 사회를 건설해야 된다는 생각이 들었다. 그래서 나는 아나키즘으로부터 볼셰비즘으로 기울어졌다. 러시아에서는 1917년에 소비에트 혁명이 성공하였고, 그것을 영도하는 자가 레닌, 트로츠키 등인데 그들이 주장하는 주의가 볼셰비즘이고 그 볼셰비키들은 국내에서 혁명을 성공으로 이끌었다. 그뿐 아니라 모든 제국주의를 반대했

---

6 조봉암, 〈내가 걸어온 길〉, 앞의 책, 338쪽.

고 특히 일본제국주의의 한국 침략을 반대하고 한국독립을 적극적으로 원조한다는 것이며, 그 실증으로는 벌써 수십 만 달러의 독립원조자금을 상해임시정부를 통해서 국내에 보냈다는 것이다(이 독립원조자금이 잘못 사용돼서 뒤에 말하는 소위 사기공산당사건이 생겼다).[7]

뒷날 조봉암 죽음의 빌미가 된 볼셰비즘은 1917년 러시아 10월혁명 이래 레닌의 이데올로기와 지도이념이 되고, 소련이 붕괴되기 전까지 세계적으로 막강한 영향력을 끼쳤다. 사회주의 국가건설에 성공한 러시아혁명은 극동지방까지 큰 영향을 미쳐 한국의 독립운동 전선에도 공산주의운동이 일어났으며, 러시아 정부는 식민지 피압박 민족해방운동을 적극 지원했다. 상하이 대한민국임시정부에도 사회주의 계열 인사들을 통해 독립운동 자금을 보내주었다. 조봉암이 사회주의사상에 쉽게 빠져든 데는 같이 자취 생활을 한 김찬의 영향도 적지 않았다. 조봉암은 볼셰비즘에서 조국 독립의 길을 찾을 수 있을 것이라 생각하기에 이르렀다.

우리 동지들은 그때야 비로소 소비에트혁명의 내막을 약간 알게 되었고 따라서 우리나라가 일본과 싸워서 이기

---

7 앞의 책, 338~339쪽.

려면 우리 자신이 굳은 조직을 가져야겠고, 러시아와 협력하고 러시아의 지원을 받아야겠다고 작정했다. 그때 우리들과 완전히 공명한 사람들은 김찬, 정재달 등이 있었고 그 뒤에 합세된 사람들이 김약수, 정우영이었다. 김찬, 정재달은 유학생계 정화를 위한 의거단을 조직한 일도 있었고, 재일본 한국인 노동자들의 조직체를 만드는 일도 같이한 사람들이며 김약수, 정우영은 당시 일본에 있던 한국인으로서는 사상계의 선구자이며, 몇 개의 잡지를 발간하기도 했었다. 김약수가 무슨 잡지를 발간하면서 그 발간사 중에 "우리들은 이미 전선戰線에 나선 전사다. 탄환이 한 발밖에 없다고 해서 안 쏠 수는 없다. 이제 우리들은 그 한 발을 쏜다"고 했다. 준비 없이 구차한 발간이지만 우선 한 권이라도 내놓는다는 뜻을 나타낸 것인데, 그때에는 그것이 꽤 명구라고 해서 내외인 간에 회자되었다.[8]

조봉암은 흑도회가 해체되면서 2년여 만에 귀국길에 올랐다. 1922년 여름이다. 적수공권으로 일본으로 건너가 엿장수를 하면서 대학을 다니고 각종 이데올로기를 접하면서 아나키즘과 볼셰비즘에 심취한 그는 이제 반제투쟁의 사회주의 실천운동가로 성장하여 귀국하게 됐다.

━━━ 8 앞의 책, 339쪽.

의식의 변화 겪고 귀국

　유학생활 2년 동안 그는 엄청난 의식의 변화를 경험했다. 단순한 반일의식을 가진 열정적인 청년에서 새로운 이념과 방법으로 조직적인 반제투쟁을 지향하는 실천운동가로 변신한 것이다. 그가 빨리 돌아온 것은 새로운 사상을 접하면서 더 이상 가만히 앉아서 공부만 할 수 없다고 생각했기 때문인 것 같다. 그러나 그는 일본에 2년밖에 머무르지 않았기 때문에 여러 가지 면에서 충분한 습득이 불가능했으리라고 추측된다.[9]

　조봉암은 '혁명가'로 자부하면서 2년 동안의 일본체류를 마치고 돌아올 때의 심경을 "의기는 하늘을 찌를 듯이 높았고 포부도 컸지만 용기도 대단했었다"라고 밝히면서 서울에

9 박태균,《조봉암 연구》, 창작과 비평사, 1995, 24쪽.

서의 활동을 다음과 같이 피력했다.

우리 몇몇은 스스로 혁명가로 자처하고 독립을 위한
실제적인 일꾼으로 자부했다. 그래서 당시 유행이던 장발
에 굵은 스틱을 짚고 다니는 패들을 철부지로 알고 경멸했
다. 생각이 그렇게 되는 것만치 일본 안에서도 조직에 힘
썼고, 국내 각파와도 연락을 가질 뿐 아니라 상해, 만주,
러시아에도 손닿는 대로 연락을 취하고 정보를 교환했다.

그래서 드디어 나와 김찬, 정재달 등 실천파는 동경을 떠
나서 국내로 들어가기로 했다. 그때 우리들의 의기는 하늘
을 찌를 듯이 높았고 포부도 컸지만 용기도 대단했었다. 무
엇이든지 하고자 하는 일은 안 될 것이 없을 듯하였다.

동지들의 연락을 받고 내가 서울에 온 것은 1922년 8
월, 24살 때였다. 그때 서울에는 김한, 원우관, 신자관 등
이 소위 '무산자동맹'이라는 사상 단체를 조직하고 계몽
운동에 착수하고 있었으며 김사국, 이영 등은 소위 '서울
청년회'를 조직하고 있었는데 '서울청년회'는 본시 민주
주의적 청년 단체였으나 지도부의 인물들은 대부분 사회
주의자로 자처하고 있었다.[10]

■■■■■ **10** 조봉암, 〈내가 걸어온 길〉, 앞의 책, 340쪽.

조봉암은 이 무렵 일본에서 이미 국내 사회주의자들과 어느 정도 연계가 있었던 것 같다. 그래서 이들의 연락을 받고 귀국하여 본격적인 공산주의운동에 나섰다. 독자들의 이해를 위해 당시 조선사회의 공산주의운동의 실상을 살펴보기로 한다.

1917년 러시아의 볼셰비키혁명과 1918년 제1차 세계대전의 종결은 국제질서에서 하나의 큰 획을 그었다. 이 '사건'들은 약소국가와 피압박민족의 민족해방 투쟁의 전기를 마련했다. 민족해방을 추구해온 한민족은 3.1운동의 좌절로 새로운 출구를 찾고 있었다. 그 출구의 하나가 공산주의운동이었다.

조선 공산주의운동의 한 갈래는 1918년 1월 러시아의 바이칼 호 부근의 일크츠크에서 러시아에 귀화한 김철훈 등 교포들이 일크츠크공산당 한인지부를 결성한 것이고, 다른 갈래는 같은 해 6월 소만 국경도시 하바로프스크에서 노령지방의 독립운동가 이동휘를 중심으로 한인사회당이 결성되었다. 일크츠크의 한인공산당은 곧 볼셰비키당 지부의 위치에서 노령의 한인사회를 대표하는 공산당으로 발전하기 위해 그 명칭을 전로한인공산당全露韓人共産黨으로(1919. 9), 다시 전로고려공산당全露高麗共産黨으로 바꾸었다(1920.7).

한편 한인사회당은 이동휘가 상해 임시정부에 참가하여 초대 국무총리가 됨으로써 상해로 진출했고, 여기에서 이른바 상해파 고려공산당으로 개편 발전했다(1921). 하바로프스크에서 이동휘와 함께 한인사회당을 조직한 김립, 박진순을 비롯하여 김하구, 이용, 최필용, 장덕수, 김철수, 주종건, 이봉수 등이 그 중앙위원이었다.

임시정부도 이 무렵에는 소련 정부와 독립군 양성을 위한 비밀협약을 체결했으므로 임정 관계자들의 일부가 공산당에 가입했고 소련 정부도 이동휘를 통해 자금을 제공했다. 상해파 고려공산당은 중국공산당, 일본공산당과 제휴하는 한편 국내의 조선노동공제회, 조선청년회연합회 등과 연결을 맺고 만주, 노령지방의 무장독립단체에도 자금을 지원했다.

일크츠크의 전로고려공산당도 상해파 고려공산당에 맞서 역시 고려공산당이라 이름하고 상해에 지부를 설치했으며(1921.5), 곧 고려공산청년동맹을 결성하여 세력을 확대하는 한편 노령지방 독립군의 지휘권을 두고 상해파 고려공산당과 다투었다. 이에 국제당에서는 조선혁명의 동일한 목적 아래 양당 분립은 용인할 수 없으므로, 1922년 11월 중순, 위진츠크에서 국제당 대표의 참석 하에 양당 합동대회를 열었으나 여전히 양파는 원칙 없는 파쟁을 일삼아서 코민테른은 그 둘을 해체시켰다.

고려공산당이 해체된 뒤 코민테른은 곧 상해파의 이동휘, 일크츠크파의 한명서, 국내파의 정재달 등을 위원으로 하는 '꼬르뷰로(고려국)'를 블라디보스토크에 설치하고 조선 공산주의운동을 관할했다. 그런데 이 무렵 무력해진 임시정부를 정비하는 독립노선을 일원화하기 위하여(1923.1) 상해에서는 조선 국민대표회의가 개최됐는데, 창조파(일크츠크파 가운데서 남만춘 등과 박용만이 상해임시정부를 부인하고 독립운동지도기관을 다시 설립하자는 파)와 개조파(안창호, 김동삼과 이동휘의 상해파 등이 임시정부를 인정하고 개조하자는 파)가 다시 대립하였다. 이에 코민테른은 다시 '오르그뷰로(조직국)'를 블라디보스토크에 있는 극동부 내에 설치했다. 그러나 당시 극동부장 비르진스키는 '오르그뷰로'를 통하지 않고 독자적으로 1924년 4월 일크츠크파인 김재봉, 조봉암, 김찬 등으로 하여금 조선 내에 대표단체를 조직케 하고(이 단체는 다음에 화요회로 개조된다), 조직 내부에 콤서클을 결성하여 공산당 결성준비에 착수하도록 하였다(이로써 '오르그뷰로'는 유야무야 됐다).[11]

━━━ 11 편집부 편, 《한국현대사회운동사전》, 열음사, 1988, 353~355쪽.

모스크바 공산대학에 유학

조봉암이 한국으로 돌아왔을 때는 바로 이같이 조선공산당이 분열과 통합과정에서 갈등을 빚고 있었다. 코민테른의 극동부장이 국내 공산주의운동의 지도급 인사인 김재봉, 김찬과 함께 조봉암을 지목할 만큼 조봉암의 위상은 크게 격상되어 있었다.

조봉암은 국내에서 활동의 자리를 잡기도 전인 귀국 두 달여 만에 러시아에서 열리는 베르흐노이진스크대회에 참석하기 위해 서울을 떠났다. 이 대회는 조선 공산주의의 두 세력, 즉 일크츠크 고려공산당과 상해파 고려공산당의 통합을 위해 마련한 것이다. 이때 조봉암이 무슨 단체의 대표로 선정되어 참석하게 되었는지는 분명하지 않다.

서울의 형편이 이러할 즈음에 해외에 있던 많은 독립운동가들은 소비에트 정부와 연락을 짓기 위해서 각각 공산당을 조직하고 서로 우열을 다투던 중인데 코민테른에서 합하라는 지령이 있어서 그 연합대회 준비를 위한 백열적인 활동이 전개되었던 것이다. 나도 그 대회에 참가하기로 했다. 나는 일본에서 서울로 온 지 두 달도 못되어서 창황이 서울을 떠나게 됐다. 베르흐노이진스크대회에 참가하기 위해서다. 그 베르흐노이진스크대회라는 것은 우리나라 사회주의 운동과 공산주의운동사상에 있어서 한 에폭을 그은 중대한 사건인 만치 그 경과를 좀 설명해둘 필요가 있다.[12]

그러나 모스크바에서 열린 이 회의는 성공하지 못했다. 두 파의 대표들이 모인 회의에서 러시아 정부의 실력자 부하린 Bukharin이 조정을 시도했지만 각기 자기들의 정통성을 주장하여 뜻을 모으지 못한 것이다.

각 그룹의 대표자는 모스크바로 모이라는 지시가 내렸다. 그래서 상해파에서는 이동휘가, 일크츠크파에서는 김만겸 등이, 그리고 국내 서클로는 정재달, 정우영과 내가 모스크바로 가게 됐다. 모스크바에 모인 각 대표는 부하린과 동석해서 연석회의를 열었다. 그 석상에서 각 대표는 각

---

12 조봉암, 〈내가 걸어온 길〉, 앞의 책, 342쪽.

기 자기네 그룹만이 진정한 공산주의자 집단이며 참된 조직을 가지고 또 공산주의적인 활동을 했노라고들 떠들어댔다. 모든 보고를 다 듣고 난 부하린은 이렇게 결론을 내렸다. "동무들이 각기 자기네 그룹만이 공산주의를 잘 안다고 말하지마는 내가 보기에는 같소. 더는 이론적인 이야기는 하지 말고 무조건 합쳐서 일본제국주의와 싸우시오."

그래서 즉시 각파의 조직을 해체하고 오르그뷰로(소위 조선공산당 조직총국이라는 이칭)를 조직하기로 했다. 뒤의 이야기지만 이 오르그뷰로는 또 한 번 실패해서 그 다음 해에 코르뷰로로 개조됐고 그 코르뷰로라는 것도 지지부진하던 중에 처음으로 코민테른의 정식 지부가 되었다. 나는 그 코르뷰로에 참가하는 것을 거절하고, 그때 모스크바에서 시작된 '카우트브(동방노력자공산대학)'에 들어가서 공부하기로 하였다.[13]

조봉암은 공산주의자들의 분열과 종파 싸움에 크게 실망했던 것 같다. 그래서 새로 조직된 코르뷰로에 참가하지 않고, 동방노력자공산대학(모스크바공산대학)에서 공부하기로 하고 모스크바에 눌러 앉았다. 이 대학은 레닌 정부가 동양 각국의 혁명투사 양성을 목적으로 설립한 특수 목적의 대학이

━━ **13** 앞의 책, 346쪽.

었다. 여기에 입학하려면 코민테른이 승인하는 각국 공산당의 추천을 받아야 했다.

기숙사와 식비는 물론이고 의복비와 서적, 학용품도 학교에서 무료로 지급했으며 약간의 용돈까지 주었다. 조봉암으로서는 공부하기에 더 이상 좋은 조건이 아닐 수 없었다. 조봉암은 외국인들이 들어가는 3년제의 별과別科에 입학하여 통역을 통해 강의를 들었다.

소위 '동방노력자공산대학'이란 것은 소련권 내에 있는 수십 개 민족과 우리나라, 일본, 자바 등 원동의 몇 개 민족이 한데 모여서, 초기에는 통역을 세우고 강의를 듣고 러시아어가 능통하게 되면 제법 학술적인 공부가 되는 모양이었다. 그러나 그 대부분은 일종의 사회주의 강습소 같아서 서투른 통역으로 듣는 소위 러시아혁명사 연구에 지나지 않았다. 그때 통역 중에는 '데몬스트레이션'이란 말을 잘못 번역해서 '길바다에서 오부재기 치는 것'이라고 했으니 그만하면 그때 통역의 실력을 가히 짐작할 수 있는 것이다.

그런데 그 학교에는 오십여 종족이 모여 있어서 복데기질을 치니까 학교라기보다는 인종전람회 같았다. 가지각색의 언어, 의상, 풍속, 습관과 서로의 흥미 있고 기이하게 보이는 모습으로 인해서 언제나 서로 다감하게 호의적이고 새 맛이 있어서 싫증이 나지 않았다. 그중 몽고족과 푸랏드족은 모든 면에 있어서 우리네와 근사하고 대체로는 동양적이지만 그밖의 민족들은 모두가 동양적이 아니고 그렇다고 서양적이냐 하면 그렇지도 않은 중간치여서 깊이 이해하기가 어려웠다. 길기스족과 퉁구스족은 외모는 확실히 동양인인데 사고방식과 행동은 아프리카 토인과 꼭 같고, 탈라르족과 터키족은 생김생김은 분명히 서양적인데 행동과 감정은 다분히 동양적이었다.[14]

━━ **14** 앞의 책, 344쪽.

폐결핵 앓고 일본 거쳐 귀국

조봉암은 모스크바의 혹독한 추위와 변변치 못한 기숙사의 식생활, 그동안의 무리와 과로가 겹쳐 몸에 이상을 느꼈다. 진찰 결과 폐결핵이었다. 크리미아반도나 카프카스로 전지요양의 명령을 받았지만 "조선놈으로 낳았다가 고기값도 못하고 병신으로 이국 귀신이 되어서는 안 되겠다고 생각되어"[15] 귀국을 결심했다. 조봉암은 동방노력자공산대학에 입학한 지 약 8개월 만인 1923년 7~8월경 모스크바를 떠나 상해를 거쳐 일본을 경유하는 귀국길에 올랐다.

조봉암이 일본에 들렀을 때는 관동대지진으로 정국이 소용돌이치고 있었다. 1923년 9월 1일 간토, 시즈오카, 야마나시 지방에서 일어난 대지진으로 45만 가구의 집이 불탔으며 사망, 행방불명이 40만 명에 달했다. 야마모토山本 내각은 계엄

━━━ **15** 앞의 책, 345쪽.

령을 선포하고 사태수습에 나섰으나 혼란이 더욱 심해지자, 국민의 불만을 다른 데로 돌리기 위해 조선인과 사회주의자들이 폭동을 일으키려 한다는 소문을 조직적으로 퍼뜨렸다.

이에 격분한 일본인들은 자경단을 조직하여 관헌들과 함께 조선인을 무조건 검거, 살해했다. 이 사건으로 무고한 조선인 6000여 명이 학살된 것으로 나타났다.

내가 노령으로부터 우리나라로 들어올 때에 상해를 거쳐서 일본으로 갔었는데 그때 마침 일본 동경에 큰 지진이 나서 동경 전토가 회진되는 저 유명한 '동경대진제'가 생긴 바로 그 이튿날 나가사키長崎에서 배를 내려서 모지門司로 가니까 신문 호외가 돌고 무언지 모르게 좀 웅성웅성하는 것이 알려졌다. 일본은 지진이 잦은 나라다. 일본에 있던 2~3년간에도 여러 번 지진을 겪은 경험이 있었다. 그러니까 처음엔 그저 그런 종류의 흔한 것이거니 했었다. 그러나 호외가 계속해 나는데 동경이 부서지는 모양이었고, 의외로 놀란 것은 우리 동포들이 그 지진을 틈타서 불을 지르고 우물에 독약을 퍼 넣고 요인들을 암살하려 한다는 보도였다.

그러나 나는 그런 호외보도를 읽으면서도 원래 동경에 들렀다가 귀국한다는 내 계획을 실천할 작정으로 선편船便으로 나고야名古屋에 내렸다. 선편을 이용한 것은 '세도

나이카이瀨戶內海'를 구경도 할 겸 또 그 근방에서 장사도 하고 있었다는 구실을 만들기 위해서였다. 그런데 나고야에 내리니 제일 먼저 나를 맞아주는 것이 형사였다. 내가 동경에서 고학하는 중이고 '세도나이카이' 방면에서 학자를 얻으려고 행상을 하다가 동경으로 돌아가는 중이라고 말했더니 그 자가 대단히 친절히 굴면서 지금 동경으로 가면 위험하니 바로 귀국하는 것이 상책이라고 권하며 일부러 표를 끊어주고 차를 태워주었다.

그래서 나는 동경 지진으로 말미암아 부득이 귀국하는 것처럼 되어버렸고, 따라서 국내에서의 활약이 버젓이 합법성을 띠게 된 것이다.[16]

조봉암은 그때 운이 대단히 좋았던 것 같다. 일본인들은 대지진과 정부의 흑색선전에 속아 일본인 중에서도 일본말이 서툰 후쿠오카福岡 근방과 구마모토熊本 현의 사람을 조선인으로 몰아 학살하였고, 아나키스트나 사회주의자들도 많이 죽였다. 이때 일본 정부는 일본의 대표적인 아나키스트 오스기 사카에 부부와 일곱 살짜리 그들의 조카를 한데 묶고 목을 졸라 죽였다. 일본인(정부)의 잔인성이 드러난 사건이었다.

16 앞의 책, 348~349쪽.

제 **4** 장
조선공산당 조직에 참여

나는 비밀결사로서의 소위 '공청' 조직에도 힘썼지만
이들 대중조직운동에 몰두해서 1924년 4월에는
노동자·농민운동의 총본영인 '노농총동맹'을 결성했고
청년운동의 총집결체로서
소위 '조선청년총동맹'을 만들어 냈다.
나는 '노농총동맹' 조직에도 관여했지만
'청년총동맹'에는 직접 문화부 책임을 지고 있었다.

— 조봉암, 〈내가 걸어온 길〉에서

●사회주의 단체의 확산과 분열

　　국내에 들어온 조봉암은 본격적으로 공산주의운동에 참여했다. 당시 조선에는 일본 유학생들이 사회주의사상(마르크스주의)을 전파하여 소개되고 있었다. 1922년 2월 재일 유학생들은 조선에서 동우회의 이름으로 '전국노동자 제군에게 격함'이라는 선언문을 발표하고, 동우회가 계급투쟁의 직접적 행동단체임을 분명히 밝혔다.

　　이후 조선사회에는 사회주의 이념을 가진 단체가 우후죽순처럼 생겨났다. 무산자동맹, 북풍회, 화요회, 조선노동당, 서울청년회 등이 앞서거니 뒤서거니 하며 조직됐다. 이와 함께 공산주의 그룹으로 상해파, 이르쿠츠크파와 북성회파, 서울파, 노동당파, 만주공청파 등이 각기 활동영역을 넓혀가고 있었다.

　　이들 단체들은 사회주의 신사상 운동을 전개한다는 목표는 일치했지만, 자파세력의 확충을 위하여 경쟁적으로 조직

확대에 나서는 등 분열과 이합집산을 거듭하였다. 사회주의 신봉자들은 지하에서 비밀단체를 결성하는 한편 공개 영역에서도 각종 청년단체, 농민단체, 사상단체의 활동에 적극적으로 참여하였다.

국내외 사회주의 운동이 이처럼 여러 공산주의 그룹에 의해 경쟁적으로 수행됐기 때문에 명암 양 측면의 결과가 초래됐다. 이들 노력에 힘입어 사회주의사상이 널리 유행했으며, 사회주의에 대한 소양을 갖추는 것이 '처세의 상식'으로 간주될 정도로 영향력을 미쳤다. 그 반면 고조되기 시작한 노동운동, 농민운동, 청년운동 속에서 각파 공산주의 그룹이 각개 약진한 탓에 운동선이 교란되고 분열되는 경우가 잦았다. 이 때문에 여러 공산주의 그룹들은 통일된 전국적 공산당 창립을 최우선의 조직적 과제로 설정하였다. 통일된 공산당의 창립이란 국내 여러 공산주의 그룹을 단일한 대오로 결속할 뿐 아니라, 대외적으로 조선 사회주의 운동의 대표성을 가진 단체를 조직하는 것을 의미한다. 그것은 구체적으로는 코민테른의 지부승인을 획득한 조선공산당을 결성하는 것을 뜻하였다.[1]

1 임경석, 〈조선공산당〉, 《한국독립운동가사전 6》, 독립기념관, 2004, 357쪽.

조봉암은 동경의 자취방에서 함께 지내던 김찬의 소개로 꼬르뷰로와 청년뷰로의 조직자로 활동하고, 이 조직의 간부로 임명됐다.

조봉암이 귀국한 것은 꼬르뷰로와 청년뷰로의 국내부가 조직된 지 1~2개월 후였는데, 그는 귀국 직후부터 이 기관들의 세포조직 확대를 위한 활동에 적극 참여한 것으로 보인다. 동경유학 시절부터 동지이던 김찬이 양 뷰로의 실질적인 주도인물이었다는 점에 비추어 볼 때 조봉암은 꼬르뷰로와 청년뷰로의 믿을 만한 활동가, 조직자로서 활약했을 것이다. 이렇게 본다면 앞서 조봉암이 "고려공산청년회를 대표해서 활동했다"라고 말한 것은 이 청년뷰로 활동을 두고 말한 것이었다고 볼 수도 있겠다.

1924년 3월 말에 조봉암은 정식으로 청년뷰로의 간부로 임명됐다. 그는 이제 막 출소한 박헌영, 김단야, 임원근과 함께 청년뷰로 간부로 선임되었는데, 청년뷰로의 초대 책임비서 신철과 집행위원 안병진이 사보타주 혐의로 제명됨에 따라 임원보선의 형식을 취한 것이었다. 이때 보선된 조봉암, 박헌영 등 신진간부들은 이후 고려공산청년회 창설의 주도 인물로 등장하게 된다.[2]

▬▬ 2 박태균, 《조봉암 연구》, 창작과 비평사, 1995, 35쪽.

조선공산당의 모체 화요회

조선공산당 조직의 모태 역할을 한 것은 화요회火曜會다. 1924년 11월 19일 신사상연구회가 개칭하여 설립한 화요회는 1925년 4월 조공이 창당되기까지 당 창건의 실질적 구심체가 되었다. 회원 수는 약 60여 명으로 국내는 물론 일본에서 활동하다가 귀국한 사회주의자 대부분이 참가했다. 조봉암은 귀국한 뒤에 참여한 관계로 화요회에 다소 늦게 가입하였지만 집행위원이 되어 활동했다. 박헌영, 김단야, 임원근, 조동호 등도 화요회의 주요 활동가들이었다.

화요회라는 명칭은 마르크스의 생일이 화요일이었다는 데서 유래한 것으로 전한다. 화요회는 "간부들 사이에서 불철저한 강령을 미리 내세우는 것보다는 실천행동과 노력을 통하여 실증적으로 강령을 정립하는 것이 옳다"고 판단하여 선언과 강령을 내세우지 않았다. 1924년 1월 3일 화요회를 중심으로 북풍회, 조선노동당, 무산자동맹 소속 150여 명이 모여 재경사회운동자간친회를 개최했다. 이 대회에서 조봉암은 '과거 1년간의 운동상황보고'라는 청년운동 부분을 맡아 발표하였다. 화요회는 1925년 3월 25일 북풍회와 통합을 결의했다. 4월 20일 서울시내 경성공회당에서 전조선민중자대회를 개최하기로 하고 김재봉, 박헌영, 조봉암, 김단야, 권오설, 김찬 등 72명으로 준비위원을 결성했다.

4월 18일까지 민중운동대회에 참가하기로 한 단체는 노동단체 263개, 청년단체 100개, 형평단체 18개, 사상단체 44개 등 425개 단체와 대표자 508인이었다. 그러나 총독부는 대회 하루 전날 저녁 9시경에 사회 안녕과 질서를 해친다는 이유로 대회개최를 금지했다. 종로 경찰서는 보안법 제2조를 들어 대회를 취소시키고, 준비위원인 조봉암을 소환하여 이 사실을 통보했다.

대회 몇 시간을 앞두고 갑자기 무산 소식을 듣고 분개한 대의원 300여 명이 파고다공원에 집합하여 일제의 탄압을 규탄하려 했으나 경찰에 밀려 공원 밖으로 쫓겨나고 말았다. 시위자 200여 명은 다시 9시 20분경 종로 2가 단성사와 우미관 앞에 모여 붉은 기 5개를 들고 "전조선민중운동자만세!" "무산자대회 만세!" "부당한 경관의 압박에 반항하자!" 등을 외치며 종로 3가로 행진했다. 이를 지켜보던 수천 명의 군중이 시위에 합세하였다.

이것을 일명 '적기사건赤旗事件'이라고도 부른다. 주동자

14명이 경찰에 검거되고 이중 12명이 검찰에 송치됐다. 조봉암은 용케 피신하여 검거를 면했다.

사회주의 동지 김조이와 결혼

이 무렵에 조봉암은 김조이金神伊와 결혼을 한 것 같다. '한 것 같다'라는 표현은 정확한 결혼일자가 기록으로 남아있지 않기 때문이다. 김조이는 조봉암이 전조선민중운동자대회 72명의 준비위원으로 선정될 때 명단에 들었고, 박헌영의 부인 주세죽 등과 함께 경성여자청년동맹의 발기인과 집행위원으로 선출될 만큼 사회주의 진영의 유력한 여성운동가였다.

김조이는 1904년 경남 창원군 웅천면 선내리에서 부친 김종태와 모친 배기남 사이에서 장녀로 태어났다. 웅천면 마천리에 위치한 사립학교인 계광학교를 마치고 서울로 유학하여 동덕여고를 졸업했다. 할아버지가 300석지기의 자산가였기 때문에 서울유학이 가능했다.

3.1운동에 참여하여 민족의식이 싹튼 김조이는 사회주의 운동의 맹장으로 활동하는 조봉암을 만나게 되고, 두 사람은 1924년 초 결혼했다. 그때 조봉암은 24세, 김조이는 21세가량

이었던 것으로 추정된다.

조봉암과 김조이는 1924년 사상적 동지로서, 연인으로서 전국 순회강연을 다녔다. 이 강연회는 조선청년총동맹이 주최한 것으로 회원 가입과 사회주의사상의 선전을 위해 마련된 것이었다. 서조선西朝鮮 반과 남조선南朝鮮 반으로 순회강연 반이 나눠지고, 조봉암은 서조선 반에 편성되어 해주, 안악, 재령, 사리원, 평양, 황주 등지를 순회하며 강연을 했다. 조봉암의 사회운동 중에는 여성운동도 포함되었다. 여성사회주의자들과 함께 민족운동을 하면서 부인 김조이를 만난 것이다. 조봉암과 김조이를 비롯하여 박헌영과 주세죽, 신철과 정칠성, 김사국과 정종명, 임원근과 허정숙 등이 이 무렵의 대표적인 부부 사회주의 운동가에 속한다.

이후 김조이는 모스크바 동방노동자공산대학에서 2년간 유학한 뒤 국내로 들어왔다. 그리고 1925년 1월 정봉, 배혁수 등 8명의 동지들과 함께 경성여자청년동맹을 결성했다.

16~26세의 여성들로 구성된 경성여자청년동맹은 '여성해방운동'을 지향했던 독립운동단체였다. 창립 당시 회원 수는 82명으로 18~20세의 여성이 다수를 차지했다. 직업별로는 학생이 56명으로 가장 많았고 교사(9명)와 무직(8명), 간호사(6명), 기자(1명) 등이 그 뒤를 이었다.

종로구 낙원동에 사무실을 둔 경성여자청년동맹은 여성해방 서적 연구·토론, 여성노동자를 위한 음악회 개최 등의 사업을 펼쳤고 무산아동학원 설립, 여성을 위한 문고 설치, 학술강좌 개최 등을 계획했다.

이러한 활동을 통해 김조이는 박헌영의 부인인 주세죽과 함께 경성 여성운동을 이끈 중심인물로 부상했다. 김조이는 1925년 4월 '적기시위사건'에 연루돼 잠시 검거되기도 했다.

이어 같은 해 12월 제1차 조선공산당사건이 터졌다. 조봉암과 김조이 등을 비롯한 많은 독립운동가들은 만주, 연해주 등으로 떠날 수밖에 없었다. 그리고 1932년 김조이는 국제공산당에 의해 '조선공산당청년지도자(조선공청)'로 뽑혀 모스크바 동방노동자공산대학 출신 인사 5명과 함께 함경도에 들어왔다. 동방노동자공산대학에서 공부하던 김조이는 만주, 상해 등지에서 활동하면서 일본인 사회주의자와 동거하고, 만주에서는 공산주의자 김복만과 함께 살았던 것으로 알려졌다.

김조이는 함흥을 중심으로 '조선노동좌익재결성'을 주도하다가 1934년 8월 일명 '제2태평양노사사건'의 주동인물로 지목돼 검거됐다. 당시 언론은 이 사건을 '함남공청사건'이라고 불렀다. 김조이는 이 사건으로 2년간 구금되었다가 기소되어 1934년 12월 함흥지법에서 치안유지법 위반으로 징역 3년을 선고받았다.

함남공청사건으로 기소된 인사는 모스크바 동방노동자공산대학 출신 6명을 포함, 총 39명에 이른다. 김조이는 징역 3년을 선고받은 뒤 함흥 형무소에 수감되었다가 서대문 형무소로 이감됐고, 1937년 9월 20일 출소했다. 조봉암은 김조이보다 1년여 늦은 1938년 12월 6일 출소하여 인천에 정착, 오랜만에 가정을 꾸렸다. 두 사람 사이에서 아들 규호와 딸 임정, 의정이 태어났다. 하지만 이들의 가정생활은 오래가지 못했다. 6.25전란 때 김조이는 납북되고, 이후 생사가 확인되지 않았다. 국가보훈처는 2008년 광복절에 김조이에게 뒤늦은 건국포장을 추서했다.

조선청년총동맹은 신흥청년동맹, 북성회, 경성청년회, 서울청년회, 조선청년연합회, 청년총동맹 등이 이합집산의 과정을 거쳐 1924년 4월 21일 223개 단체의 대표 600∼700여 명과 방청객이 참가한 가운데 창립됐다. 조선청년총동맹은 청년을 "대중의 역사적 사실을 완성함에 필요한 세력"으로 규정하고 청년 대중에게 "민중적 의식을 고무하고 계급의식을 주입할 것" 등을 운동의 근본방침으로 설정했다. 아울러 청년운동을 민족해방운동의 선구로 규정하면서 "타협적 민족운동은 절대로 배척하고 혁명적 민족운동은 찬성한다"고 하여 비타협적 민족주의자와 협동을 표명하였다. 조선청년총동맹의 결성으로 전국의 사회주의 청년단체는 거의 망라됐다. 조봉암은 신흥청년동맹의 대표자격으로 조선청년총동맹의 25인 중앙집행위원의 일원으로 선임되고 교육부 책임상무위원으로 선출됐다.

조선청년총동맹의 단골연사가 된 조봉암은 황주의 장로교회 예배당에서 열린 강연회에서 '청년의 진로'라는 제목의 강연을 했다. 초보적인 사회주의사상의 계몽과 민족자주 정신, 인권존중과 반일투쟁을 강화하자는 내용이었다. 그럴 때마다 일제 경찰은 합법적인 강연회까지 일일이 개입하고 연설내용을 간섭했다. 심지어 현장에서 강연을 중단시키는 경우도 다반사였다.

한 달 동안의 전국순회강연을 마친 조선청년총동맹은 4월 19일 인천에서 대규모 강연회를 열었다. 이 강연회에서 조봉암은 '신사상 대염매大廉賣'라는 제목으로 민중운동의 중요성에 대해 역설하여 수백 명 청중의 박수를 받았다. 이날 연사에는 김조이도 나섰다. 김조이의 연설도 대중의 지지를 꽤 받았다고 한다.

강연회의 성과가 좋아지면서 조봉암은 신흥청년동맹이 주최하는 청년문제 대강연회의 연사로도 초청됐다. 1924년 10월 13일 서울 YMCA에서 열린 강연회에는 조봉암과 박헌영, 김찬, 민태홍 등이 참여했다. 이밖에도 조봉암은 여러 단체의 단골연사로 나서 민중 중심의 운동을 주창했다.

강연에서 조봉암이 어떤 내용을 전달하려고 했는지 정확히 알 수는 없지만 이 시기 그의 사상은 기본적으로 민중을 본위로 한 새로운 사회질서의 창조, 그리고 민중의 진정한 해방과 행복이 보장되는 민족의 독립을 상정하였던 것으로 보인다. 그리고 그는 명사名士 집단에 의한 개량주의적 민족운동의 허구성을 통렬히 비판하면서 민중이 중심이 되는 운동을 주창하였다.[3]

━━ 3 앞의 책, 40쪽.

민중 중심의 사회운동 노선 추구

조봉암은 민족주의 진영 일각에서 추진된 물산장려운동과 민립대학설립운동 등 이른바 민족개량운동을 비판하고 대중 본위의 민중운동을 주창했다. 당시 한 신문과 가진 인터뷰 내용을 살펴본다.

우리 조선 민중은 과거 십여 년 여러 가지 형식으로 진로를 찾았었다. …… 진로 개척의 수단 형식이 다소 진보되어 토산土産을 애용하고 외국 물건을 배척하여 먼저 경제적 독립을 고조하였으나 그 결과는 토산물가가 전보다 등귀하여 노동자와 농민의 빈약한 생활을 더욱 위협하고 폭등한 물가의 이윤은 전부 외국 대자본가의 수중에 돌아갔고, 그로부터 얻은 것은 실로 허명虛名 그것뿐이었다. 교육운동도 그렇다. 기부와 인가認可는 되지 않고 경제력이 그의 성립을 허락한다 한들 지금 우리의 형편으로 과연 무엇을 가르칠 수 있으리오. 이러한 소위 문화주의자文化主義者의 불철저한 개량책으로 우리의 진로를 개척하기는 벌써 틀린 지 오래였다. 그러면 진실한 우리의 진로는 무엇인가? 즉 조선 민중 해방의 방법이 어디 있는가? 오직 똑같은 처지에 있는 소약小弱한 사람끼리 모여서 강한 자의 무리로 더불어 결結할 뿐이다. 이것이 조선인의 진실한 진로요, 오직 하나인 살 길이다.[4]

조봉암은 관념적인 민족운동을 비판하고, 특히 민족운동을 내걸고 전개된 반동세력의 사회운동을 비판했다.

우리가 말하는 사회운동이라는 것은 한 국가, 한 사회에 있어서도 유산계급과 무산계급이 대립하는 경우에는 계급투쟁을 전제로 하여 철저히 사회를 개선하라는 것입니다. 그런 까닭에 서로 이해가 충돌되는 양대 계급을 혼동하여 같은 민족이라는 막연한 관념 아래서 부르짖는 민족운동과는 본질상으로 차이가 있는 것이올시다. 그 실례를 들어 쉽게 말한다 하면 무엇보다도 먼저 민족적으로 독립이 되어 있는 영국이나 불란서나 독일 같은 나라에서도 가장 맹렬히 사회운동이 일어나는 것만 보아도 족히 알 수

━━ 4 《조선일보》, 1924년 11월 1일자.

있는 것이며, 또한 그 반면에는 민족운동이라 할 만한 반동세력이 사회운동과 대립하여 한 가지 운동이 되어 있는 것도 우리가 알 수 있는 것이올시다. 이태리의 파시스트나 일본의 적화방지단赤禍防止團 같은 것을 모두 이러한 종류의 민족운동으로 볼 수 있는 것이올시다.

만일 민족운동자로서 …… 정당히 관찰해보면 반드시 그 가운데서도 한 민족의 독립으로 말미암아 자기 민족 전체가 동일한 행복과 동일한 자유를 얻을 수 없는 것을 간파하게 됩니다. 다시 쉽게 말하면 노동계급이 처해 있는 무산대중은 생산과 분배의 관계가 공평하게 변경되기 전에는 항상 한 모양으로 자본가의 발길 아래서 신음할 것이올시다. …… 그뿐 아니라 민족운동 그 물건도 결국 침략의 정체를 발견하지 못하는 날에는 항상 피상적 운동에 헛수고로 돌아가버리고 말게 됩니다.[5]

이 무렵 조봉암의 의식은 사회지도자연하는 부르주아 민족주의 계열이나 명망가 중심의 민족개량주의 노선을 비판하면서 전위부대(단체)들이 결속하여 민중 속에 뿌리내리는, 민중 중심으로 일제와 맞서야 한다는 것이었다.

---

5 앞과 같음.

사회운동 전선이, 전위부대의 결속이 운동의 제1보라
면 이 결속된 소수부대는 대중 속에서 민중을 동動케 하여
야 될 것이니, 곧 민중을 동케 하는 방법을 배워야 될 것이
다. 민중을 동케 함에는 무산계급의 당면한 문제를 정확히
관찰해서 분투할 것이다. 하여 종래의 운동자 대 운동자의
운동을 떠나 민중이 동하는 현실적 운동의 진로를 취하여
야 될 것이다. 이로써 운동의 전선은 점차 확대되고 따라
서 현실에 입각을 둔 실지운동實地運動이 될 것이다.[6]

6　조봉암, 〈치안유지법의 실시와 금후의 조선사회운동〉, 《개벽》, 1925년 6월
　　호, 12~13쪽.

● 조선공산당 창당에 적극 참여

1925년 4월 17일 일제강점 조선에서 일본제국주의 타도와 조선해방, 사회주의 국가건설을 목표로 하는 사회주의 정당인 비밀결사 조선공산당(조공)이 창당됐다. 다음날에는 고려공산청년회(공청)가 결성됐다. 코민테른의 1국1당—國—黨주의의 지침에 따라 몇 갈래로 진행되어온 공산주의운동이 조공의 간판으로 통합, 창당하게 된 것이다. 조공과 공청의 관계는 당이 공청의 사업을 지도하며, 각급 당 단체의 집행위원 중 1명은 반드시 공청의 집행위원 중에서 충당하도록 하여 관계를 돈독히 하였다. 이 무렵의 상황을 조봉암은 다음과 같이 기술했다.

그때 서울에는 소위 '무산자동맹' '서울청년회' 외에도 '화요회' '북풍회' '신사상연구회' '신흥청년동맹' 등이 표면에 간판을 붙이고 대중집회를 가지며 선전운동과 조직운동을 하고 있었다. 그 당시 우리들은 신사상 운운하며 소위 사회주의를 내세우고 사회주의 계몽운동과 아울러, 인권존중과 민족자주의 정신을 고취했고, 반일감정을 높여 반일본제국주의 투쟁을 강화하는 데 중점을 두었다. 그때 왜놈들은 연설회장마다 임관이라 하여 고급 정복경관을 배치하고 연설의 문구마다 '변사주의'를 연발했고, 조금만 과격한 듯한 말이 나오면 즉시 '사베루(칼)'로 마루장을 구르며 '변사중지!'라고 소리를 지르고 말을 못하게 했었다.

사상운동과 청년운동이 활발했을 뿐 아니라 농민운동, 소작쟁의가 퍽 힘차게 계속되었고 노동운동도 급속도로 발전했다. 나는 비밀결사로서의 소위 '공청' 조직에도 힘썼지만 이들 대중조직운동에 몰두해서 1924년 4월에는 노동자·농민운동의 총본영인 소위 '노농총동맹'을 결성했고 청년운동의 총집결체로 소위 '조선청년총동맹'을 만들었다. 나는 '노농총동맹' 조직에도 관여했지만 '청년총동맹'에는 직접 문화부 책임을 지고 있었다. 나는 책임이 중하고 일이 너무 많기 때문에 '공청' 책임은 그 전년에 출옥되어 당시 동아일보에 근무하던 박헌영에게 맡기고 나는 비밀리에 당 조직운동을 하는 한편 소위 '청총靑總' 운동에 전념했다. 그래서 1925년 5월에는 수십 만 조직 군중 속에서 단 108명으로 비밀결사 소위 '조선공산당'을 조직

했고, 곧 이어서 '공산청년동맹'도 정식으로 조직했다. 나는 이 두 가지 조직의 간부였다.[7]

조공은 책임비서로 선임된 김재봉에 의해 주도됐다. 경북 안동 출신인 김재봉은 3.1운동에 참가하고 《만주일보》 경성 주재 기자를 하다가 1920년 말 신문이 폐간되면서 비밀공산주의 단체에 가담했다. 1921년 1월 조선독립단의 문서를 전달한 혐의로 검거되어 징역 6월을 선고받고, 출옥 뒤 소련으로 망명했다. 1922년 1월 모스크바에서 열린 극동민족대회에 조선노동대회 대표자격으로 참석했다. 11월 베르흐노이진스크 고려공산당 연합대회에 참석하고, 이 대회가 결렬된 뒤 치따에서 소집된 고려공산당(이르쿠츠크파) 국내 파견원으로 선임되어 입국하여 신사상연구회에 참여했다. 이해 8월 서울에서 비밀리에 꼬르뷰로 국내부를 설치하고 책임비서가 됐다. 1924년에는 《조선일보》 기자로 재직하면서 비밀리에 조선공산당 창당 작업을 주도했다. 이어서 꼬르뷰로 국내부를 대표하여 '통일조공'의 결성을 협의하기 위해 각파 공산주의자 그룹의 대표자 회합인 '13인회'에 참석했다. 이 무렵 화요회에도 참가했다. 그리고 1925년 4월 서울에서 비밀리에 조선공산당 창립대회를 주도하고 책임비서로 선임됐다.[8]

7 조봉암, 〈내가 걸어온 길〉, 《희망》, 1957년 2·3·5월호, 여기서는 정태영, 《조봉암과 진보당》, 한길사, 1991, 350~351쪽.

고려청년회의 책임비서로 선임된 박헌영(1900~1955)은 충남 예산 출신으로 3.1운동에 참여하고 잡지 《여자시론》의 편집인이 되었다. 1920년 도쿄로 밀항했다가 상해로 망명했다. 1921년 3월 재상해고려공산청년단 결성에 참여하고 책임비서가 됐다. 이해 5월 고려공산당(이르쿠츠크파)에 입당하고 기관지 《올타》의 편집자가 되었다. 이 무렵 주세죽과 결혼하고 북경에서 고려공산청년회 중앙총국을 결성하여 책임비서가 된 데 이어 9월에 상해상과대학에 입학했으나 1922년 2월 중퇴했다. 3월에는 고려공청 제2차 중앙총국 결성에 참여하고 책임비서가 됐다. 4월에는 국내에서 사회주의 운동을 하기 위해 입국하려다가 신의주 경찰서에 검거되어 5월 신의주 법원에서 징역 1년 6월을 선고받았다. 평양 형무소에서 복역한 뒤, 1924년 1월에 출옥했다.

그리고 1924년 2월 서울에서 신흥청년동맹에 가입하고, 3월 다시 고려공청 중앙총국 책임비서가 됐다. 이 무렵 신흥청년동맹의 전국순회강연회에 연사로 나서고, 4월 《동아일보》에 취직한 데 이어 조선청년총동맹 창립대회에서 중앙검사위원으로 선임됐다. 그러나 동맹파업을 주도한 혐의로 신문사에서 해고되었다. 그후 신흥청년동맹의 기관지를 발행하고, 《조선일보》 사회부 기자로 들어갔다가 총독부의 압력으

8 강만길, 성대경, 《한국사회주의 인명사전》, 창작과 비평사, 1996, 115~116쪽.

로 퇴직했다. 1925년 2월에는 전조선민중운동대회의 준비위
원으로 활약했고, 4월에는 고려공청 제1차 전국대회에 참석,
집행위원 책임비서가 됐다.[9]

김재봉과 박헌영의 경력을 비교적 상세하게 기록한 것은
이들이 조선공산당 창당의 산파역이었고, 조봉암의 국내활동
에도 적잖게 영향을 미친 까닭이다. 조봉암은 이 무렵 공산주
의 활동을 하면서 이들과 이념적 동지가 되었다.

1925년 4월 17일 서울의 음식점 아서원에서 조선공산당
창당대회가 열렸다. 이 대회에는 조봉암, 김재봉, 김찬, 김약
수, 주종건, 윤병덕, 진병기, 조동우, 송봉우, 김상주, 유진희,
독고전, 정운해, 홍덕유 등이 참석했다.[10] 이날 대회에는 20여
명이 참석한 것으로 알려졌지만 나머지 명단은 구체적으로
알기 어렵다.

조봉암은 대회에서 김찬, 조동우와 함께 3인 전형위원으
로 선출됐다. 창당 과정의 전형위원은 창당 주역들이 강령,
인사문제 등을 사전에 조정하기 위한 실세그룹이었다. 이날
대회에서 선출된 당 중앙의 명단은 다음과 같다. 괄호 안은
소속 단체이다.[11]

9 앞의 책, 217쪽.
10 정태영, 《조봉암과 진보당》, 한길사, 1991, 52쪽.
11 앞과 같음.

책임비서 : 김재봉

중앙집행위원 : 김재봉, 조동우, 김찬(화요회)

　　　　　　　김약수, 정운해(북풍회)

　　　　　　　유진희(신생활사)

　　　　　　　주종건(민중사)

검사위원 : 조봉암, 윤덕병(화요회)

　　　　　　송봉우(북풍회)

당일 대회에서는 일제의 감시를 피하기 위해 당 강령과 규약, 당의 당면문제 그리고 슬로건을 공개하지 않았다. 다음은 나중에 알려진 것이다.

① 일본제국주의 통치의 완전한 타도, 조선의 완전한 독립

② 8시간 노동제(광산 6시간 노동), 노임증가 및 최저임금제 제정, 실업자 구제, 사회보장제 실시

③ 부녀의 정치적, 경제적, 사회적 일체의 원리의 평등, 노동부녀의 산전산후의 휴식과 임금 지불

④ 국가경비에 의한 의무교육 및 직업교육의 실시

⑤ 일체의 잡세 폐지, 단일 누진소득의 설정

⑥ 언론·출판·결사의 자유, 식민지적 노예교육 박멸

⑦ 민족 개량주의자와 사회 투기주의자의 기반을 폭로하자.

⑧ 제3주의의 약탈전쟁을 반제국주의 혁명전쟁으로

⑨ 중국노농혁명의 지지, 소비에트연방의 옹호

⑩ 타도 일본제국주의, 타도 일체봉건주의, 조선민족해방 만세, 국제공산당 만세

⑪ 조선은 조선인의 조선이다.

⑫ 횡포한 총독부 정치의 굴레에서 벗어나자.

⑬ 보통교육을 의무교육으로 하고, 보통 용어를 조선어로, 보통학교장을 조선인으로, 중학 이상의 학생집회를 자유로, 대학은 조선인을 중심으로

⑭ 동양척식주식회사를 철폐하라, 일본 이민제를 철폐하라, 군농회 철폐하라.

⑮ 일본화물을 배척하라. 조선인 관리는 일체 퇴직하라. 일본인 공장의 직공은 총파업하라.

⑯ 일본인 지주에 소작료를 지불하지 말라. 일본인 교원에게서 배우지 말라. 일본인 상인과 관계를 단절하라.

⑰ 재옥 혁명수革命囚를 석방하라. 군대와 헌병을 철거하라.¹²

앞에서 기록한 대로 조선공산당이 창당된 다음 날인 4월 18일 고려공산청년동맹이 결성됐다. 박헌영의 집에서 결성된 이 공청대회에도 조봉암은 참가했고 역시 전형위원을 맡

━━ **12** 김창순, 김준엽, 《한국공산주의운동사 2》, 청계연구소. 1987, 306쪽.

왔다. 조공과 공청 두 단체에서 전형위원에 선정된 사람은 조봉암이 유일하다.

공청대회에 참석한 사람은 조봉암, 박헌영, 김단야, 임원근, 홍증식, 김찬, 임형관, 김원주, 염창렬, 장수산, 권오설, 조이환, 주세죽, 전해, 전무, 박길양, 신철수, 김상주 등 18명이었다. 조봉암, 박헌영, 김단야 3인이 전형위원에 선임됐다. 선정된 중앙기관 요원은 다음과 같다.[13]

책임비서 : 박헌영
중앙집행위원회 : 조봉암, 김찬(신흥청년동맹)
　　　　　　　　박헌영, 임원근(동아일보 기자)
　　　　　　　　김단야, 홍증식(조선일보 기자)
　　　　　　　　권오설(노농총동맹)
검사위원 : 임형관(신의주청년회 국경 연락책임자)
　　　　　　조이환(시대일보 기자)
　　　　　　김동명(신흥청년동맹)

조봉암은 두 조직에서 집행부서를 맡지 않고 조공에서는 '검사위원(감찰위원)'으로 당의 활동을 점검하는 역할을 하고, 공청에서는 국제부의 해외연락 책임을 맡아 활동했다.

13 앞의 책, 307~308쪽.

이로 미루어 조봉암이 코민테른의 조직요원으로 국내에 파견되었던 것이 아닌가 싶다.

조봉암이 이들 양 조직에서 집행부서를 맡지 않고 공청에서는 국제부를, 조선공산당에서는 '검사위원'이라는 당 조직 활동을 점검하는 직책을 맡았고, 공청에서는 해외 연락책임자로 되어 있었던 점으로 보아 조봉암은 코민테른 조직요원으로 국내에 파견되었던 것이다. 특히 "청총운동에 전념했었다"는 대목은 당시 청총에 대한 공청의 지도권이 확립돼 있지 않았던 데 비추어 청총 내의 조직공작이 더 필요했기 때문이라고 볼 수 있다. 그래서 죽산은 공산당과 공청에는 국제 연락관계 이외의 집행부서를 맡고 있지 않으면서 유독 청총에는 '문화부책'으로 끼어 있었던 것이라고 할 수 있다.[14]

━━━ 14 정태영, 앞의 책, 55쪽.

한때 신문기자로 활동

조봉암은 조공과 공청이 성공적으로 조직된 시기를 전후하여 《조선일보》 사회부 기자로 들어갔다. 1920년 3월 5일 친일세력인 대정친목회의 중견인물들이 설립한 《조선일보》는 1924년 9월 민족주의자 이상재가 사장에 취임하면서 민족주의·사회주의적 성향을 띠게 되었다. 당시 공산주의(사회주의) 운동에 참가한 인물 가운데 여러 사람이 신문사에 들어가 합법적 신분을 갖고 활동했다.

1924~25년경 조봉암은 이처럼 열성적으로 사회주의 청년운동에 몰두하는 한편 조선일보에서 잠시 기자생활을 하기도 했다. 이 시기 신문기자라는 직업은 사회주의 운동가들에게 생활의 방편이었을 뿐 아니라 그들의 원활한 활동을 위한 유일한 근거이기도 했다. 즉 신문기자라는 합법적 신분 아래서 그들의 논리를 확산시킬 기회를 손쉽

게 포착할 수 있는 동시에, 신문사의 지방 지국망을 세포 조직 확산의 거점으로 이용할 수도 있었던 것이다. 실제로 이후 조선공산당과 고려청년회 관련자 중 많은 사람이 신문기자 출신이었으며, 또 당의 지방조직은 대게 신문사의 지국장들로 구성되었다.

특히 당시의 조선일보에는 조봉암, 박헌영, 김단야, 임원근 등이 사회부에서, 홍남표가 지방부에서, 신일용 김준엽 등이 논설 반에서 일하는 등 좌익기자들이 대거 포진하고 있었다. 박헌영은 1924년 4월에 동아일보 사장이던 허헌의 주선으로 동아일보에 입사했다가 9월에 조선일보로 옮겼다. 원래 조선일보는 친일파인 송병준이 경영하던 것을 경영난에 부딪히자 신석우의 부친인 신태휴가 인수한 것으로 이때 신태휴를 설득하여 조선일보를 인수하게 한 사람은 동아일보 영업국장이던 화요회계의 홍증식이었다. 이 일을 계기로 홍증식은 조선일보 영업국장으로 자리를 옮겼고 바로 이 홍증식을 통해 조봉암, 박헌영 등 좌익기자들이 대거 입사한 것이다.[15]

그러나 조봉암이 기자로서 그렇게 유능하지 못했다는 증언이 있다.

---

15 박태균, 앞의 책, 45~46쪽, 재인용.

내가 조선일보에 있을 때 사회부 기자로 임원근과 함께 박헌영, 김단야, 조봉암 등이 있었지만 김단야를 제외하고는 유능하지 못했습니다. 더구나 조봉암 씨는 기자로서는 매우 부적격한 인물이었습니다.[16]

《조선일보》의 사회주의 계열 언론인들은 총독부의 압력으로 1925년 9월 대부분 쫓겨났는데, 조봉암은 이보다 앞서 신문사를 그만 두었다. 《조선일보》는 1933년 방응모가 인수하면서 편집진용에 이광수, 주요한, 서춘 등 친일 인사들을 등용하고 점차 친일 성향으로 변질됐다.

《조선일보》에서 퇴사하고 조공과 공청의 조직에 성공한 조봉암은 조공대회에서 조동호와 함께 코민테른의 파견 대표자로 선정됐다. 당의 공식대표는 조동호이고 조봉암은 부대표의 자격이었다. 당시 코민테른은 세계사회주의 혁명의 참모부 역할을 하고, 각국의 공산당은 코민테른의 지부로서 하부기관으로 간주되었다. 각국 공산당은 코민테른에 정기적으로 활동상황을 보고하고 지침을 받아 임무를 수행했다. 코민테른의 승인을 받으면 정통, 그렇지 못하면 이단으로 취급될 정도로 코민테른의 권위는 절대적이었다.

조봉암과 조동호는 이해 7월경 모스크바로 갔다. 그리고

---

16 박갑동, 《박헌영》, 41~43쪽, 여기서는 박태균, 앞의 책, 45쪽, 재인용.

코민테른 지도부와 교섭하여 코민테른 제6차 확대집행위원회에서 조선공산당의 코민테른 가입과 정식승인을 받아냈다. 외교적인 대성공이었다.

국내에서 조공이 창립될 무렵 일제는 치안유지법이라는 것을 만들었다. 1923년 관동대지진 직후, 아나키즘과 공산주의운동을 비롯한 일체의 사회운동을 조직하거나 선전하는 자에게 중벌을 가하도록 만든 각종 법률을 기본으로 더욱 처벌조항을 강화하고 조선에서도 시행토록 제정한 것이 치안유지법이다. 이는 마치 조공의 창건에 대비하여 만든 것이 아닌가 싶을 만큼 조선공산당 간부들을 탄압하는 데 일차적으로 적용됐다.

신의주사건

조봉암이 코민테른과 교섭하기 위하여 모스크바로 떠난 뒤 국내에서는 조공 간부들이 검거되는 이른바 '신의주사건'이 일어났다. 조공과 공청이 조직된 지 6개월 만인 1925년 11월 22일 신의주의 신민청년회 회원들이 회식하던 중 옆방에 있던 조선인 친일변호사와 일본인 순사를 폭행한 것이 발단이 됐다. 신의주 경찰서는 이 폭행사건을 수사하는 과정에서 신민청년회원 김경만의 집에서 모종의 비밀문건을 발견하고 조공의 단서를 찾게 되었다.

'신의주사건'은 다음과 같은 경위에서 발생했다. 1925년 10월 15일경 조봉암으로부터 유학생 파견비 조로 보내온 돈을 박헌영에게 전하려고 국경연락책인 임형관이 상경하자 박헌영은 조봉암에게 보내는 비밀문서를 임형관에게 주었다. 임형관은 조봉암의 주소를 확인할 수 없어 그

비밀문서를 맹원 김경서에게 보관시켜 놓았는데 그것이 우연한 일로 발각되었던 것이다.[17]

비밀문서는 박헌영이 신의주에서 활동 중이던 임형관을 통해 상해에 있는 조봉암에게 보내려던 것이다. "이 문서에서는 조봉암을 박남朴南 또는 박암朴岩이라고 위장하여 표기하고 그에게 국내 고려공산청년회의 사업을 보고하였는데, 군郡 연맹을 조직한 다음 도道 연맹을 조직하고 최후로 전조선청년총동맹을 장악·혁신하는 것이 대중운동의 당면정책이라고 씌어 있었다."[18] 일제는 이 사건을 계기로 조공과 공청의 존재를 알게 되고 모든 치안력을 동원하여 1925년 11월 22일부터 검거에 나서 1926년 9월 7일 검사국에 사건을 송치할 때까지 220명을 구속하고 해외연락문서를 압수했다.

서울에서는 박헌영, 주세죽 부부를 비롯하여 허헌, 허정숙, 홍중식, 김약수 등 핵심인물들이 구속되고 강화도의 박길양, 마산의 김상주 그리고 신의주에서 임형관, 김경서 등이 피체됐다. 이들은 모두 사건이 발생된 신의주 지방법원 검사국으로 송치되어 신의주 형무소에 수감되었다.

검거된 220명 중 101명이 치안유지법과 출판법 등의 위반 혐의로 재판에 회부되어 83명이 유죄판결을 받고 2명은 옥중

━━ **17** 정태영, 앞의 책, 57쪽.
━━ **18** 박태균, 앞의 책, 59쪽.

에서 혹독한 고문으로 사망했다. 이 사건의 예심 취조기록은 무려 4만여 쪽에 달하는 방대한 분량이었다. 이처럼 엄청난 사건이었음에도 일제의 보도통제로 1927년 3월 31일 예심이 종결되는 날까지 국내 신문에는 일체 보도되지 않았다.

일제검거 와중에서도 조공의 핵심인물인 김단야와 김동영, 최원택 등은 무사히 국내를 빠져나가 상해로 건너갔다. 그때 상해에 체류 중이던 조봉암은 검거를 피할 수 있었고 귀국을 미룬 채 상해를 거점으로 항일투쟁에 나섰다.

제 **5** 장
해외 망명, 국제공산주의와 연대

1홉 5작 방에다가 17~18명 내지 20명쯤 넣어놓으면
앉을 때는 서로 비비대더라도 앉지만
누우려면 사람의 몸뚱이들만 자리에 붙이고
사지는 서로서로 남의 몸 위에 놓이게 된다.
5~6월 삼복 중에는 미쳐나가는 놈도 있고
기가 막혀서 죽어나가는 놈도 가끔 있지만
추울 때는 오히려 그 편이 얼어 죽을 염려는 없다.

— 조봉암, 〈내가 걸어온 길〉에서

상해에서 민족해방운동 전개

조봉암은 1925년부터 1932년 프랑스 경찰과 일본 경찰에게 검거될 때까지 7년여 동안 상해를 근거지로 민족해방운동을 전개하면서 힘겨운 망명생활을 했다. 신의주사건으로 조공의 집행위원 7명 중 김약수, 정운해, 유진희는 구속되고 김재봉, 김찬, 주종건은 요행히 검거를 피했다. 3명의 중앙검사위원 중에서도 윤병덕과 송봉우는 검거되고 조봉암만 모스크바로 떠나서 무사할 수 있었다.

신의주사건(제1차 공산당 탄압사건)으로 중앙집행위가 와해되면서 조공의 책임비서 김재봉은 검거의 손길을 피해 다니며 후계조직을 서둘렀다. 언제까지 일제의 추적을 피하기는 어려울 것이라는 상황인식에서였다. 김재봉은 김찬, 주종건과 은밀히 만나 중앙무대에 얼굴이 잘 알려지지 않은 강달영을 제2차 당의 책임비서로 이준태, 홍남표, 김철수, 이봉수를 중앙집행위원으로 하는 제2차 조선공산당 지도부를 구성했다. 제1차 조공이 와해된 지 한 달 만의 성과였다. 아울러 공청도 조직을 개편하여 책임비서에 권오설을 임명했다.

　모스크바에서 성공적으로 코민테른에 가입 절차를 마친 (코민테른이 정식 지부로 승인한 것은 1926년 3월 31일이다) 조봉암은 국내로 들어오는 것을 포기했다. 귀로에 러시아령 블라디보스토크에 들러 국내의 조선공산당 재건을 위해 여러 사람과 접촉했고, 그중 일부를 국내로 들여보내는 등의 역할을 마치고 상해에 머물렀다. 조봉암은 해가 바뀐 1926년 1~2월 김찬, 김단야와 함께 조선공산당 중앙간부 해외부를 구성했다. 또 5월에는 조선공산당 만주총국을 설치하여 책임비서를 맡았다. 김찬과 김단야는 일제의 검거망을 용케 피하여 상해에 도착, 여운형의 집에서 지내면서 조봉암과 만나 조공 중앙간부 해외부 설치에 합의한 것이다. 해외부는 상해부上海部라고도 불렀다. 이들이 해외부를 설치하면서 내세운 이유를, 김찬이 1926년 3월 국내 강달영 등에게 보낸 서한에서 인용하면 다음과 같다.

　　대회(조선공산당 창립대회)에서 선거한 중앙간부는 부득이한 사정으로 전부 내지內地에 주재할 수 없게 되어, 동무들 5인을 후보로서 초빙하여 …… 정원대로 그곳의 5인과 우리 3인(김찬, 조동우, 조봉암)을 합하여 8인으로서 중앙위원회를 성립하고, 우리 3인의 대리로 전권, 김덕, 권오설을 보선하며 또 공청 대표로서 당의 중앙간부로 되어 있는 조봉암 동무의 대리로 공청에서 대표 1인을 더하여 도합 8인이어야 할 것이므로 …… 우리들은 이른바 중앙간부 해외부를 조직하여 내지 중앙간부의 사업을 도우며, 해외의 복잡한 제사실들을 협의하여 처리하려고 합니다. 현재의 조직(중앙간부 해외부) 내용도 간부 김찬, 조동우, 조봉암과 그밖에 최원혁, 남마춘, 여운형, 김단야 계 7인으로 되어 있으나 이것은 의사기관이고 결정은 3인(김찬, 조동우, 조봉암)이 행합니다.

중앙간부 해외부의 사명에 기술한 바와 같이 대회에서 선거된 간부가 책임상 현재 내지의 간부와 밀접한 관계를 가지고 당 사업을 돕고자 하는 것이므로 대내, 대외의 중대 문제는 하시라도 이곳 임시부와 협의하여 처리해야 할 것이며, 국제(코민테른)에 보내는 보고문 및 중요한 교섭 같은 것도 전부 임시부를 거쳐야 할 것입니다.[1]

해외부의 이 같은 처사를 국내에서 조공 재건에 성공한 간부들은 탐탁하게 여기지 않았다. 합법적인 방식으로 조공 중앙위원회가 구성되어 있으므로 상해의 해외부는 어디까지나 하위기관일 수밖에 없는 터에, 오히려 해외부가 국내 지도부

---

1 김창순 · 김준엽, 《한국공산주의운동사 2》, 청계연구소, 1987, 365~368쪽.

를 지휘하려는 데서 일어난 반발이었다. 특히 조봉암의 위치를 두고 반발이 심했다. 제1차 조공이 창설될 당시 조봉암은 중앙위원이 아니었음에도 김찬, 김단야와 나란히 해외부 중앙간부로 선임된 것은 납득할 수 없다는 항변이었다.

박철한朴鐵漢(상해 망명기 사용한 조봉암의 가명) 동지를 중앙간부로 인정하여 달라고 말한 점은 실현할 수 없소. 도리어 그 동지에 대하여 주의를 주어야 하겠소. 그것은 최초 중앙간부 7명이 다 되었으므로 박 동지는 공산청년회의 간부로서 중앙(조선공산당)과 연락을 취하여 발언, 결의, 기타를 모두 중앙간부와 다름없이 하여 사실상 중앙간부로 된 것이지만, 그 당시의 사정이 알려지지 않았기 때문에 …… 법리상 간부로 선정되지 않은 것에 의하여 중앙간부라 칭하기는 어렵습니다.

그리고 …… 외지外地에서 박 동지를 중앙간부라 칭하는 데 대하여는 규칙위반이라는 풍설이 많습니다. 이 중앙간부에 있어서 …… 박 동지에게 주의를 주어 만일 금후 또 다시 그런 일이 일어난다면 안 될 것이라는 결의가 있었으므로 이와 같이 말씀 올리는 바이니 박 동지에게 중앙간부를 자칭하지 말도록 주의를 주십시오.[2]

2 박태균,《조봉암 연구》, 창작과 비평사, 1995, 65쪽, 재인용.

국내세력과의 마찰

　제2차 조공 책임비서로 선임된 김달영도 1926년 4월 6일 자로 해외부 김찬에게 보낸 서한에서 김찬, 조동우가 중앙간부 직무를 수행하지 말도록 요구하면서 특히 조봉암의 자격 문제를 적시하였다.

　실제로 조봉암은 1925년 5월 코민테른의 승인을 얻기 위해 조선공산당 부대표, 고려공산청년회 정식 대표 자격으로 서울을 떠난 이후 실질적으로 조선공산당의 중앙간부 입장에서 활동을 계속해왔다. 1925년 11월 제1차 조선공산당이 와해됐다는 사실을 접한 그는 블라디보스토크로 가서 진정관에게 붕괴된 당 재건의 임무를 주어 국내에 잠입케 하여 제2차 당의 중앙집행위원으로 선임됐다.

　역시 동방노력자공산대학 출신의 이지탁도 조봉암의 명령에 따라 국내에 파견되어 권오설이 이끄는 고려공산청년회의 중앙간부가 되어 활동했다. 이들이 조봉암의 지시를 받아 블라디보스토크에서 국내로 잠입한 시기를 전후하여 김석준, 고광수, 박민영, 장진수, 노상렬, 조창회, 함익주, 한인갑 등 많은 활동가들이 블라디보스토크 방면에서 국내로 잠입했다. 이들은 즉시 조선공산당과 고려공산청년회의 중심 간부 내지 세포책으로 활동했는데, 이들의 귀국 역시 조봉암이 국내 지하조직 재건을 위해 취한 일련의 조치들과 관련돼 있었다.

그런데 조선공산당의 재정비를 위한 조봉암의 이러한 끈질긴 노력이 제2차 당의 중앙집행위원회에게는 오히려 자신들의 권역을 침범하는 월권행위로 여겨졌던 것이다. 특히 김철수, 이봉수 등 구상해파 출신 중앙간부들의 반발이 심했는데 그들은 상해파 고려공산당의 오랜 근거지이던 블라디보스토크 등지에서 조봉암이 조선공산당 중앙간부의 자격으로 활동하면서 상해파의 조직을 약화시키고 있는 것이 무척 못마땅했던 것이다.[3]

조공의 국내 중앙본부와 해외부 사이의 갈등은 해외부에서 김단야를 신의주로 비밀리에 파견하여 국내부 간부들과 만나 오해를 풀면서 어느 정도 해소됐다. 이에 따라 조봉암은

━━━ 3 앞의 책, 66쪽.

비교적 홀가분해진 상태에서 활동하면서 역량을 발휘하게 됐다. 하지만 여전히 견제 세력이 만만치 않았다. 조봉암은 눈을 만주 쪽으로 돌렸다. 이 무렵 만주에는 100만 명에 이르는 조선인이 살고 있었고, 무장투쟁으로 일제와 치열하게 싸웠다. 따라서 조직활동에는 그만큼 유리한 지역이었다. 상해파 고려공산당 계열과 구이르쿠츠파 계열에서는 이미 조직활동에 들어가 인맥이 복잡하게 얽혀 있었다.

조봉암은 1926년 4월 중순 만주총국을 조직하기 위해 비밀리에 상해를 떠나 만주 길림성에 도착하여 조직활동에 나섰다.

조봉암은 만주에 도착한 즉시 블라디보스토크로 사람을 보내 상해파의 윤자영, 김하구와 이르쿠츠파의 김철훈을 불러왔다. 이들과의 회합을 통해 1926년 5월 16일 조선공산당 만주총국 창립총회가 개최됐다. 조봉암이 만주총국의 책임비서가 되고 최원택이 조직부, 윤자영이 선전부를 맡아 3인 상무집행위원회를 구성하고 여기에 김하구, 김철훈, 전용락을 합하여 6인으로 중앙집행위원회를 구성하였다. 만주총국은 본부를 길림성 영만현 영고탑에 설치하였고 산하에 동만, 남만, 북만구역국 등 3개의 구역국을 두었다.[4]

4 〈김찬 예심종결결정〉, 《사상월보》, 제2권 제2호, 23~24쪽, 박태균, 앞의 책, 69쪽, 재인용.

조직을 완수한 조봉암은 만주총국의 책임을 최원택에게 맡기고 6월경 상해로 돌아왔다. 서둘러 상해로 돌아온 것은 상해에 코민테른 원동부遠東部가 설치됐기 때문이다. 중국, 조선, 일본의 공산주의운동을 지도하기 위해 설치한 코민테른 원동부의 책임비서는 러시아 공산주의자인 보이친스키가 맡았고 동양 3국의 대표 한 명씩 위원으로 임명되어 코민테른과 자국 공산당의 연락사무를 담당하도록 하였다.[5]

조봉암은 코민테른 원동부 조선대표로 임명됐다. 이로써 조공의 해외부는 존재 의미가 없어지고 곧 해체됐다. 해외부의 활동기능은 만주총국으로 이관되었으며, 해외부를 이끌던 3인 중 조봉암만 상해에 남고 김단야와 김찬은 블라디보스토크로 떠났다.

코민테른 원동부의 조선대표가 된 조봉암은 국내 공청과 연계하여 거대한 항일운동을 준비했다. 6.10만세운동이 그것이다. 1926년 6월 10일 순종황제의 장례일을 기해 일어난, 제2의 3.1운동이라 일컬을 정도의 대규모 6.10만세운동은 해외부의 조봉암, 김찬, 김단야 등의 지시에 따라 공청의 책임비서 권오설의 주도로 전개됐다.

▬▬ 5   박태균, 앞의 책, 70쪽.

권오설은 인쇄직공 민창식·이용재, 연희전문의 이병립·박하균, 중앙고보의 이광호, 경성대학의 이천진, 천도교의 박내원·권동진 등과 손을 잡고 10만 장의 격문을 제작하여, 순종의 상여가 종로를 지날 때 일제히 만세를 부르고 격문을 살포했고, 수많은 사람들이 이에 호응했다. 이 만세운동은 곧 전국으로 번져 대규모 만세시위운동으로 전개되고, 일경에 1000여 명이 검거·투옥됐다.

1926년 6월 10일 순종의 인산일을 기해 일어난 6.10만세운동도 바로 해외부의 김찬, 조봉암, 김단야 등의 지시에 의해 고려공산청년회 책임비서 권오설이 중심이 되어 촉발됐다. 6.10만세운동은 조직적인 지도에 의해 대중투쟁 형식으로 항일투쟁의 새로운 지평을 열었지만, 다른 한편으로 지도부가 모두 드러나면서 제2차 조선공산당의 와해에 직접적 계기가 되었다.[6]

경찰은 6.10만세 시위와 관련하여 강달영, 권오설, 이준태, 전정관, 이봉수 등 조공과 공청의 지도부를 검거하는 등 제2차 조선공산당 검거사건이 일어났다. 국내의 조공조직은 또 한 차례 와해의 위기에 처하게 된 것이다. 당 중앙집행위

___

6 앞의 책, 67쪽.

원 김철수가 당 재건을 시도하여 오의선, 고광수, 원우관, 신동우 등과 함께 당의 재조직에 성공했지만, 몇 차례의 검거사건으로 된서리를 맞으면서 조공의 조직은 크게 약화됐다.

종파주의자라는 오명

조봉암은 1929년 5월 20일부터 26일까지 중국의 한구漢口에서 개최된 범태평양노동조합 1차 대회에 조선대표로 참석했다. 식민지국가 노동조합의 강화를 목적으로 열린 이 대회에 조선노동조합들을 대표하여 참석한 것이다. 조봉암이 이 대회에 참석할 때 '약간의 공금 유용'은 두고두고 시빗거리가 되었다. 특히 해방 뒤 정치적 라이벌들에 의해 이 문제가 제기됐고, 본인은 "엠엘당(ML당)에 보내는 것보다는 책임일꾼이 굶어죽지 않게 하는 것이 좋다고 생각한 까닭이오, 그러나 공금을 단체의 허락 없이 사용한 것은 죄로 아오"[7]라고 공금 사용을 어느 정도 시인했다.

사건의 내막은 이러하다. 범태평양노동조합대회에 참석하였을 때 국제 모플MOPR(국제혁명운동자구원회)에서 조선 모

---

7 조봉암, 〈존경하는 박헌영 동무에게〉, 《한성일보》, 1946년 5월 6일.

플에 보내는 자금 일부를 안병진(조봉암의 지시로 국내에 파견되어 공청 재건작업에 참여하고, 범태평양노동조합대회가 열릴 때는 상해에 있었다)과 활동비 명목으로 사용했다는 혐의다.

조봉암이 모플에서 1400원을 수령하여 안병진을 통해 국내의 모플 대표 김형두에게 전달했다는 기록은 남아 있지만 조봉암이 일부를 유용했다는 자료는 보이지 않는다.

그렇지만 본인이 책임일꾼의 생활비로 공금의 일부를 '단체의 허락 없이 사용'했다고 밝히고 있어 전혀 근거 없는 모략은 아닌 듯하다. 이 때문이었는지는 불분명하지만, 조봉암은 범태평양노동조합대회가 끝난 뒤 원동부위원직에서 물러났다. 이 무렵에 코민테른 원동부는 일체의 조선인 공산주의 조직을 해체하고 중국공산당에 가입할 것을 요구하여 조봉암은 시련에 직면하게 됐다. '종파주의자'라는 오명도 따랐다.

조봉암은 이 시기 만주총국의 조직과 코민테른 원동부에서의 활동을 통해 민족해방운동을 수행했지만, 그의 이름에는 '종파주의자'라는 심각한 오명이 붙기 시작했다. 게다가 그는 사회주의 운동의 주류에서 밀려남으로써 이후의 활동에 상당한 제약을 가져올 수 있는 조건을 만들었다. 즉 당시 사회주의자들은 ① 국내에서 당 재건운동에 참여하는 계열과 ② 중국공산당에 입당하여 중국공산당과 함께 항일운동에 참여하는 계열 그리고 ③ 만주에서의 항일무장투쟁 그룹 등으로 나뉘었다. 조봉암은 ②의 길을 택했는데, 실제 많은 사회주의자들은 ①과 ③의 길을 택했으며 해방 이후 사회주의운동의 주도권을 잡은 것도 이들이었다. 따라서 그가 ②계열에 참여했다는 사실은 그의 활동이 주류로부터 멀어지고 있다는 것을 의미한다.[8]

코민테른 원동부의 지침에 따라 상해에서 활동 중이던 공산주의자들은 개별적으로 중국공산당에 가입했다. 조봉암도 예외가 아니었다. 조봉암, 여운형, 홍남표 등 공산주의자들은 중국공산당 강소성위원회 법남구에 들어가고, 1927년 8~9월 경 한인지부를 결성하였다. 그러나 이때는 시기가 별로 좋지 않았다. 장개석의 국민당과 모택동 세력의 중국공산당의 제1차 국공합작이 와해되어가는 시기여서 국공합작의 중국공산당 활동은 더 이상 진척되기 어려웠다.

이런 상황에서 조직된 것이 유호留滬한국독립운동자동맹이다. 여기서 호滬는 상해의 옛 이름으로, 상해에 거주하는 한국사회주의자들의 독립운동단체를 의미한다. 조봉암은 홍남표와 함께 이 동맹의 선언, 강령, 규약 등을 만드는 기초위원이 됐다. 강령은 "종래의 오류를 용감히 극복, 청산하고 새로운 노선을 채택함으로써 조선민족해방혁명운동의 지대적

■■■ **8** 박태균, 앞의 책, 74쪽.

支隊的 역할을 수행하고 당면투쟁을 적극적으로 전개한다. 소비에트 러시아를 옹호하고 중국혁명대장과 합작하며 일체의 제국주의에 항쟁하고 일본제국주의를 타도함으로써 조선독립을 획득한다"[9]는 내용이 담겼다.

유호한국독립운동자동맹의 운동은 활발히 전개됐다. 국내외의 반일·반제 단체와 연계하여 제국주의 세력과 싸우는 운동이었다. 그리고 조직을 계속 확대하였다.

유호한국독립운동자동맹은 1930년 2월 15일 중국본부 한인청년동맹 상해지부와 재중국한인청년동맹 제1구 상해지부를 합병하여 상해한인청년동맹을 조직하였고, 이보다 앞선 1929년 12월 말에는 국내의 광주의거를 지지, 응원하기 위해 상해 각 단체 연합회를 조직했다. 1930년 1월 11일에는 민국로의 침례교회에서 유호선인군중대회를 개최하고 중국, 대만, 인도, 필리핀 등의 혁명가 대표들을 초청하여 광주학생 의거의 진상을 발표하고 반일본제국주의의 국제적 연대를 호소하였으며, 이어 19일에는 조선과 인도혁명을 지지하는 대규모 군중시위를 상해 남경로南京路에서 전개하기도 했다. 이외에도 유호한국독립운동자동맹은 3.1절 기념일, 6.10만세운동 기념일, 8.29국치

9　추헌수 편,《한국독립운동 11》, 95~96쪽, 박태균, 앞의 책, 79쪽.

일 등을 기하여 팜플렛, 삐라 등을 살포하고 시위운동을 전개하는 등 일본제국주의에 대한 투쟁의 열기를 국제적으로 확산시키기 위해 노력하였다.[10]

조봉암이 작성한 것으로 알려진 상해한인청년동맹의 '선언'은 다음과 같다.

현하 일본제국주의는 세계금융자본주의와 합류하여 몰락의 과정을 질주하고 반동화한 세계자본의 공세는 반자본의 요소를 결성하여 세계는 양대 진영으로 분리됐다. 이에 따라 일본제국주의 자본공세도 그 국내에 있어서는 노농대중과 계급의 대립을 첨예화하고 국외 한국을 향해 경제적 착취와 식민지 특수적 전제정치의 폭압을 가하고 있다.

이는 다시 만몽에서 본부 중국으로까지 온갖 포악을 제멋대로 하였다. 이에 대해 동아의 피압박민중은 일본제국주의의 아성에 총공세의 공동전선을 개시하고 있다. 이 현실에 직면한 한국민족은 종래의 지식계급 중산계급을 주력으로 한 반항운동으로 노동대중을 주력으로 하는 각 계급층의 반항요소를 결합하여 전선적으로 진출하게 되었다.

---

10 박태균, 앞의 책, 80쪽, 재인용.

이와 같은 객관적 정세는 아등 한국청년으로 하여금 다음과 같은 일반적 임무를 부여하였다. 민족해방의 전취를 위해 민족유일당에 대한 구체적, 실천적 활동의 계획 및 조직을 확립하지 않으면 안 된다. 혁명을 광대히 하기 위해서는 민족적 유일당을 노동자와 농민대중의 위에 세우는 데 노력하지 않으면 안 된다. 현하 생산과정에서 잔존한 봉건층으로부터 발생하는 온갖 여폐와 불순한 투쟁을 버려야 할 것이다. 정치적 투쟁을 협소 또는 부정하는 봉건사상, 조합주의로 하여금 일반대중의 정치적 의식을 고조, 앙양시켜야 할 것이다.

종래로부터 민족주의 진영, 사회주의 진영에서 혁명역량을 살해하는 파벌주의와 지방할거쟁권에 대한 배격과 온갖 기회주의자의 정체를 폭로하여 민중의 진정한 진로를 열어야 할 것이다. 대중이 근거한 사회과학의 무기로 혁명정책을 밝히고 조직·투쟁·훈련으로 혁명적 의식을 열어야 할 것이다. 이리하여 중국 본부의 특수한 사정에서 발생하는 중국혁명의 직접 사역과 전 세계 혁명세력의 공동전선의 공고와 호국혁명의 투사 양성과 직접 열강제국주의자와의 전면투쟁 등의 특종적 임무를 한국청년의 일부대로 행하기로 선언한다.[11]

11 국회도서관,《한국민족운동사료(중국편)》, 1976, 621~622쪽.

유호한국독립운동자동맹은 조봉암을 비롯하여 홍남표, 구연흠 등이 중심이 되어 반일·반제투쟁을 벌였다. 그러나 이 조직을 실질적으로 이끌고 있었던 구연흠이 1930년 9월 상해에서 일본영사관 경찰에 검거되면서 기능이 마비됐다.

상해 한인 반제동맹 결성

조봉암의 특징 중 하나는 어떤 경우에도 주저앉거나 좌절하지 않는 성격의 소유자라는 점이다. 그는 파괴될 수는 있어도 패배하지 않는 의지의 인물이었다.

그동안 배후에서 중국공산당 본부와 한인지부 간의 조직적 연계를 담당해왔던 조봉암은 1931년 1월에 중국공산당 상해지부 서기로 선임된 것을 계기로 하여 상해 조선인 공산주의운동의 조직 확장을 위한 본격적인 활동에 나서기 시작했다. 1931년 2월 그는 혁명동조자들의 대동단결, 혁명 대중의 직접원조, 혁명운동자와 그 가족의 구제 등을 목적으로 하는 '중국혁명호제회中國革命互濟會' 상해한인분회를 조직하고 기관지로 《혁명의 벗》을 발행했다. 중국혁명호제회는 모플의 중국 지부로 1925년 상해에서 조직된 중국제난회中國濟難會를 전신으로 하여 1929년 12월에 결성된 단체였는데, 이 단체의 상해 조선인 조직으로 중국혁명호제회 상해한인분회를 결성한 것이다. 조봉암은 한인분회를 결성한 후 자신의 동생인 조용암을 책임자로 임명하고 장태준, 정몽주 등을 위원으로 임명하였다.[12]

이즈음 국내에서는 신간회가 해소되고, 일제는 1931년 9월 18일 도발한 만주 유조구사건을 빌미로 전쟁을 일으켰다. 일본군부와 우익 세력은 만주를 식민지화하여 주요 자원과 군수물자의 공급처로 만들어야 한다는 야욕으로 만주를 침략했다. 관동군은 전격적인 군사작전으로 만주전역을 점령하고 1932년 3월에는 괴뢰만주국을 세워 실질적인 지배권을 행사했다. 일제의 만주침략은 중일전쟁으로 가는 단초가 됐다.

조봉암은 일제의 만주침략으로 사실상 중일전쟁은 시작된 것이라 인식하고 반제투쟁을 위한 국제적인 연대 방법을 강구했다. 1931년 12월 홍남표, 강문석 등 상해에 거주하는 조선인 공산주의자 40여 명을 소집하여 상해한인반제동맹 창립대회를 열고 그 책임을 맡았다. 상해한인반제동맹은 상해한인청년동맹 등을 병합하여 조직을 확대하는 한편 상해반제연합회에 가맹하여 국제적인 연대를 통해 일제타도의 투쟁에 앞장섰다.

이와 함께 기관지《적기赤旗》를 발행하여 일본, 프랑스

------

12 앞과 같음.

경찰이 안창호 등을 체포한 것을 비난하기도 했고 상해 노동자들의 파업 지지와 일본의 침략 방어를 위한 비행기 구입자금 모금운동 등을 펴기도 했으며, 중국 국민당에 대해 '반동적 자본주의 배輩'라고 직접적으로 비난하기도 했다.[13]

조봉암은 뒷날 7년 동안의 상해시절, 그 신산하지만 정력적으로 활동했던 한인청년동맹 시절을 다음과 같이 회고했다.

나는 1925년부터 1932년 왜경에게 잡힐 때까지 칠 년 동안을 상해를 중심으로 살았다. 중국 조직에 관계를 맺었지만 우리끼리의 조직을 갖고 일했다. 그때 우리 동지들은 대부분 국내로부터 망명한 사람들이었으며 만주, 노령, 광동 등지에 있던 분들이 모이기도 해서 항상 50~60명으로부터 100명 내외의 사람들이 웅성대곤 했다. 노상해(상해에서 오래 살던 사람)로는 몽양 여운형, 최장식, 강매련, 현진건 등과 1925년 이후 국내로부터 망명한 사람으로는 홍남표, 김형선, 김명시, 김조이, 김찬, 정백, 한위건, 안광천, 김단야, 원우관, 최원택, 김동명, 김달삼 등과 광동에서는 양명, 최추해, 팔선재, 장래홍, 마일명, 무정 등 그리고 만

━━━ 13 박태균, 앞의 책, 81쪽, 재인용.

주 노령 등지에서는 성시백, 김명희, 주복 등이 생각난다. 우리들은 끝내 표면단체는 가지지 않았고 '한인청년동맹' 이라는 청년단체를 조직해서 청년 교양에 주력했다. 그 한 인청년동맹의 위원장이던 조ㅇㅇ은 1926년 왜경에게 잡 혀 5년 징역을 치렀다.[14]

━━ **14** 조봉암, 〈내가 걸어온 길〉,《희망》, 1957년 2·3·5월호, 여기서는 정태영, 《조봉암과 진보당》, 한길사, 1991, 352~353쪽.

옛 애인과 재회

　조봉암이 상해에서 국제공산주의 세력과 연대하며 독립운동을 하고 있던 1927년 어느 날 한 여인이 찾아왔다. 첫사랑의 여인 김이옥金以玉이었다. 1919년 3.1항쟁 때 강화도에서 함께 시위 격문을 만들고 태극기를 그리던 제1여자고등보통학교(현 경기여고) 학생이던 김이옥이 찾아온 것이다.

　만세운동으로 조봉암이 서대문 형무소에 수감되자 김이옥은 여러 차례 면회를 왔다. 출감 뒤 두 사람은 결혼을 약속하기에 이르렀지만, 강화 부농인 김이옥의 아버지는 빈민의 아들인 조봉암을 사위로 맞는 것을 한사코 반대했다. 이들의 결혼은 성사되지 못했고 조봉암은 일본으로 떠났다. 그리고 투철한 공산주의 이론가가 되어 귀국한 뒤에는 중앙무대에서 활동하면서 1923년 김조이와 결혼하고 상해로 망명하였다.

　김이옥은 이 같은 조봉암의 활동을 멀리서 지켜보며 이화여전 음악과에 진학했다. 그의 마음속에는 언제나 조봉암의 그림자가 떠나지 않았다. 혼기가 지났지만 결혼을 하지 않고 옛 연인을 그리다가 당시로서는 불치병과 같은 폐결핵에 걸리고 말았다.

세브란스병원에서 치료를 받으면서 증세가 어느 정도 좋아지는 듯하자 부모 몰래 조봉암을 찾아 일본을 거쳐 상해로 건너갔다. 그리고 마침내 상해에서 조봉암을 만나게 되고 두 사람은 신혼살림을 차렸다. 조봉암에게는 이미 결혼한 이념의 동지 김조이가 있었지만 국내에 있는 그녀를 언제 만나게 될 지 기약이 없는 상태였다.

청년 독립운동가와 인텔리 여성의 불꽃같은 로맨스는 잠시 동안이나마 자신들의 처지를 잊게 하였고, 사랑의 결실로 1927년에는 딸을 낳았다. 조봉암은 딸의 이름을 상해의 고명인 호강滬江의 호滬자를 따서 호정滬晶이라 지었다. 김이옥은 남편의 혁명사업을 열심히 도우며 신산한 망명생활을 계속했다. 남편이 관여하는《혁명》등의 편집을 도우면서 호정이에게 우리말을 가르치고 상해 생활에서 행복을 느꼈다. 그러나 이런 생활도 오래가지 못했다. 1932년 조봉암이 일본 경찰에 피체되어 신의주로 압송되면서 행복은 깨지고 말았다.

김이옥은 어린 딸을 데리고 고국으로 돌아왔다. 이때 남편과 헤어진 것이 마지막이 되었다. 김이옥은 강화도로 돌아와 남편이 출감하는 날을 기다리며 친정식구들의 따가운 눈총과 일경의 감시 아래 힘겨운 나날을 보냈다. 1937년 폐결핵이 악화되면서 신의주 감옥에 남편을, 친정에는 어린 딸을 남겨놓고 한 많은 짧은 삶을 접어야 했다. 이런 관계로 조봉암과 김이옥은 혼인신고가 되지 않았다.

조호정의 삶도 신산하기는 마찬가지였다. 일곱 살 때 생모를 잃고 아버지의 법적 부인인 김조이의 손에서 자라다가 6.25전쟁으로 김조이가 납북되고 32살 때 아버지가 처형되어 하늘 아래 피붙이 하나 없이, '빨갱이 두목의 딸'이라는 세상의 지탄을 온몸으로 받으며 살아야 했다.

조호정은 어려서부터 머리가 총명하여 1950년 이화여대 영문과를 졸업하고 아버지의 비서일을 맡아보면서 일찍부터 세상의 풍파에 부딪혔다. 결국 아버지는 이승만의 정적으로 몰려 처형되는 비극을 겪었다. 그리고 반세기 동안 아버지의 복권과 신원伸寃을 위해 생애를 바쳤다.

조봉암이 혼인한 부인을 두고 김이옥과 동거한 사실과 관련하여 공산주의운동자들 사이에서는 격렬한 비판이 제기되었다. 이에 대해 조봉암은 해방 뒤 박헌영에게 보내는 공개장에서 다음과 같이 썼다. "당원을 버리고 비당원 여자와 결혼했다는 것, 설명하기 싫고 죄로 아오. 그러나 여자(김이옥—저자)도 좋은 당원이 되어 중국당내에서 중요한 역할을 했다는 것 또한 사실이오."[15]

━━━ 15 정태영 외, 《죽산 조봉암 전집 1》, 죽산조봉암선생기념사업회, 1999, 32쪽.

조봉암과 김이옥이 상해에서 동거생활을 하고 있을 때 국내의 한 잡지는 '망명가 열전' 시리즈에 '조봉암 편'을 실었다. 다음은 글의 중간과 뒷부분이다.

해외에서 망명생활을 하고 있는 바 만주로 상해로 연해주로 유랑에 유랑을 거듭하면서 XX주의 운동에 열중해 있다고 한다. 그에게는 일찍이 애인 김조이가 있었으나 그와는 회구한 관계로 헤어졌고 김조이는 일본인주의자와 동서하며, 조는 벌써 여러 해 전부터 연애하는 사이의 이전梨專 출신의 여성이 있었던 바 서로 그리워하고 연모하면서도 운명의 농락은 그들로 하여금 행복의 길을 주지 않았던 바 김조이와 헤어지면서 전기의 여성은 조曺를 찾아서 상해로 들어가게 되어 지금 단란한 가정을 이루고 있다는 에피소드가 있다.[16]

━━ 16 《혜성》, 1931년 9월호, 앞의 책, 71쪽.

제 6 장

피체와 투옥

내게는 자유의 구속이라는 것 외에는
추위 고생이 제일 컸다.
신의주 추위는 이름난 추위다.
그런데 수인들은 그 추위에 대해서 거의 무방비 상태다.
독방 마룻바닥 위에 거적 한 닢을 깔고 이불 한 쪽을 덮고 눕는데
밤새 몸이 떨릴 뿐이지 푸근히 녹는 일은 거의 없다.
떨다가 지쳐서 잠시 잠이 오는데
그 잠든 사이에 슬그머니 얼어 죽으면
네모난 궤짝 속에 넣어서 파묻는 것뿐이고
요행 죽지 않으면 사는 것이고
살면 징역살이를 되풀이 하는 것일 뿐이다.

— 조봉암, 〈나의 옥중 생활기〉에서

조봉암은 1932년 9월 28일 정오쯤에 상해 프랑스 조계에 있는 한 공원에서 서병송이라는 사람과 만나기로 하여 나갔다가 잠복해 있던 프랑스 경찰에 검거됐다. 일본 경찰의 제보에 따라 프랑스 경찰이 검거한 것이다. 동지 중에 누군가 일제의 앞잡이가 되어 밀고했을 것이다. 프랑스 조계는 그동안 한국 독립운동가들에게는 비교적 안전지대였다. 1919년 4월 대한민국임시정부가 이곳에서 수립되고 정부청사를 둔 것도 이런 안정성 때문이었다.

그러나 프랑스 조계지역의 안전도 오래가지 못했다. 한국 독립운동가들과 공산주의자들이 상해에 둥지를 틀면서 일제는 프랑스 정부에 의뢰하여 조선의 독립운동가들을 검거하여 일본 측에 넘겨주도록 하였다. 같은 제국주의 국가의 입장에서 조선 독립운동가나 공산주의운동가들을 용납할 수 없다는 배경이 깔려 있었다. 초기에는 한국 독립운동가들에 관대했던 프랑스 측은 점차 일본의 요구를 받아들였다. 여운형, 안창호 등 대표적인 한국 독립운동가들을 검거하여 일제에 넘기기 시작했다.

상해 지역을 둘러싼 정치상황의 변화도 있었다. 1932년 1월 8일 한인애국단원 이봉창 의사가 동경 사쿠라다 문 밖에서 일왕이 탄 마차에 폭탄을 던졌다. 하지만 거리가 멀어 폭탄이 마차에 미치지 못하여 일왕처단에 실패했으며 자살용으로 준비한 폭탄도 불발됐다. 현장에서 피체된 이봉창은 대심원 공판정에서 "나는 너희 임금을 상대하는 사람인데 어찌 너희들이 내게 무례하게 구느냐"는 호통을 치고 재판을 거부했다. 이봉창 의사는 이해 비공개 재판에서 사형을 선고받고 처형됐다.

같은 해 4월 29일에는 윤봉길 의사가 상해 홍구공원에서 일왕의 생일과 상해전투 승리를 자축하는 행사장에 폭탄을 던져 중국주둔 일본군사령관 시라카와 요시노리 대장과 일본인 거류민 단장이 즉사하고 일본군 중장을 비롯하여 10여 명이 중상을 입었다. 윤봉길 의사는 현장에서 자살을 기도했으나 실패하고 피체되어 일본 오사카로 끌려가 군법회의에서 사형을 선고받고 12월에 처형됐다.

윤봉길 의거로 임시정부 요인들은 상해를 떠나 중국 각지로 흩어지고 더러는 일본 경찰에 검거됐다. 이 같은 상황에서 상해에 은신하여 활동하고 있던 조봉암은 일본 밀정의 제보

로 프랑스 경찰에 체포되어 일본 경찰에 넘겨졌다. 조봉암의
피체 과정을 직접 들어보자.

　　그날 우리 몇몇 동지가 불란서 공원 안에서 만나기로
약속했기 때문에 나는 일부러 중국의복을 입고 약속한 정
각에 공원 동북 편 길가 벤치로 갔다. 거기에는 이미 서
○○ 군이 와서 앉아있었고 서 군의 말에 의하면 정 모는
벌써 왔다가 지금 잠시 볼일이 있어서 공원 밖으로 나갔으
니 곧 돌아올 것이라는 것이었다. 나도 서 군과 같이 벤치
에 앉아서 담배를 피우고 있으려니까 나이 삼십 남짓해 보
이는 중국복 입은 청년이 내 앞으로 다가서며 중국어로 담
뱃불을 빌려 달라고 하기에 나는 아무 말 없이 담뱃불을
내어 주었더니 그자는 담배에 불을 붙이는 체 하면서 내
손을 슬금슬금 훔쳐본다. 좀 기분이 나빴지만 그냥 무심히
담배를 피우고 있었다.

　　그러자 난데없이 일본말로, "고꼬다요"하는 소리가 들
려서 정신이 번쩍 들어 사면을 둘러보니 벌써 일본 놈 서넛
이 내 앞에 서 있었고 전후좌우에 양복입고 사진기를 어깨
에 둘러맨 놈들이 내 편을 향해서 모여들고 있지 않은가.

　　일이 잘못된 것을 직감한 나는 사면을 다시 훑어보고
즉시 행동을 취할 것을 생각한 판에 공원 밖으로 나갔었다
는 정 모가 내 앞을 가로막고 "박철환 동무, 잠깐 앉으시

죠"(위에서 말했지만 나는 해외에서는 박철환이란 이름으로 행세했다) 하자 나는 벌써 수십 명 왜놈 가운데 둘러싸여 있었고, 불란서인 형사 한 명이 내 손목을 잡고 있었다. 불란서인 형사와 문답이 시작됐다. 중국인 형사가 중국어로 통역한다.

"성명은?"
"정상태다."
"어느 나라 사람이냐?"
"중국인이다."
"무엇하러 공원에 왔더냐?"
"놀러 왔었다."
"너 무기를 가졌느냐?"
"없다."

이런 문답이 진행되자 일본인 중 한 자가(나중에 알고 보니 총지휘자인 아카오赤尾란 자였다) 앞으로 나서면서 영어로 주워섬기는데, "이 자의 대답은 전연 거짓이요, 이 자의 본명은 조봉암이고 별명은 박철환이며 공산당 수괴로 불란서 조계 안에서 반제국주의 운동의 총지휘자이고, 중국 공산당과도 관련을 가진 자로서 당신들에게 미리 제시한 바와 같이(나를 힐끔 쳐다보면서) 신장은 오척 오촌, 얼굴빛은 검고 눈이 크고, 귀가 두텁고 이마가 넓고, 모발에 검은 것이 조금도 틀림없는 본인입니다"라고 했다.

전 공원 안의 사람들이 몰려들어서 벌써 인산인해를 이루었다. 여기저기서 왜놈, 왜놈하며 불란서 놈에 대한 욕설이 들린다. 아카오의 말을 다 듣고 난 불란서인 형사는 내 얼굴을 쳐다보았다. 나는 빙그레 웃으며 중국어로, "저 사람이 말하는 것은 무슨 소린지 전연 모르겠다"고 했다. 일인과 불란서인 간에 한참이나 숙의한 끝에 어쨌든지 일단 연행하자고 해서 불란서인이 나를 공무국으로 가자고 했다. 나는 거절했다. 까닭 없이 연행한다는 것은 부당하다고 따져들었다. 많은 중국인들이 성원해주었다. 그러나 그야말로 강약이 부동이어서 나는 일본인 30명과 불란서 공무국 형사대 10여 명, 도합 40여 명이 앞에서 끌고 뒤에서 밀어서 자동차에 실렸다.[1]

1 조봉암, 〈내가 걸어온 길〉, 《희망》, 1957년 2·3·5월호, 여기서는 정태영, 《조봉암과 진보당》, 한길사, 1991, 354~355쪽.

●국내로 압송돼 1년간 혹독한 수사받아

조봉암이 프랑스 경찰과 일본 경찰에 붙잡히게 된 과정을
길게 소개한 데는 까닭이 있다. 이때 검거되어 7년 동안의 긴
세월을 악명 높은 신의주 감옥에서 보내게 되었고, 극심한 고
문과 추위로 동상에 걸려서 손가락 일곱 매듭을 절단하게 되
었다. 조봉암의 회고를 조금 더 들어보자.

프랑스 공무국에서는 경찰책임자인 프랑스인이 즉시
신문을 시작했고 그 문답 내용 대개는 공원 안에서 프랑스
형사와의 그것과 같은 것이며, 나는 중국인 정상태라는 것
과 공원에 산책갔는데 까닭 없이 불법 연행을 당했으니 즉
시 석방하라고 요구했다.

일인 아카오와 공원까지 왔던 프랑스인 형사는 내 진
술은 허위라는 것과 아카오가 말하던 모든 것을 거듭 되풀
이하면서 일본영사관으로 넘겨달라고 주장했다. 그러나

프랑스인 책임자와는 그렇게까지는 양해가 못 되었던지 그 책임자는 말하기를, "이 사람이 중국인이라 하는데 중국인이 아니라는 증거가 없고, 또 당신들은 이 사람이 조선 사람 박철환이라고 하나 그 역시 우리로서는 증거가 없으니 지금 넘겨 보낼 수는 없소. 자세히 조사한 뒤에 좌우 간 결정짓겠소"라고 했다. 그래서 일본 형사들은 뒤통수를 치고 돌아가고 나는 프랑스 공무국에 잡힌 몸이 되어버렸다. 그러나 어찌하랴. 프랑스 공무국에는 한인 형사가 두 사람이나 현직으로 있었고 일본놈들은 중국인 정상태가 한인 조봉암이나 박철환과 동일인이라는 증거서류를 수백 매 만들어서 프랑스 경찰에 제시했던 것이다. 그래서 하는 수 없이 중국에 입적했었다고 주장해보았으나 그 증거서류도 제출할 수가 없었다.[2]

프랑스 조계에서 피체된 조봉암은 12일 만에 일본 경찰로 넘겨지고, 상해주재 일본영사관 경찰서에서 20여 일 동안 수사를 받았다. 조봉암을 검거한 일본 경찰은 프랑스 경찰과 연합하여 프랑스 조계 내에 거주하는 조선인 공산주의자들에 대한 일제 검거에 나서 강문석, 이종설, 염용섭, 김승락, 장동선, 이무성 등을 검거했으며 한국으로 압송할 때 이들도 함께

━━ 2 앞의 책, 355~356쪽.

했다.

조봉암과 공산주의운동자들은 상해에서 경안환이라는 일본 기선에 태워져 12월 3일 인천항으로 압송됐다. 조봉암은 7년 만에 돌아온 고국이었지만 치안유치법 위반 피의자 신분으로 꽁꽁 묶인 상태로 먼발치에서 고향 쪽을 바라볼 뿐이었다.

다음은 조봉암과 6명의 공산주의운동자들을 검거한 일본 상해 영사관의 사무관이 본국에 보고한 '조봉암 등 피의자의 행동 개요' 중 조봉암 관련 부분이다.

상해 조선인 공산주의자의 지도적 입장에 있는 조봉암은 22세 때 동경으로 가서 사회주의 조선인 김찬, 정재달 등과 교류하며 사회주의에 흥미를 갖게 되었다. 대정 11년 7~8월경 조선으로 돌아와 동년 9월 조선공산당 경성위원회에 의해 정재달과 함께 조선대표로 선출되어 동년 11월 말 노령 우친스키에서 개최된 상해파, 이르크츠파의 연합대회에 출석했다. 또 모스크바에 있는 제3인터내셔널로 가서 연락하고, 그 인연으로 동방노력자공산대학에 입학하여 8개월의 교육을 받은 뒤 대정 12년(1923) 7월 모스크바를 출발해 블라디보스토크를 경유, 조선으로 돌아왔다. 이래 공산당 조직에 노력하면서 그 준비로서 신흥청년회를 조직하고 나중에 서울청년회와 연합해 조선공산당청년동맹을 조직했다.

대정 13년 고려공산당 조직을 제의하는 한편 러시아 공산당으로부터 파견된 김재봉 등과 협력하여 대정 14년 (1925) 5월 17일 경성 아서원에서 조선공산당 창립대회를 열고 이어 동월 19일에는 고려공산청년회 창립대회를 마찬가지로 경성에서 거행했다.

대정 14년 5월 중 본인은 위 양 단체의 승인운동을 위해 조동우와 함께 모스크바로 파견되었다. 5월말 본인은 상해를 경유해 모스크바로 가서 운동한 결과 고려공산청년회는 국제공산청년회 조선지부 조선공산청년회로 승인받고, 이어 조동우는 동년 12월 모스크바로 가서 조선공산당을 국제공산당 조선지부 조선공산당으로 승인받기에 이르렀다.

조선에서 공산당 조직이라는 대임을 맡은 본인은 다시 만주로 파견되어 대정 15년(1926) 7월 조선공산당 만주총국을 조직하고, 대정 15년 7월 상해에 국제공산당 원동부가 설치되자 조선공산당 대표로서 참가했다.

소화 2년 9월 중 홍남표, 여운형, 구연흠 등이 중국공산당 한인 지부를 창립하자 측면에서 원조하다가 소화 3년 1월에는 본인도 여기에 가입하여 지부 책임자로서 중요한 역할을 하게 되었는데 그 주요 활동은 다음과 같다.

조선의 독립을 촉진할 목적으로 소화 2년(1929) 4월 한국유일독립당 상해촉성회를 조직하고 그 운동에 종사했는데, 동회가 소화 4년 10월 26일 해체되었으므로 다시 동일 구연흠을 중심으로 해서 유호(상해거류)한국독립운동자동맹을 조직했지만, 소화 5년(1930) 9월 구연흠이 체포되었기 때문에 다시 홍남표, 장태준 등 동지와 모의하여 유호한국독립운동자동맹을 조직하고 모든 제국주의에 반대하며 식민지 및 반식민지에서 민족해방운동을 지지하고 조선혁명의 지대적 임무를 수행한다는 목적으로 활동을 계속해 온 자이다.[3]

조봉암의 해외 활동이 자세히 적혀 있다. 일제 경찰이 조봉암의 활동을 샅샅이 추적해왔음을 알 수 있다. 일제는 트렁크, 버들고리 등 10개에 달하는 한인지부가 발행한 '불온인쇄물'과 반제동맹강령, 규약, 선언, 정치결의안, 기타 각종 선전문, 지령, 강령 등 277점을 압수했다고 보고했다.[4]

━━━ **3** 이촌수수泥村秀樹 · 강덕삼 편, 《현대사자료(29) 조선(5)》, 동경원서방, 1972, 442~445쪽.

━━━ **4** 앞과 같음.

신의주 법원에서 7년형 선고

　국내로 압송된 조봉암은 신의주 검사국으로 이송되어 1932년 11월에 구속된 홍남표, 그리고 신의주 지방법원에서 예비심리를 받고 있던 김명시 등 6명과 함께 병합심리를 받게 됐다. 이들에 대한 심리는 악명 높은 신의주 지방법원의 오다 꾸라小田倉 검사가 맡았다.

　일제는 조봉암으로부터 그동안의 활동과 국내에 연계된 조직의 기밀을 알아내기 위해 강도 높은 고문과 수사를 진행했다. 이런 과정 끝에 제1회 공판은 구속된 지 1년 만인 1933년 9월 25일에 열렸다. 재판은 신의주 지방법원 제1호 법정에서 주심판사 키꾸찌菊池, 검사는 타니다谷田의 간여 하에 최창조, 김지건 변호사가 입회한 가운데 인정신문으로 시작됐다. 조봉암 등은 예심조서가 고문에 의해 작성된 것이라고 주장하면서 재판정을 항일운동의 선전장으로 삼았다. 조봉암은 이른바 피고회의를 요구하고 신의주 지방법원의 심리를 거부하였다.

신의주 지방법원은 1933년 12월 27일 조봉암에게 7년형을 선고했다. 미결일수 150일을 계산하여 7월 말경부터 형무소 살이가 시작됐다. 1심 판결을 수용한 것은 일제의 재판에 아무런 기대를 할 수 없다는 판단에서였다. 그래서 항소를 포기하고 기나긴 수형생활을 감내하기로 했다.

조봉암은 1939년 7월 41세로 석방될 때까지 6년 동안 혹독하기로 이름난 신의주 형무소에서 동상에 걸려 손가락 일곱 매듭이 잘려나가는 끔찍한 감옥살이를 했다. 뒷날 《나의 옥중생활기―눈물겹고도 감명 깊은 혁명가의 담담한 회상록》에서 이때의 수형생활을 다음과 같이 회상했다.

내가 상해에서 왜경에 체포된 것은 1931년인데 몇 군데의 취조니 예심이니 하는 것으로 일 년여를 보내고 1932년 12월에야 7년 징역의 형을 받고 붉은 수의복을 입었다. 나는 3.1운동 때 1년 동안 감옥살이를 해보았고 우리나라 안에서나 또는 일본에서 수십 차의 유치장 생활을 해보았고 별별 고문도 다 당해보았다. 그러나 이번같이 7년이라는 긴 세월을 감옥 안에서 살게 되는 것은 처음인 만치 생각이 많았다. 사람이 7년 동안 감옥생활을 하는 수가 있을까. 감옥생활을 실컷 해주다가 중도에 옥사라도 한다면 그건 더 분하고 원통하지 않을까. 그럴 바에는 하루라도 빨리 스스로 죽어버릴 수는 없을까. 그러나 우리들이

아는 바로도 우리 애국자, 선구자들 중에는 지금도 10여
년 내지 20여 년 감옥살이를 하고 계시고, 또는 감옥살이
를 치르고 무사하게 살아계신 분도 있느니 만치 나도 7년
쯤 치러주고 무고하게 출옥해서 장래를 가지고 살아갈 수
도 있지 않을까 그런 생각도 들었다.[5]

조봉암은 이 글에서 "내 일생 중 중요한 장년시대의 거의
전부라 할 만한 30대로부터 40대에 걸치는 7년 동안을 감옥
살이만 하고 났으니 그것을 빼고 나면 너무 생활에 공백이
커지겠음으로"[6] 감옥살이의 경험담을 남기게 되었다고 밝
혔다.

조봉암은 7년 형을 선고받으면서 결심했다. "우선 살아가
는 동안에 내 인격이 무시되고 금수 같은 취급을 당하는 경우
면 언제든지 그자와 일대 일로 사생을 결단 짓는다. 즉 무리
한 욕설이나 뺨 한 대만 맞더라도 그 놈을 죽여버릴 결심을
했던 것이다."[7] 이런 결심과 각오로 옥살이를 하여 "징역 7년
동안에 단 하루도 방심한 일이 없고 항상 긴장했다. 또 그런
만치 나는 감옥살이 7년 동안에 단 한 번도 무리한 욕을 먹거
나 뺨을 한 대도 맞은 일이 없었다"[8]고 회고했다.

5 조봉암, 앞의 책.
6 정태영 외, 〈나의 옥중 생활기〉, 《죽산 조봉암 전집 1》, 죽산조봉암선생기념
사업회, 1999, 503쪽.
7 앞의 책, 504쪽.

조봉암은 혁명가답게 가혹한 옥살이를 참고 견뎠다. 몇 가지 기록도 세웠다.

첫째, 나는 7년 동안에 단 하루도 병감에 누워 본 일이 없고 단 하루도 휴역(중병은 아니라도 일할 수 없는 수인에게는 휴역을 시키는 것이다)을 한 일이 없고 단 한 번도 처벌을 당한 일이 없었다.

그리고 붉은 수의복을 입은 그 봄에 체중이 57킬로였는데 7년 뒤에 만기 출옥하는 날도 57킬로였다. 이런 사실은 물론 내 건강이 좋았다는 증거이기도 하겠지만 그것보다도 중요한 것은 내 각오와 결의로부터 생긴 긴장상태의 지속이 그러한 기적을 일으켰다고 보고 또 그렇게 믿고 있다.[9]

조봉암은 감옥에서 어떤 독립운동가가 10년 징역을 다 살고는 출옥 전날 병사하는 안타까운 모습을 지켜보았다. 또 어떤 일반수가 돼지고기 한 점만 먹으면 살 수 있는데 그것을 먹지 못해 죽어가는 모습도 봤다. 그는 7년 형을 받고 6년 만에 풀려났다. 일왕의 세자가 태어났다는 이른바 '은사'를 받은 것이지만, 경찰조사와 예심 기간을 합치면 어김없이 7년 옥살이를 한 셈이다.

8 앞과 같음.
9 앞의 책, 505쪽.

고난의 감옥살이

6년 동안 신의주 감옥에서 옥살이하는 동안 조봉암은 줄곧 독방에 있었다. 신의주 지방은 겨울이 유난히 추운 곳이고 독방은 바깥보다 훨씬 더 춥다. 그래서 고문으로 상한 손가락 7개가 동상으로 잘려 나갔다. 손가락이 잘려나간 부위는 추위에 더 민감하다. 이중삼중의 고통이었다. 조봉암은 손가락 매듭이 없는 손으로 걸레 깁는 노역을 해야 했다. '한자 정방형 되는 걸레 감을 가지고 바늘로 가로 세로 누벼놓는 일'이었다. 잘린 손가락을 가지고 바늘을 쥔다는 것은 보통 힘든 일이 아니었다.

6개월 동안 독방에서 이런 사역을 계속 하다가 노인, 병자, 유약자들만 모여 있는 보철공의 작업장에서 일하게 됐다. 보철공이란 바늘로 걸레를 깁거나 헌 털뱅이 죄수복을 고치는 작업을 하는 곳이다. 조봉암을 특별히 노인, 병자, 유약자들이 일하는 노역잡에 보낸 데는 까닭이 있었다. 이른바 '불온사상'을 가진 그가 젊은이들이 있는 일터에 있을 경우 자칫 죄수들이 감염될 수 있다는 판단 때문이었다.

조봉암은 옥살이를 하면서 틈틈이 책을 읽고자 했으나 일제는 사회과학 관련 서책은 물론 노어나 영어에 관한 책도 일체 차입을 금지했다. 그래서 《사서삼경》과 《신약성서》를 읽고 독일어를 공부했다. 입감 초기부터 독일어 공부를 했지만, 출옥 뒤에는 '아주 깨끗하게' 잊어버렸다고 뒷날 회상했다.

조봉암은 어느 날 작업장에서 뜻밖에도 '생일선물'을 받았다. 감옥이란 곳이 예나 지금이나 없는 것이 없을 정도의 요지경 속이지만 이때의 '생일선물'은 예상을 뛰어넘는 '성찬'이었다. 직접 조봉암의 말을 들어보자.

하루는 내가 공장 밖에서 이불솜을 두고 있자니까 어느 수인이 종이에 싼 무슨 뭉치를 갖다 놓고 가더니 또 조금 있다가는 양철 물그릇에다가 물 같은 것을 넣어 가지고 와서 하는 말이 "오늘은 선생님의 생신, 축하합니다. 한잔 드십시오" 한다. 나는 하도 어이가 없어서 멍하니 보고 있으려니까 물그릇을 내밀며 마시라기에 한 모금 마셔보니 이게 웬일인가. 그것은 알코올을 냉수로 희석한 훌륭한 술이었다. 그리고 종이뭉치 속에는 군고기가 들어있었다.

콩떡이란 것은 콩밥을 정한 수건에 싸서 한참 문지르고 짓이겨 콩과 좁쌀이 으깨어지면 거기에 콩기름을 발라서 불에 구운 것이다. 또 감옥 안에는 비둘기가 많은데 그 비둘기를 낚시로 잡아서 털은 불에 그슬리고 콩기름을 발라서 불에 구워 먹는 수인들의 범칙요리도 있었다.

그만한 것을 만들자면 우선 손 빠른 수인 몇이 동원되어 치료를 받으러 가는 척하고 병감에 가서 알코올을 훔쳐내고 간수의 눈치를 보며 비둘기 낚시질을 해야 되고 떡을 이기고 기계용 콩기름을 훔쳐내고 화공부와 연락해서 숯불을 빌려 가지고 구워야 된다. 그 어느 한 가지 일이라도 들키면 위에서 말한 그 고형을 겪어야 되는 것이다.[10]

'위에서 말한 그 고형'이란 폭행 그리고 식사량을 크게 줄이는 감식과 가죽조끼를 입혀 골방에 처박는 형을 말한다.

조금 중한 범칙이 되면 죽도록 두들겨 맞는 것은 물론이고 가죽조끼를 입고(가죽으로 만든 조끼에다 물을 축여 입히면 그 가죽이 바짝 졸아들어서 가슴을 압박하고 숨을 못 쉬게 된다) 이중감옥인 속칭 암실에 들어간다. 암실이란 것은 특제 이중감방인데 보통 감방 반에 또 하나의 작은 방을 만들어서 사람이 겨우 앉을 수 있게 돼 있고 겹겹이 문과 창을 달아서 캄캄하게 만들고 대소변기도 안 주고 뒷고랑을 채워서

_____

10 앞의 책, 114~115쪽.

가둬 두는 곳이다.

뒷고랑은 강철수갑으로 두 팔을 등 뒤로 돌려서 채운다. 수인을 암실에 넣고는 몇 시간에 한 번씩 의사가 진찰을 본다. 아주 죽어서는 못쓰니까. 그리고 어떤 경우에는 땅방울을 채워가지고 끌고 다니면서 징역을 시킨다(땅방울이란 것은 아이들의 풋볼만한 쇠뭉치를 굵은 쇠사슬에 달고 그 쇠사슬을 수인의 두 발목에다가 붙잡아 매고 걷게 하는 것이다).[11]

조봉암과 비둘기는 어떤 인연이 있었던 것 같다. 서대문 형무소에서 갇혀 사형 집행의 날을 기다리면서 콩밥을 남겨 비둘기에게 던져주었다. 형이 집행된 뒤에도 조봉암이 갇혔던 옥사에는 그 비둘기가 때만 되면 날아와 구구구하고 울어대서 수인들과 간수들이 '봉암새' '죽산조'라고 불렀다는 것은 앞에서 소개한 바다.

조봉암은 감옥에서 유정 조동우를 만날 수 있었다. 한학에 조예가 깊은 조동우와 같이 옥살이를 하면서 한시漢詩 공부를 하게 되었다. 당시唐詩 300수를 구해서 거의 다 외웠다고 한다.

나는 자유의 구속이라는 것 외에는 추위 고생이 제일 컸다. 신의주 추위는 이름난 추위다. 그런데 수인들은 그

━━ 11 앞의 책, 313쪽.

추위에 대해서 거의 무방비상태다. 독방 마룻바닥 위에 얇은 거적 한 닢을 깔고 이불 한쪽을 덮고 눕는데 밤새 몸이 떨릴 뿐이지 푸근히 녹는 일은 거의 없다. 떨다가 지쳐서 잠시 잠이 오는데 그 잠든 사이에 슬그머니 얼어 죽으면 네모난 궤짝 속에 넣어서 파묻는 것뿐이고 요행 죽지 않으면 사는 것이고 살면 징역살이를 되풀이하는 것일 뿐이다.

나는 잡방에도 잠시 있어본 일이 있는데 1홉 5작방(서울식이라면 간반쯤 되는 방)에다가 17~18명 내지 20명쯤 쓸어 넣어놓으면 앉을 때는 서로 비비대고라도 앉지만 누우려면 사람의 몸뚱이들만 자리에 붙이고 사지는 서로서로 남의 몸 위에 놓이게 된다. 5~6월 삼복 중에는 미쳐나가는 놈도 있고 기가 막혀서 죽어나가는 놈도 가끔 있지만 추울 때는 오히려 그 편이 얼어 죽을 염려는 없다. 그러나 그 많은 사람이 서로 비비대고 비틀고 자고 나면 사방 벽면에 5부씩이나 될 만한 두께로 하얗게 성에가 슬어서 마치 사명당의 사처방 같이 된다.

새벽에 기상호령이 나면 입고 있던 감방의를 개켜놓고 아주 완전히 알몸뚱이로 조그만 수건 한 장으로 앞을 가리고 공장으로 향한다. 어떤 때는 눈이 산더미같이 쌓여 있어 살점이 에이고 뼈 속이 얼어붙는 듯한 찬바람이 사정없이 불어제친다. 150미터 내지 500미터 되는 공장까지 뛰어가서 콘크리트 바닥에 개켜놓았던 얼어붙은 소위 작업

복을 입는 것이고 얼음이 버적버적하는 한 컵 물로 코끝에
칠하는 것으로 세수한 셈을 치는 것이다. 사람의 육체의
조직은 어떠한 야생동물보다도 완강하고 환경에 적응성
이 강하다는 것을 나는 깊이 깨달았다.[12]

감옥살이가 과연 얼마만큼의 고생이냐고 묻는 일이 많
은데 그것은 간단히 대답할 수는 없다. 자유가 무엇이며
얼마나 소중한가를 아는 사람에게는 하루나 이틀이 아니
라 일시일각이라도 견딜 수 없는 노릇이고, 배가 고픈 맛
을 아는 이라면 그것이 한 때 두 때가 아니고 몇 달 몇 해
니 그 맛을 생각할 수 있을 것이고, 힘에 벅차는 일을 하루
종일만 하고 나도 사지가 쑤시고 몸살이 나는데 그것이 몇
달 몇 해라면 그 맛이 어떨까 상상할 수 있는 것이고, 젊은
이들이면 하루 이틀만 범방을 금해도 온몸이 몸살 난 것
같이 찌뿌드드하고 좀이 쑤시고 신경질이 나는 법인데 그
것이 하루 이틀이 아니고 몇 달 몇 해라면 그 고난이 얼마
쯤인지는 족히 짐작이 될 것이다. 나는 물론 그 많은 사람
들과 같은 사람이니 그 비슷한 경험을 맛봤을 것이다.[13]

이상은 조봉암이 7년여 기간 옥살이를 하고 출감한 뒤 해

12 앞의 책, 365쪽.
13 앞의 책, 361~362쪽.

방을 맞고 남한에서 정치활동을 하면서 당시를 비교적 '담담하게' 회상한 내용이다.

인천에 정착

조봉암은 1939년 7월 석방되어 고향 강화도가 아닌 인천으로 돌아왔다. 부모와 형은 이미 작고하고 동생은 중국에서 독립운동을 하고 있어서 고향에는 가족이 아무도 없었다. 조봉암의 기록을 살펴보자.

나는 고향으로도 안 가고 서울에 있지도 않고 어린 딸하나가 일가 댁에 신세지고 있는 인천으로 갔습니다. 물론 재산 같은 것이 있을 리도 없고 부모도 안 계시고 형제도 없고 처마저 내가 옥중에 있는 동안에 어린 것 하나만 두고 세상을 떠난 뒤이니 그 쓸쓸하고 서글픔이야 이루 형언할 길이 없었습니다. 먹고 살아나갈 수도 없는데 왜놈들은 창씨 안 한다고 지랄질을 치고 박해를 하는데 그때 벌써 대동아전쟁이 벌어졌고 미국 비행기 B-29가 날마다 우리나라 상공에도 나타났을 때입니다.[14]

조봉암은 원래 출감예정인 1940년 7월보다 1년 빨리 석방
됐다. 일본 왕세자 출생에 따른 '특별 은전'에 따른 석방이었
다. 그런데 이를 두고 비판자들은 조봉암이 전향을 하고 사면
을 받았다고 비난했고, 이는 두고두고 조봉암에게 족쇄가 되
었다.

실제로 독립운동가 중에는 복역 중에 고문과 회유를 견디
지 못하거나 다른 이유로 전향을 한 사람이 적지 않았다. 공
산주의운동자들도 예외가 아니었다. 김약수, 강문수, 김두정,
인정식 등 쟁쟁한 공산주의자들이 신념을 지키지 못하고 전
향했다. 일제는 중국침략 전쟁을 일으키면서 내부의 체제안
전을 도모하기 위해 수형자들을 상대로 본격적인 회유 전략
을 폈다.

조봉암이 만기를 1년 앞두고 석방된 것이 전향의 대가인
지는 분명하지 않다. 과연 진실은 무엇일까.

조봉암이 수감되어 있을 당시 일제 치안당국에 의해 내밀
하게 조사된 재감 사상범(주로 공산주의자)의 전향 상황에 대한
조사표를 살펴보자. 1935년 2월 말에 조사된 것을 보면 당시
국내 각지의 교도소에는 총 970명의 사상범이 수감되어 있었
는데, 이중 전향자와 준準전향자 합계가 567명으로 총 수감자
의 58.5퍼센트였고, 명백한 비非전향자는 157명(16.2퍼센트),

<hr />

14 조봉암, 〈나의 정치백서〉, 《신태양》, 1957년 5월호 별책.

그리고 확인할 수 없는 경우가 264명(25.3퍼센트)이었다. 조봉암이 수감되어 있던 신의주 형무소만 보면 총 사상범 30명 중 전향자·준전향자가 16명으로 반 이상을 차지했고 명백한 비전향자는 11명으로 집계되어 있다.[15]

이후 1938년 말에 조사된 것에 따르면 전국의 사상범은 총 1298명이었는데, 이중 전향자가 776명(약 60퍼센트), 심경불명자가 322명이며, 명백한 비전향자는 200명에 불과한 것으로 집계됐다. 신의주 형무소만을 볼 경우 재감 사상범 52명 중 전향자가 38명, 심경불명자가 14명이며, 명백히 비전향자로 분류된 사람은 한 사람도 없는 것으로 보고됐다.[16]

이 자료대로라면 조봉암도 전향자이거나 준전향자, 심경불명자에 속한다. 하지만 일제 경찰의 자료에는 과장과 왜곡이 심하다. 상급기관에 보고하기 위해 통계수치를 조작하는 경우가 적지 않았다. 일제는 거물급 항일운동가를 전향시키면 어김없이 전향성명서를 만들어 선전 도구로 활용했다. 이승엽, 김두정, 이영, 정백, 최익한, 인정식 등의 경우 이들의 전향 소식을 대대적으로 선전하고, 전향성명서는 언론에 보도됐다.

1930년대를 지나면서 일제의 극렬한 사상탄압과 민족해

---

15 고등법원 검사국, 사상부, 《사상휘보》 제3호(1935.6), 179쪽, 박태균, 《조봉암 연구》, 창작과 비평사, 1995, 94쪽, 재인용.

16 앞의 책, 95쪽, 재인용.

방운동의 진출에 대한 철저한 억압은 다수의 혁명적 지식인들의 존재에 변화를 가져왔다. 거듭되는 체포와 구금 가운데서도 감옥에서 침묵으로 저항을 지속한 경우도 있었지만, 다른 한편에서는 일찍이 개량적이고 타협적인 방법을 주장하면서 민족해방운동에서 이탈해나갔다. 사회주의 계열에서도 민족해방운동 선상에서 이탈하거나 운동을 청산하는 탈락인사들이 생겨났으며, 해방 직전에 이르면 적극적인 사상전향 공작과 총동원령으로 압박해오는 일제 총독부에 협력하는 전향자들이 속출했다. 그 결과 8.15 직후 남한의 좌익진영은 콩그룹을 비롯한 극소수의 비전향자들과 이를 제외한 대부분의 공산주의운동 휴식분자들과 탈락자들 그리고 감옥에 있는 2만여 정치범들을 잠재적 정치세력으로 물려받게 되었다.[17]

조선총독부는 1936년 12월 이른바 사상범보호관찰령을 공포하여 항일운동으로 치안유지법을 위반하고 전향하지 않는 사람들에 대한 감시 탄압을 강화했다. 1938년 7월에는 전향자 200여 명으로 구성된 '시국대응전선사상보국연맹'을 조직케 하여 김한경, 고경흠 등 저명한 공산주의자들이 임원이 되었다. 일제는 전향자들을 포섭하면서 생계문제를 해결해주거나 취직을 알선했다. 사상보국연맹은 1940년 12월에 발전적 해소를 이루어 '대화숙'으로 통합되었다. 조공의 일본책임자를

---

17 안소영, 〈해방후 좌익진영의 전향과 그 논리〉,《역사비평》, 1994년 봄, 289쪽.

지낸 인정식, 광주지구 책임자 강영식 그리고 안준, 주련, 고명자, 한위건 등 거물급 공산주의자들이 여기에 참여했다.

이 무렵에 전향성명서를 발표한 거물급 공산주의자 중에는 이영, 정백, 최익한, 이승엽 등이 있었다. 이들은 전향한 뒤에 직업을 갖게 됐고 전향단체의 간부를 지냈다. 그러나 거물급 공산주의자들이 모두 전향하여 친일에 앞장 선 것은 아니었다. 박헌영, 여운형, 이정윤 등과 같이 지하에서 비밀서클을 조직하여 끝까지 일제와 싸운 이들도 적지 않았다.

비록 해방 전의 전향은 그것이 개인의 자발적 의지에 의한 것이기보다 일제의 강압적인 정책과 운동 전망의 불투명함에 의해 어쩔 수 없이 이루어진 것이라 할지라도 사상적 지조를 관철시키지 못했다는 사실로 인해 전향자 자신에게 도덕적 상처를 입히고 해방 후에는 이들의 정치적 운신을 제약하는 원인이 되었다.[18]

---

18 앞의 책, 291쪽.

●조봉암의 전향 의혹

조봉암의 '전향'문제는 해방 뒤에 다시 한 번 논란의 대상이 됐다. 공산주의자들과 결별선언을 한 것을 두고 '위장전향'이라는 논란이 일었다. 이 부분은 뒤에서 다시 쓰겠다.

조봉암은 국내뿐 아니라 국제적으로도 공산주의운동의 거물급에 속한다. 만약 그가 전향했다면 총독부는 이를 대대적으로 선전했을 것이고 당연히 신문에도 보도됐을 것이다. 하지만 어디에서도 그의 전향을 알리는 기록(기사)은 찾기 어렵다. 뒤에서 다시 쓰겠지만 조봉암이 일제가 패망을 앞둔 1945년 1월 해외와 비밀연락을 했다는 혐의로 일본군 헌병사령부에 예비검속된 것은, 그가 전향하지 않았다는 '결백'을 보여주는 반증이기도 하다.

해방 후 반조파反曺派들이 유포시켰던 것과 같은 '옥중전향'이 없었던 것만은 분명하다. 조봉암은 1926년 이후 줄곧 코민테른 극동국 조선위원으로 있었던 이론가인 동시에 탁월한 조직자였다. 그러한 조봉암이 옥중전향을 했다면 '자기 자신을 납득시킬' 역사적인 전향이론이 개진됐을 것이고, 그것은 일제에 의해 조선의 독립운동가들의 사기저하용으로 충분히 이용됐을 것이다. 그러나 그러한 일은 일어나지 않았다. 같은 코민테른 극동국의 천투슈나 사노 마나부는 코민테른으로부터 숙청당하고 '전향'의 사유가 역사에 기록되었지만 일제하 그 어떤 시기에도 조봉암의 그 같은 '항서降書'는 보이지 않았다. 그것은 조봉암이 '반조파'들의 중상모략과는 다르다는 것을 반증한다.

그렇다면 왜 조봉암은 반조파들에 대한 반격에 나서지 않았을까? 그것은 책임 있는 지난날의 당 지도자로서 "내가 반박하지 않고 남의 죄과를 들추지도 않는 것은 오직 당을 위하는 것일 뿐"[19]이었기 때문이다. 자기에게 엄격했던 조봉암의 혁명가적 양심은 그를 쉽사리 움직이게 하지 않았다.[20]

조봉암이 긴 옥고를 치르고 돌아온 고향에는 텅 빈 집만 남아 있었다. 부모는 이미 돌아가시고, 형의 행방은 알기 어려웠다. 아우 용수는 중국에서 독립운동에 헌신하고 있었다. 그래서 엄마 잃은 어린 딸이 친척집에 얹혀살고 있는 인천으로 가서 자리를 잡았다. 얼마 뒤에 함흥 형무소에서 출감한 김조이를 만나 재결합하여 새로운 가정을 꾸렸다. 딸 조호정

19 조봉암, 〈존경하는 박헌영 동무에게〉(이 글에 대해서는 뒤에서 상술).
20 정태영, 《조봉암과 진보당》, 한길사, 1991, 75~76쪽.

은 새엄마가 맡아서 키웠다.

조봉암은 일자리를 찾았다. 정미소에서 나온 왕겨를 수집해서 연료로 공급하는 인천의 비강粃糠조합의 조합장을 맡아 생계를 유지했다. 어떤 경위로 비강조합장을 맡게 된 것인지, 또 이 조합의 수익이 어느 정도이고 조봉암이 받은 급료가 얼마였는지에 대해서는 알려진 바 없다.

이를 두고도 비판자들은 일제의 주선으로 얻은 직장이 아니었겠느냐는 의혹의 눈초리를 보냈다. 독립운동가나 공산주의운동자들도 먹어야 살 수 있기 때문에 직장을 갖는 것 자체가 비난의 대상일 수는 없을 것이다. 조봉암이 전향하여 일제로부터 직장을 얻었다면 그의 경력과 위치로 보아 훨씬 '기름진' 감투가 주어지지 않았을까. 조봉암이 1939년 7월 출감하여 1945년 1월 예비검속될 때까지 5년여 동안을 투쟁하지 않고 지낸 것도 비난의 과녁이 되었다. 일제와 치열하게 싸웠던 사람이 출감 뒤에 생업에만 충실하면서 소시민적 생활인이 된 것은 쉽게 납득하기 어려운 대목이기도 하다.

하지만 '요시찰인'이 일제의 심한 감시의 눈초리를 벗어나 활동하기란 쉽지 않았을 것이다. 따라서 독립운동 '휴지기' 5년여에 대해서는 연구가 더 필요한 대목이다.

제 7 장

해방정국, 공산당을 떠나다

연합국의 승리에 의하여 그들의 호의로
해방의 기쁨을 얻은 우리 조선민족은
민주주의 원칙에 의하여
건실한 자유의 국가를 건설함에 있고
어느 일 계급이나 일 정당독재가
전제되어서는 안 된다.
– 조봉암, 〈비공산국가를 세우자〉에서

해방 앞두고 예비검속 당해

일제는 중일전쟁에 이어 1941년 12월 7일 하와이 진주만을 기습하여 태평양 전쟁을 일으켰다. 승승장구하던 일군은 미드웨이해전 이후 연합군에 밀리기 시작했고 1944년 11월 미군기가 일본 본토를 공습하자 일본의 항복은 시간문제로 대두됐다. 일제는 패망의 길로 치닫고 있었다.

패망의 위기에 빠진 일제는 만일의 사태에 대비하여 조선에서 반일 인사들을 예비검속하여 경찰서나 헌병대로 끌고갔다. 이른바 '불령선인'으로 지목된 사람들을 구속한 것이다. 조봉암도 1945년 1월 어느 날 끌려가 헌병사령부에 구치되었다.

왜놈들 자신들도 이 같은 정세를 감득했음인지 1944년, 즉 해방되기 전부터는 민족주의자나 사회주의자, 공산주의자를 막론하고 반일본인 모든 인사들에게 최후의 단말마적인 압박을 가했다. 그리하여 자기네들에게 완전히 항복한 사람들은 서슴없이 앞잡이로 혹사했고 의연 순종을 거부한 자들은 일호의 가석可惜도 없이 멋대로 뒤얽어서 감옥에다 몰아넣었다.

이러는 판국에 나는 또 다시 일본헌병사령부에 영어의 몸이 되었다. 그러나 우리 동포가 한결같이 확신하고 있었던 것처럼 역사의 수레바퀴는 환희와 감격의 8.15를 가져왔고 모든 옥문을 활짝 열어놓았다. 나는 8.15와 더불어 생명의 위기를 면한 것이다.[1]

일제는 패전에 대비하여 조선인 수만 명을 무자비하게 학살할 계획을 세우고 있었다. 10만 명 학살설과 전국의 형무소 수감자와 예비검속된 인사들을 학살한다는 음모가 있었다. 예상보다 빨리 히로시마와 나가사키에 원자폭탄이 투하되면서 일제는 항복했고, 학살음모는 시기를 잃게 되었다. 조봉암을 포함하여 수많은 항일지사들에게는 천행이었다.

8월 15일! 해방의 날! 며칠만 늦었더라도 몇 십만의 뜻 있는 우국의 지사들이 풀길 없는 원한을 품고 꿈결같이 사라졌을 것이라 생각하면 상기도 아슬아슬한 심정을 어찌할 수 없다. 나중에 안 일이지만 일제는 소위 '불령선인'들

1 조봉암 〈나와 8·15〉, 《성웅》, 1957년 8, 9월호, 31~32쪽, 정태영 외, 《죽산 조봉암 전집 1》, 죽산조봉암선생기념사업회, 1999, 420쪽.

을 8월 17일 낮에 한 굴에 모조리 쳐넣고 일시에 전기로 몰살시켜버릴 계획이었다니 말이다.

그 당시 체포 투옥된 사람들은 어렴풋이나마 이 같은 흉계를 예측하지 못한 바 아니었지만 그것이 언제 어디서 실시될 것이라는 것은 아무도 알 길 없었고 다만 그 같은 의념 속에서 초조한 나날을 보냈던 것이다. 그러나 진정 8.15는 오고야 말았다.[2]

조봉암의 감옥이나 유치장 신세는 여러 차례에 걸쳐 수 년 간의 관록이 붙었지만 헌병대 유치장은 이때가 처음이었다. 일반 형무소에 비해 더욱 혹독했다는 것을 조봉암은 뒷날 담담하게 증언한다.

나는 왜정 때에 유치장 혹은 감옥살이를 꽤 많이 했지 만 헌병대에 잡혀본 적은 그때가 처음이고 마지막이었다. 그곳은 확실히 타처와는 다른 분위기였다. 당시 헌병대 유 치장은 어디나 초만원이었기 때문에 소위 독방이란 것도 2~3인씩 잡거를 하고 있었다. 헌병이 총을 잡고 감방 앞 에 앉아서 눈을 크게 뜨고 들여다보고 있으며, 옆 사람과 보지도 못하게 하고 물론 말도 못하게 했다. 한 시간이 되

━━ 2 앞의 책, 421쪽.

면 다른 헌병이 교대해서 똑같은 자세로 임무를 대항하며 결코 감방 내의 사람과는 말하는 일이 없었다. 다른 곳과 달라서 새 수인 새 손님이 들락날락하는 일도 없었다.[3]

8월 15일 오전 조봉암은 헌병대 수감자 20여 명과 함께 수갑을 차고 트럭에 실려 어디론가 끌려갔다. 조봉암은 이때 자신들을 처형하려는 것이 아닌가하고 불안하고 안타까웠다고 한다. 끌려간 일행은 용산 유치장에서 끌려나온 정치범들과 함께 한 방에 수감되었는데 모두 43명이었다. 여기에는 최익환, 이양복, 김시현, 박영덕, 김영만 등 항일 운동가들도 있었다.

오후 4시 정각 헌병사령관이 여운형 씨와 같이 우리들이 있는 방으로 들어섰다. 그들의 말을 듣고서야 비로소 우리는 진상을 알게 됐고 따라서 우리 일행은 8월 15일 오후 4시 반에 일제히 석방의 몸이 되었던 것이다.

해방된 서울 거리를 나서니 동포들은 상금도 대부분이 그냥 꿈속에서 헤매고 왜놈들이 망했는지 우리가 해방이 되었는지도 도무지 캄캄한 채 우왕좌왕하고 있었다. 그때 마침 신문 호외가 돌고 있었는데 그것을 들여다보고 있는 왜놈들의 꼴이란 그지없이 가엾게 보였다. 나는 친구 반군

---
3 앞과 같음.

과 홍군을 만나서 모든 이야기를 해주고 그들의 소개 짐 싸는 것을 중지시키고 당시 서울에 와서 대기하고 있던 내 처와 함께 인천행 막차에 몸을 실었다.[4]

8.15해방은 노예 생활을 하던 조선민족 모두에게 기쁨이고 환희의 날이지만, 조국의 독립을 위해 일제와 싸우다 감옥에 가 있던 독립운동가들에게는 그 감격과 환희가 몇 배나 더 하였을 것이다. 조봉암의 경우도 마찬가지였다. 21세 때 3.1운동에 가담했다가 서대문 형무소에서 1년 동안 옥살이 한 것을 시작으로 신의주 감옥에서 7년, 일본군 헌병사령부 감방에서 8개월여 동안 구치되는 등 갖은 고초를 겪으며 독립운동을 해 온 조봉암은 47세의 중년이 되어 해방을 맞았다. 신천지가 열린 것이다.

▬▬▬ **4** 앞의 책, 423쪽.

해방과 함께 다시 인천으로

석방된 조봉암은 인천에서 즉각 활동에 나섰다. 얼마나 기다리던 해방이던가.

나는 헌병사령부에서 나오자마자 인천으로 직행했습니다. 도착하던 날부터 인천 치안유지대를 조직해서 치안유지에 전력했고, 그뒤 즉시 건국준비위원회 인천지부를 조직했고 또 노동운동·공산당재건운동에 열중했고, 민주주의민족전선이 조직되자 인천 민전의장이 되어 활동했습니다.

내가 인천에서 책임을 지고 있는 동안 인천에서는 한 개의 불상사도 일어나지 않았고 공업지대인 인천의 많은 공장들이 한 개의 예외도 없이 전부 노동자들의 자치적 조직으로서 공장을 지켰고 인천 인사로서는 부당한 수단으로 공장 한 개도 차지한 일이 없었습니다.[5]

8월 15일 저녁 부인과 함께 인천으로 돌아온 조봉암은 이날 밤 인천 보안대를 조직하여 인천지역의 치안유지에 나섰다. 출감한 날 밤에 200여 명으로 인천보안대를 조직한 것으로 보아 평소 비밀리에 조직을 관리해왔던 것이 아닌가 싶다.

당시 그의 집은 도산정에 있었다. 그가 집에 도착했을 때 이미 집에는 많은 청년들이 모여 있었다. 해방 직후 무정부상태의 혼란 속에서 치안을 유지하고 질서를 확립하는 것이 무엇보다도 급한 일이었다. 조봉암은 즉시 과거 인천 경찰서 유도교관을 지낸 바 있는 이임목으로 하여금 인천보안대를 조직케 하였다. 보안대는 약 200명 규모로 조직되었는데, 초기의 보안대 구성원은 주로 무도인武道人, 주먹패, 전과자 등이 중심이 되었으나, 이들은 사명감을 가지고 인천시의 치안유지에 노력했다.[6]

서울에서는 해방 당일 여운형이 건국동맹위원을 중심으로 조선건국준비위원회(건준)를 설립하고, 조선총독부로부터 치안유지권 및 방송국·언론기관 등을 이양받았다(조선총독부는 곧 이를 회수했다). 건준은 8월 말까지 전국에 145개의 지부가 결성될 만큼 당시 민중들의 지지를 받는 유일한 전국적 정

5 앞의 책, 389쪽.
6 박태균,《조봉암 연구》, 창작과 비평사, 1995, 101쪽, 재인용.

치세력이 됐다.

조봉암은 8월 18일 인천 애관극장에서 건준 인천지부를 결성했다. 인천부협의회 의원을 지낸 김용규, 박남칠, 이보운, 권충일, 김형원, 윤석준, 이상운 등이 중심인물이었다. 어디까지나 자발적인 조직이었다. 건준은 미군이 진주하기 이틀 전인 9월 6일에 전국인민대표자대회를 경기여고에서 열고 국호를 조선인민공화국(인공)이라 결정했다. 그리고 정부 각료명단까지 발표했다. 그러나 내부에서 좌익세력의 영향력이 확대되면서 안재홍 등 민족주의자들이 탈퇴하고 인공 수립과 함께 해체되었다.

건준 인천지부도 10월 16일 각 조직원 200여 명이 참석하여 해산을 결정하고, 동시에 인천시 인민위원회를 결성하여 김용규를 위원장, 박남철을 부위원장으로 선임하였다. 조봉암은 간부진에 들어가지 않았지만 주도적으로 참여하였다.

조봉암은 이해 연말에 간선으로 실시된 인천 부윤府尹(현 시장) 선거에 나섰다가 낙선됐다. 사회주의 계열에서 여러 사람이 입후보하여 산표가 된 것이 낙선의 배경이었다.

1946년은 조봉암의 본격적인 정치사회 활동의 해가 되었다. 2월 15일 조선민주주의민족전선(민전)의 결성에 경기도 대표로 참석하고 민전 인천지부 의장에 선임됐다.

1945년 12월 모스크바 3상회의에서 한국 신탁통치안이 결정되자 각 정당과 사회단체들은 찬탁, 반탁으로 맞서 대립했다. 민전은 좌익계열을 총망라한 조직으로 3상회의 결정을 지지하면서 친일파, 민족반역자, 파시스트, 민족분열자 등을 배제한 민주주의 민족통일체임을 선언했다. 또 조선의 완전 자주독립, 민주주의공화제 실시, 파시즘 근절, 부녀해방과 남녀평등, 토지 농업문제의 시민적 해결, 8시간 노동제와 최저임금제 실시, 중소상공업의 자유발전과 국가보호지도, 식량 및 생활필수품 적정배급 등을 행동 슬로건으로 제시했다.

조봉암은 아내 김조이와 함께 서울에서 결성된 민전대회에 참여하고 인천지부 의장으로 선임됐다. 그러나 민전발족에 주도적 역할을 하지는 않았다. 경기도 대표 11명 중의 하나였을 뿐이다.

조봉암은 이 대회에서도 역시 큰 역할을 하지 못했다. 대회는 의장에 여운형, 박헌영, 김원봉, 백남운, 부의장에 백용희, 홍남표, 이여성, 김성숙, 장건상, 윤기섭, 성주식, 정노식, 유영준 등을 선출하여 의장단을 조직하고 391명의 중앙위원을 선임하였다. 인천에서 조봉암보다 영향력이 떨어졌던 신태범, 박남칠 등이 중앙위원에 선임되었음에도 불구하고 조봉암은 민전 중앙조직에서 어떠한 직위에도 오르지 못했다. 또한 2월 26일에 결성된 경기도 민전에서도 인천 출신의 신태범, 이보운이 부의장에 백남칠이 재정부장에 선임됐지만 조봉암에게는 역할이 주어지지

않았다. 그는 단지 민전 인천지부 의장이라는 직위에 임명됐을 뿐이다.[7]

━━ 7 앞의 책, 108쪽, 재인용.

● 과격 공산주의운동에 대한 회의

일제강점기에 공산주의운동자 어느 누구 못지않게 투쟁해온 조봉암이 해방 뒤에 소극적인 활동을 보인 이유는 무엇일까. 조봉암을 연구해온 두 사람의 얘기를 들어보자.

해방 이후 조봉암은 변절이 아니라 공산주의운동을 분명히 지양하는 족적을 남기고 있을 뿐이다. 일본의 제국주의적 폭압에도 불구하고 민족의 독립과 해방을 위해 공산주의운동의 선봉에 우뚝 섰던 조봉암이 해방 후 조선공산당의 재건작업에 적극 나서지 않다가, 1946년 반탁의 기세가 거세어질 무렵 비미비소非美非蘇민족노선을 주장하며 민족의 현실을 바로 세우려는 입장을 취한 것은 '볼셰비즘의 민주사회주의와 민족주체노선으로의 지양'이라고 할 수 있는 것이다. 이는 구구한 말로 설명하고 치장할 필요 없이 그의 역사, 그의 삶이 또렷이 증명하였다.[8]

해방 직후 조공의 재조직 과정에서 그에게 가해진 비판들이 그의 활동에 많은 제약을 준 것으로 보인다. 즉 이미 언급한 바 있는 반조운동에 관련된 문제들에 대해, 비록 자신의 본의는 아니었다고 할지라도 그런 비판의 소지들을 남겨두었다는 점을 그는 솔직히 인정하였고, 또한 출옥 이후 운동을 정지했다는 사실에 대해서도 자기비판을 하고 있었던 것으로 보인다. 해방 직후부터 비단 조봉암에게뿐 아니라 사회주의자들 간에는 온갖 모략과 비판이 끊이지 않았고, 정도의 차이는 있겠지만 대다수가 그런 비판을 받을 만한 행적을 남긴 것도 사실이었다.

물론 이러한 상호비판은 과거의 반反혁명적·반당反黨적 과오를 정확히 지적해줌으로써 철저한 자기비판을 통해 사상적·도덕적으로 재무장시켜 운동의 굳건한 활동가가 되게 하는 긍정적인 경우도 있었다. 그렇지만 대부분의 경우 그것은 상대방의 치명적 약점을 들추어내어 해방 직후의 정치적 재편 과정에서 고립, 배제하거나 격하시킴으로써 상대적으로 자신의 위치를 강화하려는 내부의 헤게모니 쟁탈전의 일환으로 사용되었다.[9]

조봉암의 중앙정치무대 진출의 자제는 이와 같은 사유가

8   정태영, 《조봉암과 진보당》, 한길사, 1991, 104쪽.
9   박태균, 앞의 책, 109쪽.

복합적이었을 수도 있었을 것이다. 조봉암은 어느 시점에서 부터인지는 정확하지 않지만 공산주의 이념과 그 주의자들의 형태에 상당한 회의를 가졌던 것 같다. 그래서 누구 못지않는 반일·반제 투쟁을 하고 그 대가로 심한 옥고를 치르고도 해방공간에서 공산주의 활동 무대에 적극 나서지 않고 소극성을 보였던 것이 아닌가 싶다.

해방된 서울에는 과거 공산당 활동의 주역들이 박헌영을 중심으로 다시 모여 조선공산당을 재건했다. 죽산도 당연히 그쪽으로 가야할 것이었다. 그러나 해방 후 죽산은 공산주의와는 담을 쌓았다. 인천에 눌러앉아 민전의 인천지부장으로 활동했다. 과거 조선공산당의 거물이었던 죽산을 아는 사람들은 의아해 하기도 했다. 하지만 죽산은 끝내 공산당과는 가까이 하지 않았다. 1946년도 중반에는 박헌영을 비판하는 성명을 발표하여 공산당으로부터 정식으로 출당처분까지 받았다. 그후 죽산은 5.10선거에 인천에서 출마해 제헌국회에 진출했고 초대 농림부장관으로서 대한민국 건국에 기여했다.

여기서 왜 죽산이 공산주의와 손을 끊었는가라는 점이 의문으로 남는다. 죽산은 해방 이후 과거 그가 몸담았던 공산주의, 즉 폭력혁명을 제창하는 볼셰비즘에서 의회민주주의를 인정하고 점진적으로 자본주의를 개혁해나가려

는 민주사회주의로 돌아온 것이다.[10]

조봉암은 '폭력혁명을 제창하는' 볼셰비즘에 실망하고 의회민주주의에서 민주사회주의로 점차 그 사상이 바뀌어가고 있었다. 이 같은 사실은 《미군정정보보고서》에서도 나타난다.

죽산 조봉암이 1941년 만기 석방되어 1944년 다시 예비검속되었다가 8.15 해방을 맞아 출옥하게 되자 건준·민전·노동조합운동 등에는 제법 정력을 기울이지만 공산당운동 자체에는 소극성을 보인다. 이는 해방 전 약 3년 동안 일본 관헌의 냉혹한 감시 때문에 사실상 이렇다 할 활동을 할 수 없었던 낙오자가 된 때문이기도 했지만 과격한 공산주의운동에 대해서만은 회의적이었기 때문이었던 것으로 생각된다.[11]

조봉암은 중앙정계에서 공산당 재건운동이나 민전 활동보다 인천에서 협동조합 인천지부 결성 등에 열정을 보였다. 그는 인천지부장에 선임되기도 했다.

■■■ 10 이동화, 〈죽산 조봉암-사형집행, 그후 30년〉, 《현대공론》, 1989년 6월호, 259쪽.
■■■ 11 《미군정정보보고서(G-2) Periodic Report HQ, USA, USAFIK》, 일월서각 영인본(전15권), 여기서는 정태영 외, 《죽산 조봉암 전집 2》, 죽산조봉암선생기념사업회, 1999, 79쪽.

12월 26일 미군정 당국자는 인천에서 개최된 협동조합 인천지부 제1회 대중 집회에 참석했는데, 동 조합은 지도부에 공산주의자로 알려진 인사들이 포함되어 있는 좌익 조직이다. 인천지역 공장과 농민조합의 전 대표들이 참석한 동 집회에서 조봉암은 만장일치로 조합장에 선출됐다. 대표들은 모든 공산품과 농산물의 분배문제를 다룰 협동조합안에 대해 토의했다. 동 집회는 서울에 있는 조합본부에 파견할 55명의 인천지부 이사도 결정했다.[12]

이 같은 《미군정정보보고서》가 말해주듯이 조봉암은 해방을 맞은 첫 해에 공산당 재건활동보다 협동조합운동에 더 열중했다.

---

12 앞의 책, 82쪽.

● 공산독재와의 메별袂別 선언

1946년이 되면서 정국은 빠른 속도로 변해갔다. 1월 2일 조선공산당이 3상회의(신탁통치) 지지를 선언하고 나선 데 이어서 2월 15일에는 좌익의 통일전선인 민전이 결성됐다. 우익은 임시정부를 중심으로 비상정치회의준비회를 열고, 이승만의 독립촉성중앙협의회가 이에 합세하여 좌익이 불참한 가운데 비상국민회의를 개최했다. 이로써 좌우 분열은 극에 달하여, 탁치를 둘러싸고 반민족친일세력 대 민족운동세력 간의 대립구도가 좌익 대 우익 간의 대립구도로 바뀌게 되었다.

이 같은 구도는 결국 김구·김규식 등의 좌우합작통일정부수립 노력이 이승만의 남한단독정부수립 노선에 의해 좌절됨으로써, 신탁통치안은 친일분자들에게 생존과 재기의 기회를 주게 됐다.

1946년 3월 1일은 3.1절 27주년이 되는 날이다. 이날 서울에서 우익 반탁 진영은 서울운동장, 좌익 찬탁 진영은 남산공원에서 각각 기념식을 열었다. 해방 뒤 처음 맞은 3.1절 행사가 좌우로 나뉘어 치러질 만큼 이념, 노선 갈등이 심화되고 있었다.

인천에서는 달랐다. 좌우익 정치세력과 사회, 종교단체들이 한 자리에 모여 행사를 치르고 조봉암은 선전부위원장 자격으로 이날 행사의 사회를 보았다. 3월에는 서울에서 미·소공동위원회가 3상회의 결정을 기초로 한국에 임시정부를 수립하기 위한 회의를 열었지만 우익은 이승만과 김구의 노선이 갈리고, 조공 내부에서는 헤게모니 싸움으로 역량을 모으지 못했다. 조공 내부에서는 여전히 조봉암을 모해하는 중상모략이 나돌았다.

조봉암은 국가의 운명을 가름하는, 남북한을 점령하고 있는 미·소 대표가 한반도 문제 해결을 위해 회담을 하는 시기에, 우익은 우익대로 좌익은 좌익대로 각기 주도권 싸움에 매몰되어 있는 현상을 지켜보면서 큰 결단을 하기에 이른다. 전향한 것이다.

(조공)좌익 편향성을 목도한 조봉암은 미·소의 분할점령이라는 현실에서 과연 진정한 민족주체 노선이란 무엇인가를 깊이 생각할 수밖에 없었다. 한편 이영근의 증언에의하면, 몇 차례에 걸친 조봉암의 면담 요청에 대해 콘 그룹에 둘러싸인 박헌영은 "조금 기다려 달라"는 말로 거절

했다 한다. 중앙에 나서지 않고 박헌영의 정통성을 인정해 주며 충실한 사회주의자가 되고자 했으나 박헌영의 거듭 되는 과오를 접함에 이르러 면담, 노선투쟁을 기도했음에 도 박헌영의 회피로 뜻을 이루지 못하자 조봉암은 1946년 2월경 박헌영에게 서신을 띄우기로 마음먹고 이른바 '존 경하는 박헌영 동무에게'라는 사신을 작성했던 것이다.[13]

조선공산당은 조봉암이 주도적으로 창설하고 이끌어 온 당이었다. 일제의 모진 탄압으로 몇 차례 검거선풍이 일어나고 자신은 해외로 망명하여 사회주의 이념을 통한 독립운동을 전개하다가 긴 옥고를 치렀다. 그리고 해방을 맞았다. 해방 뒤 조공은 소련의 지령에 따라 움직이면서 민족의 장래문제는 외면하고 있었다. 그 중심에 박헌영이 있었고, 박헌영은 특히 당의 인사를 오로지 하면서 무원칙 성·종파성·봉건성의 행태를 보였다. 하여 박헌영(과 조 공)과 메별袂別을 결심하기 이르렀다. "해방이 되면서 좌 익전선에서도 혁명 노선과 함께 비혁명적 노선이 성립되 었다고 할 수 있는데, 조봉암은 박헌영 중심 세력과의 결 별을 통해 비혁명적 노선, 즉 민주사회주의 노선으로 옮겨 간 것이 아닌가 한다."[14]

━━ **13** 정태영, 앞의 책, 109~110쪽.

조봉암이 공산주의 세력과 결별하게 된 결정적인 계기는 '친애하는 박헌영 동무에게'란 사신이 공개되면서다. 이 문건은 공개되는 과정부터가 극적이었다. 1946년 3월 중순 인천지구 미군 방첩대는 무슨 까닭인지 민전 인천지부를 수색했다. 이 과정에서 현장에 있던 조봉암의 몸에서 박헌영에게 보내려고 한 편지의 초고를 압수했다. 조봉암은 이 편지 초고의 반환을 요구했고 방첩대는 편지가 사신私信이므로 3일 이내에 반환하겠다고 약속했다. 그런데 약속은 지켜지지 않고 편지는 5월 7일 '존경하는 박헌영 동무에게'라는 제목으로 우익계열의 《한성일보》 등 각 신문에 보도됐다. 이 사신이 작성된 시기는 그해 2~3월경이라 한다.

14 강만길, 〈조봉암의 재평가를 위하여〉, 정태영 외, 《죽산 조봉암 전집 6》, 죽산조봉암선생기념사업회, 1999, 18쪽.

'친애하는 박헌영 동무에게'

조봉암이 공산당과 결별하게 된, 공개된 사신의 내용을 살펴보자.

내가 붓을 들어서 동무에게 편지를 쓴 것은 1926년 상해에서 동무에게 암호편지를 쓴 것 외에 이것이 처음인 것 같소. 내가 얼마나 동무를 존경하고 또 과거 10여 년간 동무가 얼마나 영웅적 사업을 계속했는가 하는 것에 대한 혁명가로서의 숭정의 발로는, 아첨이라고 생각할까 해서 한마디도 쓰지 않겠고 동무의 꾸준한 건강과 건투를 빌 뿐이오.

나는 8.15 그날부터 오늘까지 인천에 틀어박혀서 당, 노조, 정치 등 모든 문제에 있어서 입을 봉하고 오직 당부의 지시 하에서 내가 할 수 있는 일을 최대의 정열을 가지고 정성껏 해왔소. 그렇게 하는 것이 나 자신을 위해서, 당을 위해서, 나아가서는 조선혁명을 위해서 가장 옳은 길이고 옳은 태도라고 믿는 까닭이오. 그런데 오늘 붓을 들어서 무슨 문제를 논의하고 우견愚見을 진술하게 된 것은 결코 이 태도가 달라져서 그런 것이 아니오. 똑같은 태도와 똑같은 입장에서 오직 당을 사랑하고 동무를 아끼는 마음으로 아니 쓸 수 없어서 쓰는 것이며 동시에 나 자신이 좋은 볼셰비키가 되는 유일한 방법이라고 믿기 때문입니다. 늘 바쁘실 동무니 거두절미하고 요령만 씁니다.

조봉암은 박헌영에게 보내는 편지가 언론에 공개된 데 대해 다음과 같이 해명하였다.

내가 각 신문에 투고한 것이 아니고 반동파들의 모략인 것이다. 3월 중순 경에 인천 CIC에서 민전회관을 불시에 습격하여 현장에 있던 나의 몸을 수색한 일이 있다. 그 편지의 초고를 가지고 있었기 때문에 그들에게 빼앗겼다. 이것은 원래 사신이므로 3일 이내에 돌려준다고 약속하고 반환치 않는 일이 있었는데 그 편지의 초고가 우익신문에 일제히 발표된 것이다.[15]

조봉암의 사신은 앞에 인용한 서문에 이어 '1. 민족통일전

15 《현대일보》, 1946년 5월 15일.

선 및 대중투쟁 문제와 그 운영 2. 당 인사문제 3. 반중앙파에 대해서 4. 나 자신의 비판'으로 구성되어 있다. 1에서 조봉암은 인민위원회의 조직시기, 조직방법, 인민위원회의 행태 등을 신랄하게 비판했다. 차례로 살펴보자.

1. 민족통일전선 및 대중투쟁 문제와 그 운영

인민위원회와 인민공화국 조직의 시기와 선거나 조직 방법이 졸렬했다는 것은 정평인 모양이니까 차치물론하고 나는 다만 그 운영에 대해서 말하겠소. 중앙이나 지방을 물론하고 지금의 인민위원회는 당내에서 중용되지 못하는 공산주의자들의 정치적 구락부요. 중앙인민위원 중 활동하는 자로서 비공산주의자가 몇이며 누군가? 이만규 한 사람을 제대로 끌고 나가지 못하는 줄을 나도 알며 내가 있는 인천 인위는 몇 군데 지방에 비해서 제법 세워졌으나 비당원으로는 능동적인 사람이 없는 형편이오.

또 그 구성요소나 정치활동(색채)으로 보아서 일반 대중은 그것을 공산주의 집단으로 알고 있고 행정권 없는 행정단체이니까 그 자체가 행정연구단체처럼 되어가고 있는 실정이오. 이러할 바에는 인위에 들어가 있는 공산주의자들은 차라리 공산당의 이름으로서 정정당당히 아지프로나 했으면 당의 이름과 당의 영향이 군중 속에 들어간 정도가 컸을 것이오. 그런즉 인민의 행정기관으로서 구성상의 결함도 컸지만 운영에 있어서는 더 큰 실패를 했소.

최근에 있어서 인위를 그대로 정권접수기관이 될 것 같은 환상을 가지게 하는 것은 더욱 과오를 거듭하는 것밖에 아무것도 아닐 줄로 생각하오. 그러므로 당은 인위에 대한 이러한 흐리멍덩한 정책을 단연 버리고 당 군중과 미조직 대중으로 하여금 청신 발랄한 기분으로 투쟁의 길로 용진하게 해야 될 줄 아오.

그 다음 민주주의민족전선은 잘된 줄 아오마는 역시 통일전선으로서는 너무 우리 당원이 과대히 침투했기 때문에 비당원 군중의 능동적 활동을 스스로 제약시키고 있다고 보오. 당이 크고 좋은 전선을 내세운 바에는 대중을 그 길로 나가도록만 하면 족하지 않겠소. "지방에서는 당원이 절대다수를 차지하여야 된다" 등의 지령은 과오로 생각되오.

삼상회의 지지투쟁에 있어서 동무의 태도와 방침을 진실로 경복하고 절대 지지하오. 그러나 그것을 실천하는 데 있어서 기술적으로 졸렬했던 까닭에 조직 군중에게 그것을 이해시키기에 많은 시간을 허비했고 미조직 대중을 적의 편에 빼앗기고 회의의 구렁에 빠지게 해서 지금도 그들을 옳은 노선으로 끌기에는 무한한 노력과 시간이 필요하다는 사실을 정직하게 인식해야 될 줄 아오. …… 적은 사도邪道로서 오히려 군중을 휘어잡고 우리는 옳은 것을 세우고 도리어 군중을 빼앗겼다는 사실은 정직하게 인정합시다.

당은 결코 정치학교가 아닐 줄 아오. 또 서울시 인위의 1월 3일 대회사건은 정평이 있는 모양이니까 동무가 나보다 더 잘 알 일인데 거기 대해서 당내에서나 당이 군중에게 해명하지 않고 그 모든 사기사적詐欺師的 잘못을 그대로 뒤집어쓰고 안연하고 있는 것은 무슨 까닭이오? 그런 것을 대담히 자기비판할 용기가 동무에게 없을 리는 없는데! 그것 한 가지가 당에게 얼마나 큰 악영향을 끼쳤나 하는 것과 또 그것을 공개적으로 비판치 않은 것 때문에 얼마나 많은 과오를 거듭할까 하는 점을 생각하면 참으로 아연함을 금할 수 없소.

인천에서도 3.1기념행사에 있어서 각 단체 군중과 공개적으로 약속한 것을 여지없이 유린하였기 때문에 당이 배신자로 낙인 찍히고 있으니 이것은 1월 3일 대회를 비판하지 않은 과오의 연장이오. 지금이라도 늦지 않았으니 공개적으로 비판할 방침을 구하는 것이 옳을 줄 아오.

조봉암은 2에서 당의 인사문제를 집중적으로 비판했다. 무원칙하고 종파적이고 봉건적이며 무기력하다는 내용이다.

2. 당 인사 문제

이 문제는 다른 문제보다 더 나로서는 논의할 자격도 없고 또 말하기도 어렵소. 그러나 동무에게도 최중한 문제이니까 다른 건 다 불고하고 몇 가지 말하겠소.

첫째, 무원칙하오. 어떤 일정한 척도 하에서 등용하지 않았으며 또 인물 능력 본위라면 더군다나 동무의 견식이 천단한 것에 놀라지 않을 수 없소. 무원칙하기 때문에 제재를 잃었고 인물이 무능하오. 인물이 무능(간부진)했기 때문에 당 사업에 능률을 올리지 못했소.

둘째, 종파적이오. 원칙도 없고 인물 본위도 철저히 못했기 때문에 종파적으로 나타났소.

셋째, 봉건적이오. 무원칙하고 인물 본위도 못되고 종파적으로 되었는데도 불구하고 또 거기에서 불합리한 불공평이 있는 것은 무슨 때문이오? 친하다는 것, 개인으로 신세를 졌다는 것, 머리를 숙이고 아첨하며 어느 의자를 얻으려고 애쓰는 무리는 모두 등용되고 있다는 사실은 봉건적이오.

넷째, 무기력이오. 종파적이요 봉건적이라 하더라도 그대로 버텼어야 될 터인데 말썽만 부리면 한몫 주는 태도 이것은 무기력이오. 항간에서 "박헌영에게는 자주 찾고 곱게 뵈어라. 그렇지 않으면 말썽을 부리라" 하니 얼마나 놀랄 일이오? 그리고 당내 어느 요인의 소위 죄과(수년간 휴식, 일본에 협력 등)를 들어서 말했더니 "그는 자기 비판문을 내게 보냈기 때문에 좋다" 했다니, 그 관용의 태도는 대단 고맙소. 그러나 그러한 소위 자기비판의 기회를 꼭 친근자에게만 주었다는 사실은 무엇으로 변명하실 터이오? 자기 죄과를 부끄럽게 알고 각고면려刻苦勉勵해서 좋은 볼셰비키가 되려고 애쓰는 사람이 현재 그 몇몇 사람뿐으로 아셨소?

과거를 비판치 않고 잘했다고 버티는 공산주의자가 어디 있었소?(물론 전연 무관심한 자는 예외지만) 이런 중에도 한 가지 믿음직하게 생각되는 것은 중앙에서나 지방에서나 아무리 중인이 반대하더라도 자기 사람을 그대로 버티어 나가게 하는 점인데 이것도 다른 모든 것이 무원칙했고 종파적이었기 때문에 권위가 실추되고 있는 것은 부인할 수 없는 사실이오.

조봉암은 '3. 반중앙파'에 대해 연속회의 석상에서 행한 박헌영의 태도를 비판하면서 당을 주식회사나 연합정부로 만드는 위험에 빠지지 말도록 하라고 충고한다. "김일성, 무정 두 동무의 영웅주의에 대해서 최대의 경계"의 부분에 대해 조봉암은 "김일성 장군과 무정 장군 등에 대하여 그룹이 따로 있는 것 같이 쓰고 심지어 경계하지 않으면 안 될 것 같이 쓴 것은 전연 무근이다"[16]고 미CIC가 조작했다고 공개했다.

3. 반중앙파에 대해서

소위 연석회의라는 석상에서 동무가 행한 태도는 대체로 가급적 마찰과 분열을 피하면서 포용해나가려는 고심이 보였기 때문에 나는 대단히 감사했소. 그러나 "대회를 마친 뒤에는 나는 물러가겠소"라고 한 말은 결코 봉건적 겸양으로만 들리지 않고 동무의 무책임, 무기력을 폭로한 것이오. 당은 취미 본위의 구락부가 아니고 '혁명'의 전위는 쫓겨나거나 꿋꿋이 지도하거나 둘 중에 하나요. 더욱이 동무는 당의 선배며 대다수 공산주의자들의 '호프'요. 절대로 그런 태도는 두 번 행하지 마시오. 반중앙파의 주장 중에도 경청할 가치있는 것이 있소. 다 잘 들어서 소화하고 당내 당외에 반영시켜야 될 줄 아오. 그러나 당을 주식회사나 연합정부로 만드는 위험에는 빠지지 말도록 하여야 되오. 당은 당이오. 에드로를 강화하면서 널리 포용해야 되오.

그리고 이 항목 하에서 말하기 좀 곤란하나 김일성, 무정 두 동무의 영웅주의에 대해서 최대의 경계를 해야 할 것은 물론이오. 그 그룹의 확대기도를 완전히 봉쇄하지 않으

---

16 앞과 같음.

면 그 정비례로 당의 약체화를 초래할 것은 각오해야 되오.

조봉암은 박헌영을 비판하면서 자신에 대한 비판도 서슴지 않았다. 자신에 대해 당내 '반조'파들이 제기해온, 즉 모풀돈 유용문제, 당원을 버리고 비당원과 결혼했다는 것, 출옥뒤 이권을 얻어 부자로 살았다는 문제들을 '해명'했다.

4. 나 자신의 비판

동무와 단야 동무가 상해에 와서도 나를 찾지 않은 일부터 시작해야 되겠는데 장황하니 단도직입적으로 골자만 씁시다. 홍남표 등 몇 '반조' 동무의 말대로 쓰겠소.

① 안병천 동무와 공모해서 모풀(혁명자 가족 구호기금)돈을 소비했다는 것 : 안 동무는 전연 관계가 없는 일이고 내가 원동부 위원으로 한구에서 개최된 태평양노동회의에 조선대표로 출석하라는 엠엘ML당의 지령을 받고 한구로 출발할 때 조선모풀에 보내는 돈을 맡았다가 여비와 생활비로 소비한 것이 사실이오. 엠엘당에 보내는 것보다 책임일꾼이 굶어죽지 않게 하는 것이 좋다고 생각한 까닭이오. 그러나 공금을 단체의 허락 없이 사용한 것은 죄로 아오.

② 당원을 버리고 비당원 여자와 결혼했다는 것 : 설명하기 싫고 죄로 아오. 그러나 여자도 좋은 당원이 되어 중

국 당내에서 중요한 역할을 했다는 것은 또한 사실이오.

③ 상해에서 강도를 했다는 것 : 내가 상해당부 책임자로 있을 때 당원 중에서 그런 놈이 있었고 주민에게 악영향을 주었다는 사실도 아오. 물론 책임자로서 죄는 내게 있소.

④ 출옥 후 이권 얻어서 부자로 살았다는 것 : 이권도 얻은 일 없고 부자로 살아본 일도 없소. 김점권 동무가 문제를 내세웠기 때문에 인천시 당부로부터 상세한 보고서가 갈 것이오.

⑤ 홍남표 등 몇 동무가 당내외에 유포하고 있는 '반조'의 죄목을 보면 상해에서 온 돈을 받고 당비를 받았다, 동지의 가족을 속여서 돈을 사기했다, 감옥 중에서 전향성명을 하고 상표를 타고 가출옥을 했다 등인데 전자는 강문석 동무에게, 후자는 김점권 동무에게 조사하시오.

변명인지 비판인지 모르게 되었소마는 이것밖에 없으니 동무의 혁명가적 양심에 비추어서 반계급적 반당적 반혁명적인 점을 지적해서 확실히 처단해주기를 바라오. 항간에서는 "조봉암이가 중앙에 나서지 않는 것은 당내에서 조가 당국촉탁當局囑託이라는 말이 있기 때문이다"라는 말까지 났소. 내가 반박하지도 않고 남의 죄과를 들추지도 않는 것은 오직 당을 위하는 것일 뿐이오. 내가 양심적으로 진실로 죄로 생각하는 것은 일하지 못한 것이오.

쥐꼬리만치도 일한 것 없이 큰일이나 한 것 같이 꾸미며 혁명가로서는 물론이고 인간적 양심으로도 도저히 할 수 없는 짓을 한 자들이 동지를 속이고 계급을 속이고 뻔뻔히 군중 면전에 나타나서 꺼떡대는 것은 참으로 용서할 수 없는 현상이며 우리 당을 파괴하는 결과가 될 것이오. 나 자신부터 소위 자기비판을 했다 해서 그 죄과들이 일시에 없어지는 것이 아닐 줄 아오. 벌은 벌대로 받아야 되오. 너무 장황해졌소. 바쁘실 텐데 죄송하오. 이상 몇 가지는 참고하시고 내 개인 문제는 시급히 처벌해주시오. 당내에서나 당외에서나 적당한 방법을 확실히 표시해주시오. 그래야 나도 마음 편히 일할 수 있고 당내 당외의 영향도 좋을 것입니다.

오늘은 이것만 쓰고 길이 동무의 건강 건투를 빌어 마지않소.

비공산정부를 세우자

　조봉암의 박헌영 공개 비판은 자신에게도 큰 타격이 되었다. 원본에 없는 내용이 상당히 추가되거나 윤색되기도 했지만, 당내 문제를 세상에 공개함으로써 당의 위신을 추락시켰다는 비난이 일고 운신에도 제약이 따랐다.

　그 편지가 공개된 과정이 조봉암의 자의가 아니었다 하더라도 탁치문제를 둘러싸고 정치세력 간의 대립이 격화되어 있던 시점에서 당내의 문제를 만천하에 드러내 당의 위신을 떨어뜨린 것은 사실이며, 이것은 조봉암의 책임이라고 볼 수 있다. 또한 편지의 일부분이 윤색되었다고 할지라도 나머지 부분, 특히 당의 운영과 통일전선에 대한 문제만큼은 그의 본심 그대로였다.[17]

---

17 박태균, 앞의 책, 120쪽.

조봉암은 공산주의자들과 결별하게 되면서 새로운 정치 노선과 활동을 모색했다. 그러기 위해서는 자신의 이념적 색깔을 분명히 해야 할 필요성이 있었다. 박헌영에게 보낸 공개서한으로 조공은 물론 정계에 큰 충격을 준 조봉암은 1946년 6월 22일 인천 도림동 공설운동장에서 개최된 미·소 공위촉진시민대회에서 '비공산정부를 세우자'는 성명서를 배포했다. 이 대회에는 여운형, 이강국, 김원봉, 성주식 등 거물급 인사들이 다수 참석했다. 이 성명으로 조봉암은 좌익에서 '전향'을 하게 된다.

성 명 서

내가 지금 생각하고 있는 정당의 윤곽은 아래와 같다.

1. 연합국의 승리에 의하여 그들의 호의로 해방의 기쁨을 얻은 우리 조선민족은 민주주의 원칙에 의하여 건실한 자유의 국가를 건설함에 있고 어느 일 계급이나 일 정당독재나 전제이어서는 안 된다.

2. 조선민족은 자기의 자유의사에 의하여 민족 전체가 요구하는 통일된 정부를 세울 것이고, 공산당이나 민주의원의 독립정부가 요구되어서는 안 된다.

3. 현재 조선민족은 공산당 되기를 원치 않는다. 따라서 조선공산당의 계획으로 된 인민공화국 인민위원회와

민주주의민족전선 등으로써 정권을 취하려는 정책은 단연 반대한다.

4. 우리 조선민족은 아메리카를 비롯하여 연합국에 대하여 진심으로 감사할 것이며 또 진심으로 협력하여서 건국에 전략할 것이다. 지금 공산당과 같이 소련에만 의존하고 미국의 이상을 반대하는 태도는 옳지 않다.

5. 조선의 건국은 민족 전체의 자유생활이 보장되어 임할 것이다. 따라서 노동계급의 독재나 자본계급의 전제를 반대한다.[18]

조봉암의 또 한 차례 돌발적인 '성명'은 정가에 큰 파문을 일으켰다. 노동계급의 독재나 자본계급의 독재를 반대하는 한편, 조공·인공·인민위원회·민전 등 좌익세력의 정책과 활동을 반대하는 내용이어서 좌익세력이 받은 충격은 대단했다. 조봉암의 이 성명은 명실상부한 '전향성명'이었다. 더욱이 여운형, 이강국 등 사회주의 진영의 거물들이 연사로 나선 강연회 행사장에서 나온 성명이어서 그 의미와 파장은 더욱 컸다.

그뿐 아니라, 조봉암은 미CIC에 구금되었다가 풀려난 다음날 전격적으로 성명을 발표하여 미군정의 공작설까지 나돌

━━ 18 《동아일보》, 1946년 6월 26일.

았다. 조봉암은 1946년 6월 12일 미군정법령 제72호 8조 위반 혐의로 CIC에 검거되었다가 90일 만인 6월 22일 법령 제72호 가 시행 보류됨으로써 석방되고, 다음날 '전향성명'을 발표하여 미군정의 '공작설'이 나오게 됐다.

조봉암의 전향과 미군정 공작설의 배경은 무엇일까. 조봉암과 함께 진보당을 했고, 그후 조봉암과 진보당 연구에 생애를 바친 정태영의 견해를 들어보자.

내가 분석한 바로는 국제공산당과 제일 긴밀한 관계를 마지막까지 유지하고 있던 사람이 죽산입니다. 그래서 코민테른 노선에 대해서 그것이 민족 노선과의 관계에서 볼 때 좋으냐 나쁘냐에 대해서 누구보다도 정확하게 판단할 수 있는 위치에 있었던 사람이라고 봅니다. 그때 벌써 코민테른 노선이라는 것이 민족 노선과 여러 차례에 걸쳐서 자꾸 갈등을 일으킨다고요. 레닌시대는 프롤레타리아 국제주의시대로서 각국 공산당의 관계가 수평적인 관계였지만 스탈린시대에 오면 명령을 하고 명령을 받는 수직적인 관계로 바뀌어요. 그 과정에서 죽산이 여러 가지를 느낀 것 같아요……

그렇게 해서 민족운동과 코민테른 노선의 갈등관계를 깊이 생각하게 되고, 레닌시대의 동지인 트로츠키, 지노비에프, 부하린, 카메네프 등을 스탈린이 무자비하게 숙청한 사건 등도 죽산에게는 충격이었을 거예요. 그러니까 옥중에 있던 1930년 무렵에 죽산은 민족주의 노선으로 전환하였다고 봐야 돼요. 이미 그때 코민테른 노선, 볼셰비키 노선과는 선을 그었다고 봐야겠지요. 그것이 입증되는 것이 해방되고 난 후 그의 행적입니다. 이 정도의 이론적 지도자였고 조직 지도자였던 사람이 왜 해방되자마자 중앙무대에 나와서 뛰지 않았겠어요? 공산당 재건에 맨 앞장을 서야 할 사람이 왜 안 그랬겠어요?[19]

다음은 미군정의 '공작설'에 대해 알아본다. 조봉암 연구에 탁월한 성과물을 남긴 박태균의 견해다.

좌우합작위원회를 강화하기 위하여 미군정은 이승만에 대한 전폭적인 지원을 단절하고 사회주의 세력에 대한 탄압과 내부분열 조장을 통해 좌우익 세력을 약화시키는 정책을 시행하였다. 조봉암에 대한 공작 역시 이 시기 좌익세력의 분열과 약화를 위해 이루어진 것이다. 게다가 전향한 조봉암이 좌우합작위원회에 참여한다면 미군정으로서는 좌익을 약화시키고 좌우합작위원회를 강화할 수 있는 일거양득의 효과를 얻을 수 있었다.

19 정태영, 〈조봉암 사형, 미국은 왜 침묵을 지켰나〉, 《역사비평》, 1990년 겨울호, 419쪽.

개인적으로 조공의 간부들과 관계가 악화되어 있던 조봉암은 CIC의 표적이 되기에 매우 적당한 인물이었다. 조공에서 이탈할 수밖에 없었고, 그렇다고 우익 정치 세력에 참여할 수도 없던 조봉암에 대해 CIC가 공작을 진행했다고 추측하는 것은 어렵지 않은 일이다.[20]

조봉암은 '공개서한'으로 조공을 떠났다. '떠났다'라는 표현을 쓴 것은 증언자와 기록이 엇갈리기 때문이다. 정태영은 "박헌영으로부터 3년의 정권처분을 받게 되었다는 겁니다. 처음부터 출당시킨 것은 아니었다고 그래요. 죽산이 스스로 탈당했던 것이지요"[21]라고 증언한다. 한편 《미군정정보보고서》는 "그것을 계기로(공개서한-저자) 박헌영은 조봉암을 출당 처분했다"[22]라고 기록했다.

자진탈당이든 출당이든, 조봉암은 1946년 6월 조공과 메별하고 노동계급의 독재와 자본계급의 전제를 똑같이 반대하는 '제3의 길', 민주사회주의자로 나섰다. 그 길 역시 생소하고 험난하기는 마찬가지였다.

20 박태균, 앞의 책, 128쪽.
21 정태영, 앞의 책, 420쪽.
22 《미군정정보보고서》, 1946년 9월 11일.

제 **8** 장

본격적인 정치활동

나는 해방되던 이듬해, 즉 1946년 7월
민전의장을 비롯한 공산당관계의 좌익단체에서
이탈하고 말았습니다.
나는 박헌영에게 편지로 모든 잘못을 지적하고
공산당에서 탈퇴할 것을 명확히 했었고
박헌영 일파는 나를 제명처분한 것입니다.

– 조봉암, 〈나의 정치백서〉에서

일체의 계급독재·자본독재 부정

조봉암의 생애는 '사상적 전이과정'을 중심으로, 제1기-
민족해방투쟁기의 민족운동의 하나로 택했던 공산주의운동
시대, 제2기-해방 3년기, 제3기-본격적인 정치참여기, 이렇
게 세 부분으로 나눌 수 있다. 비교적 제2기는 평탄한 시기였
을 것 같지만, 1기나 3기처럼 시련기이기는 마찬가지였다.

조봉암은 공산주의 노선을 신봉하면서 조국해방전선에서
일제와 치열하게 싸웠다. 미국이나 유럽의 선진자본주의 국
가보다 러시아와 중국공산주의 세력에 더 기대하고 그들과
함께 힘을 모아 반일·반제투쟁을 벌였다. 그러나 차츰 회의
가 들기 시작했다. 러시아 권력자들과 조선공산주의자들의
행태, 이데올로기의 변형·변태에 실망하면서 그는 고민 끝
에 결단하기에 이르렀다. 그러나 그의 전향은, 우파로부터는
의심의 눈초리를, 좌파로부터는 배신자라는 낙인을 사는 결
과를 낳았다. 일제강점기 신의주 형무소에서 출감할 때의 일

까지 의혹을 불러일으켰다.

조봉암의 전향과 관련해 현대사연구가 서중석은 조봉암이 신의주 형무소에서 제2차 조공검거사건으로 피체되어 복역 중인 이승엽(인천노동총동맹 집행위원, 화요회원)에게 전향서를 쓸 것을 권고한 사실을 들어, 그 자신도 전향서를 썼을 가능성을 내다봤다(이승엽은 그 때문인지는 몰라도 1940년 또 검거되었다가 사상전향을 선언하고 석방됐다).

여운형과 조봉암은 이념과 현실을 적절히 결합시키고, 그 점에서 한국에서는 참으로 보기 드문 진보적 민족주의자였다. 현실 중시는 여운형보다 조봉암이 훨씬 강했지만, 둘 다 인민중시의 정치이념에 위배되는 활동은 하지 않았다. 이 점에서도 여운형과 조봉암은 드문 존재였다. 조봉암은 1932년 체포되어 1939년에 출옥하였을 때, 그 당시 대부분의 '사상범'처럼 전향서를 썼을 가능성이 있지만, '휴식'을 했을지언정 변질되었다고 할 만한 자료는 아직까지 나오지 않았다. 그는 감옥생활을 성실히 보냈는데, '전향서' 쓰는 것을 아마도 요식행위로 판단하였을 것이다.[1]

이 같은 분석에도 불구하고 조봉암이 일제에 전향서를 썼

1 서중석, 《조봉암과 1950년대(상)》, 역사비평사, 1999, 32쪽.

다는 자료는 어디에서도 찾지 못했다. 일제의 혹독한 고문과 긴 옥고를 치르면서 당했던 유혹과 협박에도 전향을 거부했던 그가 해방정국에서 전향을 결심한 것이다. 그의 전향과 관련하여 미군정에서 어떤 작용을 했는지는 알기 어렵다. 하지만 구속 상태의 일제강점기에도 전향서를 쓰지 않았던 그가 자유로워진 해방정국에서 미군정의 작용이나 위하에 의해 전향했다고 보기는 쉽지 않다. 전향을 했다면 자발적인 행위로 보는 것이 타당할 것 같다.

나는 해방되던 이듬해, 즉 1946년 7월에 민전의장을 비롯한 모든 공산당 관계의 좌익단체에서 이탈하고 말았습니다. 나는 박헌영에게 편지로 모든 잘못을 지적하고 공산당에서 탈퇴할 것을 명확히 했었고 박헌영 일파는 나를 제명처분한 것입니다. 그뒤 즉시 나는 '삼천만 동포에게 격함'이라는 작은 책자를 내어서 공산당과 극우파들의 반민족적인 정치행동을 규탄하고 민족자주의정신을 고취하고 민족자주적 입장에서 독립운동이 계속되어야 할 것을 강경히 주장한 바 있습니다. 그래서 나는 1947년에는 서울에서 김찬, 이극로, 김성숙, 이우세, 이경원, 배성룡 등 여러 분과 같이 소위 중앙노선이라 해서 민족주의독립전선이란 단체를 만들고 극좌·극우 배척운동을 했던 것입니다.[2]

조봉암의 당면 정치적 목표는 극좌·극우노선을 배척하는 단체를 만드는 일이었다. 그래서 조직한 것이 '민주주의독립전선'(독립전선)이다. 이를 모태로 정당을 만들려는 계획이었다.

조봉암은 1946년 9월 1일 신당을 조직하고자 집회를 열었다. 5퍼센트밖에 지지층을 가지지 못한 공산당이나 극우세력이 정권을 독점하고자 하는 것은 잘못이며, 자신은 나머지 95퍼센트의 중간층을 중핵으로 한 정당을 조직하고자 한다고 말했다. 이러한 인식은 군정을 거쳐 단독정부가 수립될 때까지 조봉암이 지닌 신념과 같은 것이었다.[3]

조봉암은 공산당이나 극우세력이 5퍼센트밖에 되지 않는다고 보고 95퍼센트의 중간층을 포용하는 대중 정당을 만들고자 하였다. 1946년 8월 초 한 신문과 인터뷰에서 "내가 주장하는 대로 전국의 동지와 협력하여 민족통일과 자주독립을 위한 대중운동을 일으켜야겠다고 생각하고 있지마는 아직 구체안은 없고 좀더 널리 대중의 의견을 들은 뒤에 시작할 작정이다"[4]라고 말했다.

이때 조봉암이 만들고자 했던 정당은 일체의 계급독재를

2 조봉암, 〈나의 정치백서〉, 《신태양》, 1957년 5월호(별책), 여기서는 정태영, 《조봉암과 진보당》, 한길사, 1991, 390~391쪽.
3 《미군정정보보고서》, 1946년 9월 11일.
4 《동아일보》, 1946년 8월 2일.

부인하는 대중 정당이었다. 《미군정정보보고서》는 "공산당 비주류의 협조를 얻어 새로운 한국공산당을 만들려는 것이었다"고 분석했다. 조봉암은 신문 인터뷰에서 "한 나라에 공산당이 여럿 있을 수는 없겠지만 경성콤그룹 외에도 전국에 많은 공산주의자의 그룹들이 있으니까 그 각개의 그룹이 통일되어 당내 민주주의의 중앙집권적 조직이 완성되고 당내 당외에 옳은 정책이 세워져야 비로소 옳은 공산당이 될 줄 믿는다"[5]고 언급했다.

이와 같은 언급에서 조봉암은 완전히 공산당과 결별한 것이 아니라는 오해와 음해를 받게 되었다. 조봉암의 언급은 자신이 몸담았던 정당이 박헌영 중심의 사당화가 아닌 각개 그룹의 참여와 당내외의 좋은 정책을 취하라는, 충고성의 일반론으로 보인다.

조봉암 연구가 정태영은 《미군정정보보고서》가 조봉암을 전 공산주의자, 공산주의 성향, 티토주의적 공산주의자, 친소주의자 등으로 부른 것은 이데올로기 개념의 혼돈에서 온 편견이라면서 다음과 같이 그 부당성을 지적한다.

① 볼세비키 공산주의에서 노동계급에 의한 폭력혁명 부인
② 계급독재 부인

▬▬▬ 5 앞과 같음.

③ 생산수단의 전면적인 국공유화 부인-계획성 있는 경
  제체제 옹호

④ 프롤레타리아 국제주의-세계혁명 노선 거부-이데올
  로기 공존을 옹호하는 노선으로 선회하면 그것은 이미
  공산주의도 볼셰비즘도 될 수도 없고, 오직 사회민주주
  의 내지 민주사회주의일 수밖에 없다.[6]

6 정태영 외,《죽산 조봉암 전집 2》, 죽산조봉암선생기념사업회, 1999, 92쪽.

● 좌우합작운동에 참여

　　조봉암은 마침 제기되고 있는 좌우합작운동에 힘을 보태기로 했다. 신탁통치문제로 좌우익의 대립이 격화되고 있었기 때문이다. 당시 주요 정파들의 시국인식을 보면, 이승만 계열은 신탁통치반대·남한단독정부 수립, 김구 계열은 신탁통치반대·남북통일정부 수립, 좌익계열은 신탁통치찬성·남북통일정부 수립, 중도세력은 신탁통치문제 일단보류·우선 통일된 임시정부 수립을 각각 주장하였다.

　　이승만의 6월 3일 정읍발언으로 남한만의 단독정부 수립 문제가 수면 위로 부상하면서 7월 25일 우익과 중도대표 김규식, 원세훈, 안재홍, 최동오, 김붕준과 좌익대표 여운형, 성주식, 정노식, 이강국 등이 모여 좌우합작위원회를 결성하고 김규식을 주석으로 선출했다. 하지만 식탁통치·토지개혁·친일파 처리 문제를 놓고 양측의 의견차가 좁혀지지 않자 좌우합작위원회는 양측의 의견을 절충하여 '좌우합작7원칙'을 발표했다. 그러나 한민당이 토지무상분배에 반대하면서 운동 자체를 외면하고, 좌익 측은 애매한 중간노선임을 들어 반대하고 나섰다. 이로써 좌우합작운동은 점차 정체상태에 빠져들었고, 미군정의 정책이 좌우합작 지지에서 단독정부 수립으로 선회하면서 좌우합작운동은 실패로 치닫게 되었다.

조봉암은 좌우합작운동에 참여했지만, 이 운동이 우익의 김규식과 좌익의 여운형에 의해 주도되면서 참여의 폭이 넓지 않았다. 더욱이 그 무렵 조봉암은 미군정 사령관 하지 중장과의 면담 사실이 언론에 보도되면서 좌우 양측으로부터 기피되고 있었다. 이런 상황에서도 그는 좌우합작을 위한 노력을 아끼지 않았다.

죽산은 "극좌와 극우는 실질적으로는 5퍼센트밖에 안 된다. 그런데 민족이 분열되는 것은 5퍼센트밖에 안 되는 극좌·극우 때문이니까 이것을 누를 수 있는 압도적인 중간층 95퍼센트를 묶을 수 있는 정당을 하나 만들어보려고 한다"고 말했어요. 그러니까 하지는 "굳이 당신 혼자 할 필요가 있겠느냐. 여운형, 김규식이 좌우합작운동을 벌이려고 하니 여기에 합류해서 조속히 미소공동위원회를 개최하도록 압력을 가하라"는 식으로 얘기를 했어요. 그래서 좌우합작운동에 합류하게 되고, 그때부터 김규식과 일을 하게 됩니다. 그 좌우합작운동이 나중에 시국대책위원회

로 발전하고, 이후에 민족자주연맹으로까지 발전하는 과
정에서 죽산이 막후 실력자로서의 역할을 하게 되지요.[7]

공산당과 결별한 조봉암은 미군정과 손을 잡았다. 미국 측
에서 먼저 손을 내밀었다고 보는 것이 정확할 것 같다.

조봉암은 1946년 6월 '사신'사건으로 공산당과 메별
후 미 점령군 사령관 하지 중장과 면담했다. 본《미군정정
보보고서》에는 하지의 요청에 의해 면담했던 것으로 나타
나 있다."[8]

조봉암은 이해 10월 30일 하지 중장을 방문하여 소신을
밝혔다. 하지의 요청으로 이루어진 면담이었다. 조봉암은 면
담 뒤 31일자로 서명된 문건을 남겼다. 이 무렵 그의 시국인
식을 살필 수 있는 문건이다. 조봉암은 이후에도 몇 차례 더
하지와 만났다. 하지와 만나게 되면서 그의 입지는 오히려 좁
아지게 되었다. 좌익 계열은 물론 김구, 김규식 등 민족주의
진영에서도 그를 경계했다. 조봉암이 하지와 만나 요담하면
서 남긴 미군정보문건의 내용은 다음과 같다.

---

7 정태영, 〈조봉암 사형, 미국은 왜 침묵을 지켰나〉, 《역사비평》, 1990년 겨울
   호, 420~421쪽.
8 《미군정정보보고서》, 1946년 11월 7일.

1. 남한에서의 폭동은 기본적으로 좌익의 온건파와 과격파 간 알력의 소산이다. 식량부족, 열악한 노동조건, 친일파에 대한 비난 등은 선전상의 주요 대상이지만 사실 그것들은 사소한 문제에 불과하다.

2. 조봉암 씨는 극좌와 극우 간의 연합(합작)이란 있을 수 없다는 견해를 견지하고 있으며, 남한에서의 폭동이 박헌영의 소련공산당 본부에 의한 사주로 일어난 것이라고 말하고 있다.

3. 군정에 대한 반대는 미국에 대한 것이 아니라 인민을 착취하고 있는 한국 기회주의 분자들에 대한 것이라고 그는 말하고 있다.

4. 경찰에 대한 반대는 경찰이 40년 동안 일제통치하에서 보여준 가혹한 수법을 동원해서 부과된 임무를 수행하고 있는 데 대한 것이다. 비록 극소수이기는 하지만 일제의 주구들이 경찰에 남아 있어서 공산당이 경찰에 대한 증오를 불러일으키는 데 좋은 구실을 주고 있다.

5. 조봉암 씨는 사소한 일에 경찰이 학생을 동원해서 인민을 적으로 돌리게 하는 방식으로 일을 처리하게 하는 처사는 앞으로 큰 문제가 될 가능성이 있다고 말하고, 우익청년들이 경우에 따라 경찰에 정보를 제공하거나 폭력을 빌려주는 일이 있고, 임의로 가택을 수색하거나 좌익인사에게 위해를 가하는 일이 있다고 강조했다.

6. 조봉암 씨는 가급적 빨리 박헌영을 공산당의 지도적 위치에서 추방하기 위해 온건한 좌우익 인사들의 합작운동을 추진하기 위한 박의 반대파를 조직화할 계획을 세우고 있다. 대담 중에 조봉암 씨는 별도의 합작운동을 벌이기보다는 차라리 현존하는 '좌우합작위원회'에 협력하기로 동의했다. 조봉암 씨는 좌우익을 막론하고 현재의 '좌우합작위원회 위원들'은 영도력이나 능력이 없는 기회주의 분자들이라고 말하고 있다.

7. 조봉암 씨는 자기가 이끌고 있는 그룹의 활동비로 350만 원의 자금을 요청하고 있는데 그는 한국에 크나큰 해악을 끼치고 있는 극좌분자들과 싸우기 위해 《좌익신문》을 발간하고자 한다고 말하고 있다.

8. 조봉암 씨는 그가 이끄는 그룹이 '입법의원'에 초청될 경우, 그에 참가할 것인가의 여부를 아직 결정짓지 못하고 있다고 말했다. 그는 한국인민들은 '입법의원'을 실권 없는 군정의 부속기관에 불과한 것으로 보고 있다고 말하고, 포고령 제2조의 내용이 반대파로 하여금 '입법의원'이 일개 자문기관적 성격을 띠고 있는데 불과한 것으로 믿게끔 왜곡시킬 수 있게 하고 있다고 말했으며 '입법의원'의 임무를 규정하고 있는 것은 분명하지만, 한국인들의 눈에는 제5조의 내용이 그를 무력하게 하고 있다고 주장했다.

9. 떠나는 자리에서 조봉암 씨는 자기의 그룹이 극좌를

배제하고, 그들을 국제공산당에서 이탈하도록 재교육하고자 하는 미국의 노력에 전폭적인 지지를 보내도록 영향력을 행사할 것을 약속했다. 조봉암 씨는 문제 많은 좌익 분자들이 박헌영의 지시에 맹종하고 코민테른 노선을 따르고 있는 데 어려움이 있다고 말했다. 그는 이들이 비판적인 시각을 갖고 온건 노선으로 선회하도록 가르쳐주고 싶다고 말했다.[9]

조봉암이 하지와 만난 시점은 9월 7일이다. 미군정의 박헌영 체포령이 내려지고, 10월 1일 대구·경북지역의 인민항쟁(대구폭동)이 일어나는 등 정세가 소연할 때다.

이해 남한에서는 3월 20일 제1차 미소공동위원회가 개최되고 5월 25일 미군정의 주선으로 김규식, 여운형 등이 좌우합작을 위해 접촉하기 시작했다. 6월 3일 이승만은 정읍에서 남한만의 단독정부 수립을 주장하고 7월 27일 김규식, 여운형, 안재홍 등이 좌우합작위원회를 구성했다. 9월 7일 박헌영 등 공산주의자들에 대한 미군정 당국의 체포령이 내려지고, 9월 24일 '9월 총파업'이 단행되어 25만 명이 참가, 1200여 명이 검거됐다. 10월 1일 대구항쟁, 10월 7일 좌우합작위원회는 '합작 7원칙'에 합의하는 등 격동하고 있었다.

---

9 앞과 같음.

민주주의독립전선 창립 주도

한편 북한에서는 2월 8일 북조선인민위원회 발족(위원장 김일성, 부위원장 김두봉), 2월 16일 김두봉 등 연안파 조선독립동맹을 조선신민당으로 개편, 3월 5일 북조선 임시인민위원회 토지개혁법 발표(무상몰수, 무상분배원칙), 3월 23일 북조선 임시인민위원회 20개 정강 발표, 북한헌법의 기초, 8월 10일 주요 산업 국유화 법령 발표, 8월 28일 북조선노동당 창립대회 개최(북조선신민당과 북조선공산당의 합당) 등 움직임이 활발했다.

이와 같이 남북에서는 각기 분단체제로 향하는 움직임이 가시화되고 있었다. 조봉암으로서는 더 이상 지켜보고만 있을 수 없는 상황이었다.

조봉암은 1946년 말과 이듬해 초에 민주주의독립전선에 참여하여 주도적인 역할을 하였다. 독립전선은 민족주의 좌우파 연합전선의 성격을 갖고 있어서 민족주의 계열의 군소

정당과 단체, 개인들이 참여했다. 청우당, 신진당, 근로대중당, 사회대중당, 해방동맹, 독립운동자동맹, 조선민중해방동맹, 좌우합작촉성회, 조선어학회, 해운협회 등 29개 단체가 참여하였다. 또 신민중동맹, 조선청년당, 재미한국연합회, 3.1건국동지회, 천도교, 진단학회, 유도회, 불교중앙정무원 등 29개 단체가 지원하고 있었다.

조봉암은 상무위원으로서 김찬, 이극로, 배성룡과 함께 이 단체를 주도했다. 그러나 독립전선은 이데올로기나 강령·정책으로 결합된 조직이 아니었으므로 결속력이 취약했다. 또 잦은 이합집산이 이루어졌다.

민주주의독립전선(민독)을 이끈 조봉암과 이극로, 이동산 3인은 1947년 4월 11일 하지 중장과 회담을 가졌다. 이 자리에서 하지는 민주주의독립전선에 많은 기대를 가진다고 말하고 앞으로 서로 연락하여 협력해나갈 것을 요청했다고 한다. '민독'이 좌우 양극단을 피하고 정치적 통합을 추진하려 했음을 알 수 있다.

'민독'은 1947년 5월을 전후하여 계속된 미소 공동위원회의 활동기에 많은 역할을 했다. 따라서 '민독'은 1947년 4월 29일 미소공동위원회 각파 연합대회를 주최하여 남한의 정당사회단체들이 미소공동위원회에 참여하고 이 위원회가 성공하도록 도와야 한다는 결의를 채택했다. 당시 우파진영은 신탁통치 반대투쟁에 몰두해 있었다. 소련은 이를 구실로 하여 신탁통치를 반대하는 정당은 미소공동위원회에서 배제하도록 했다. 이럴 때에 '민독'은 미군정의 좋은 협력단체가 될 수 있었다. 특히 소련의 우파배제라는 정략을 뛰어 넘어 우파진영의 연합 내지 전위역을 맡을 수 있는 위치에 있었다.[10]

이 무렵 제2차 미소공위 재개의 움직임이 일어났다. 조봉암은 여기에 대처하고자 독립전선이 주도하여 '미소공위대책 각정당사회단체협의회'(공위대책협의회)를 결성하고, 특별정치위원회 공동부의장에 선임됐다. 위원장은 김규식이었다. 공동대책협의회는 좌우합작위원회와 연대하면서 남북협상을 다시 추진하고자 했다. 그러나 여운형 계열에서 조봉암의 참여를 달가워하지 않았다. 조봉암이 민군정을 통해 전향했다는 이유에서였다.

조봉암은 독립운동을 할 때나 해방공간에서 정치활동을 할 때에 동지나 정적들로부터 적지 않은 견제와 저항에 부딪쳤다. 그것이 그의 성격이나 처신 또는 이념적 경향성 때문이었는지는 정확하지 않다. 하지만 중요한 길목마다 장애물을 만나고 이를 돌파해야만 했다.

■■■ **10** 이영석, 《죽산 조봉암》, 원음출판사, 1983, 176~177쪽.

해방공간에서 좌우 중간세력을 결집하기 위해 노력하던 여운형이 1947년 7월 19일 우익청년에 의해 암살되면서 중간파의 통합운동은 큰 타격을 받았다. 이런 마당에 제2차 미소공위마저 결렬되면서 이승만 세력의 남한단정론이 대두됐다. 민족주의 진영은 이에 맞서 12월 민족자주연맹을 결성하여 단독정부 수립을 막고자 했다. 그러나 조봉암은 김규식의 '좌익배제' 원칙에 따라 여기에 참여하지 못했다.

민족자주연맹은 좌우합작위원회, 시국대책협의회, 독립전선, 미소공위대책협의회 등 4개 연합단체와 14개 정당, 25개 사회단체 및 개인으로 구성되었지만 김규식의 좌익배제의 원칙에 의해 조봉암·김찬 계열은 배제됐다. 김규식은 상해와 만주에서 공산주의자로 명성을 떨쳤던 조봉암과 김찬 등에 대해 공산주의자라는 인상을 강하게 가지고 있었던 것 같다. 민족자주연맹에서 주장하는 '무산계급사회도 반대, 독점자본주의사회도 반대'의 노선은 조봉암이 전향 이후 계속 견지한 정치 노선이었지만, 일제시대 이후 공산주의자로서의 명성, 그리고 전향과정에서 표출된 여러 가지 무리수는 그가 민족주의 계열의 통합운동에 참여할 수 없게 하는 걸림돌이 된 것이다.[11]

━━━ 11 박태균, 《조봉암 연구》, 창작과 비평사, 1995, 141~142쪽.

조봉암에게는 충격이고 가슴 아픈 일이 아닐 수 없었다. 자신은 독립운동의 방법으로 공산주의 노선을 선택하고, 해방 뒤 콤뮤니즘의 모순과 박헌영 일파의 극좌 노선을 배격하면서 공개적인 전향을 했음에도 '과거행적'을 이유로 중간파에서까지 배제당한 것이다.

민족자주연맹이 주장하는 '무산계급사회도 반대·독점자본주의 사회도 반대'라는 슬로건은 바로 조봉암 자신이 주창해온 '제3의 길'이었다. 그러나 이 노선마저도 허여되지 않았다. 아무래도 '전향' 과정의 투명하지 못한 방법이 불러온 '업보'라 해야 할 것이다. 한국인들의 심층에는 변절이나 전향 등 지조를 바꾸는 사람은 도덕적으로 순정하게 평가하지 않는 성향이 자리한다.

분단정부에 참여, 제헌의원 당선

　　조봉암은 이승만의 분단정권 수립에 참여하게 된다. 좌우
합작운동을 주도해온 여운형은 암살당하고, 남북협상론을 전
개해온 김구·김규식의 노선은 점차 단독정부 수립이라는 현
실론에 포위되어 가고 있었다. 조봉암은 주위로부터 배신자,
기회주의자라는 비난을 받으면서 단독정부 수립 쪽에 깊숙이
발을 들여놓았다. 자신만이 아니고 김규식 등 남북협상파 인
사들을 만나 남한 단선에 함께 참여할 것을 권유했지만 대부
분이 거절했다. 조봉암으로서는 '고독한 선택'이었다고 하겠
다.

　　제2차 미소공위가 좌절되면서 한국문제는 유엔으로 이관
되고, 유엔총회는 1947년 11월 14일 선거가 가능한 북위 38도
선 이남지역의 총선거를 결정했다. 남한만의 단선 결정이 알
려지면서 한민당, 민족청년단, 대동청년단 등은 적극 지지했
으나 이를 반대하는 운동이 전국 각지에서 일어났으며 남북

협상을 추진했던 김구·김규식 세력과 좌익·중도세력은 선거를 보이콧하였다. 당시 미군정청에 등록돼 있던 남한의 정당, 사회단체 425개 가운데 선거에 참여한 것은 43개뿐이었다.

1948년 5월 10일 최초로 실시된 국회의원 총선거는 유엔한국임시위원단의 감시 하에 북위 38도선 이남지역에서만 실시됐다. 미군정은 특별계엄령을 선포하여 선거반대자들을 탄압했다. 제주도에서는 4월 3일 남한만의 단독정부 수립에 반대하면서 무장봉기가 일어나기도 했다.

조봉암은 인천을구에서 무소속으로 출마하여 많은 표 차이로 당선됐다. 선거전에서 조봉암은 좌우 양 진영의 협공을 받았다. 다음은 조봉암이 농림부장관을 지낼 때 비서를 지낸 강원명(중국 국부군 상위, 군경독찰관으로 항일전 참가, 당시 민족청년단 인천지부 부단장)의 증언이다.

> 우익진영은 그를 공산당이라 하고, 좌익은 특히 공산당에서는 '이승만 앞잡이, 반동분자'라고 공격했다. 벽보조차 제대로 붙이지 못하고 모조리 찢겼다. 그러나 그를 따르던 지난날의 동지들과 빈민들 그리고 민족청년단 인천지부의 많은 단원들의 희생적인 선거운동에 힘입어 압도적 다수표로 당선되었다.[12]

---

[12] 정태영, 《조봉암과 진보당》, 한길사, 1991, 161쪽, 재인용.

조봉암이 총선에 참여하기로 한 이유를 직접 들어보자.

그러는 중에 대한민국을 수립하기 위한 총선거가 시작 됐습니다. 지금까지도 의견을 달리할 사람이 있을 것입니 다만 미군정 3년을 지내고 우선 남한만이라도 우리 민족 이 정권을 이양받고 통일을 도모한다는 것은 정치적으로 지극히 단순하고 당연한 일입니다. 그러나 그때 공산당에 서는 물론이고 일부 우익 진영에서도 단독정부니 반쪽선 거니 해서 그 총선거를 반대했습니다.

나는 공산당이 반대하는 것은 소련의 지시를 받은 미 국세력 반대운동으로 간주했기 때문에 문제 삼지도 않았 지만 김규식 등 여러 선배에게는 총선거에 참가함이 옳다 는 것을 많이 주장하고 노력도 해보았습니다. 그러나 전연 통하지 않았고 그들은 끝끝내 반대태도를 견지했습니다. 그래서 나는 할 수 없이 단독으로 총선거에 응해서 인천을 구에 입후보해서 당선됐습니다. 국회의원이 되어 먼저 한 민당의 종파적 권력장악운동을 규탄하는 태도로서 언론 전을 전개했고 헌법제정위원이 되었습니다.[13]

5.10총선거는 총 입후보자 948명 중 약 4.7대 1의 경쟁을

■■■■ 13 　조봉암, 〈내가 걸어온 길〉, 《희망》, 1957년 2·3·5월호, 여기서는 정태영, 《조봉암과 진보당》, 한길사, 1991, 351쪽.

뚫고 198명의 국회의원이 당선됐다. 제주 2곳에서는 4.3민중항쟁으로 선거가 실시되지 못했다. 당선자의 소속은 대한독립촉성국민회 53명, 한국민주당 29명, 대동청년단 14명, 민족청년단 6명, 기타 단체 11명, 무소속 85명이었다. 조봉암이 출마한 인천을구에서는 5명이 입후보하였다.

김구·김규식 계열과 좌익세력이 참여하지 않음으로써 총선의 구도는 특정 정파보다 무소속 인사들이 대거 당선됐다. 조봉암은 반이승만·반한민당 노선의 무소속의원 52명을 규합하여 6.1구락부(6월 1일 결성하여 붙여진 이름)를 조직하고, 6월 10일에는 윤석구 의원이 이끄는 20명의 민우民友구락부 소속의원들과 통합하여 무소속구락부를 결성하였다.

무소속구락부는 다음과 같은 행동강령을 제정했다. 내용으로 보아 조봉암의 작용이 많았던 것 같다.

1. 우리는 조국의 남북통일 완전자주독립을 전취할 것을 최대의 임무로 한다.
2. 우리는 민주주의 민족자결의 국가를 건설하고 정치·경제·문화·인권의 균등사회를 구현할 것을 최대의 목적으로 한다.
3, 우리는 우리의 임무를 수행하고 목적을 관철함에 있어서 정의에 입각한 광명정대 화합을 근거로 한 모든 정치투쟁은 평화적 정치수단으로 이를 추진코자 한다.

4, 우리는 어느 기성정당이나 파벌에 가담치 않고 독왕
매진, 초연한 지조를 변치 않고 견지하여 국민의 신임을
저버리지 않기로 한다.

무소속구락부는 정치단체들이 그렇듯이 얼마 뒤 일부 의
원들이 여당으로 옮기거나 몇 개의 소그룹으로 분화됐고, 결
국 조봉암이 입각하면서 해체됐다.

● 헌법기초위원으로 활동

제헌국회는 1948년 5월 31일 개원됐다. 의장에 이승만, 부의장에 신익희와 김동원이 선출됐다. 조봉암은 헌법기초위원회(위원장 서상일) 위원으로 선임되어 헌법제정에 참여했다. 김준연, 이훈구, 허정, 이윤영, 이청천 등 30여 명과 함께였다. 조봉암은 헌법제정 과정에서 국민생활의 기본적 수요, 균형 있는 국민경제의 발전, 토지개혁 등 경제조항을 포함시키고 통과되도록 하는 데 주도적 역할을 했다. 경제조항뿐만 아니라 인권조항에서 영장없이 체포되지 않을 권리 등을 포함시키는 데 결정적인 역할을 했다.

특히 이 당시 제헌의회에 진출한 죽산 조봉암 의원은 헌법기초위원회 멤버로 나와 같이 헌법기초작업에 참여하는 과정에서, 제2차대전 후 진보적인 각국 헌법의 추세를 도입하려는 나의 소신을 적극적으로 밀어주었다. 예를 들어 기본권, 특히 인권조항에서 영장없이 체포되지 않을 권리 등을 포함시키고자 했는데, 많은 의원들이 그건 형사소송법 사항이라고 반대했다. 이때 조봉암 의원이 다른 의원들을 설득시켜 통과시켰던 것이다.[14]

국회 헌법기초위원회는 유진오와 윤길중 등 10명의 전문위원이 기초한 내용을 토대로 헌법을 심의하였다. 그런데 내각책임제의 초안이 이승만의 압력으로 갑자기 대통령중심제로 뒤바뀌고 말았다(윤길중과는 이때의 인연으로 진보당을 함께했다). 조봉암은 국회에서 이 문제를 신랄하게 따졌다.

이 초안(대통령중심제-저자)이 만들려는 대통령은 전前 세기에서는 몰라도 지금의 전 세계에서는 예를 볼 수 없을 만치 제황 이상의 강대한 권한을 장악한 대통령입니다. 그 대통령은 조약체결권, 동비준권, 선전포고권, 국방군통수권, 국무위원 등 관공리 임명권, 사면 감형권, 계엄선포권과 국회에서 결의한 것을 재심 요구할 권리 등 굉장한 권력을 갖고 있는 것입니다. …… 인민이 선거한 대통령이라도 어느 한 사람에게 그러한 강대한 권력을 부여하면 독재가 될 폐단이 있을 것을 염려한 것인데 항차 국회에서 선

━━ 14 윤길중,《이 시대를 앓고 있는 사람들을 위하여》, 호암출판사, 1991, 84쪽.

출한 대통령에게 이 초안과 같은 무서운 권력을 준다는 것을 우리 인민의 대다수는 상상도 못할 일입니다.[15]

조봉암은 헌법기초위원회에서 국민의 인권 조항과 권력분립, 토지개혁, 경제조항 신설 등에 관해 크게 기여하는 한편 이승만이 추구하는 대통령 권한의 비대화에는 제동을 걸었다. 국회에서 무소속구락부 소속 의원들의 지원으로 조항 심의 과정에서 크게 반영할 수가 있었다. 이와 같은 활약으로 차츰 무소속 의원들의 리더로 부상하게 됐다.

조봉암은 국회에서 '북한동포에게 고함'이라는 메시지가 통과될 때에 일부 의원들이 미소공동위원회가 3000만 민족의 의사에 배치된 것이라고 주장하고 남북협상을 낮게 평가한 것을 강하게 비판했다. 또 메시지 내용 중 소련을 비난하는 대목은 국익에 아무런 도움이 되지 않는다고 목소리를 높였다.

"나는 친소파가 아닙니다. 그러나 동시에 반소파도 아닙니다. 나는 조선 문제를 해결하는 유일한 길은 미국과 소련 두 나라를 협조시키는 것이고, 조선민족이 미국과 소련을 적대시하게 하는 것으로써 독립이 달성되리라고 믿지 않습니다"[16]라고 소련을 필요 없이 자극하지 않도록 하는 수정안을 제기했다. 이 발언에 윤치영 의원이 발언취소를 요구하면서

15 〈국회속기록〉, 제1회 제21호, 331쪽.
16 국회 제1회 본회의 9차 회의록(1948년 6월 12일).

장내가 소란해졌다.

제헌국회가 열리면서 소장파 의원들은 친일반민족행위자 처벌, 주한외국군 완전철수, 지방자치제실시, 남북정치회의 개최 등을 내용으로 하는 '평화통일방안 7원칙'을 제안했다. 이들 관련 법안과 결의안은 통과되기도 하고 한민당 세력의 반대에 부딪히기도 했다.

당시 남북관계는 미국이 내전을 우려할 정도였다. 38선에서는 잦은 무력충돌이 발생했고, 이승만 대통령의 북진통일론은 긴장감을 불러왔다. 그러던 중 국회프락치사건이 발생했다. 이승만 정부는 반민특위특별법, 외국군철수 결의안 등을 주도한 김약수 의원을 비롯하여 15명의 의원을 남로당프락치라는 혐의로 구속했다.

이념적으로 동지관계이던 국회의원 15명이 남로당프락치라는 혐의로 검찰에 구속될 때 조봉암은 연루되지 않았다. 이승만 정부가 수립되면서 농림부장관으로 입각하였기 때문이기도 하지만, 그가 제헌국회에서 보인 정치적 입장은 미소와 유엔의 동의과정을 거쳐 통일국가를 수립하자는 신중한 편이었기 때문이다.

《미군정정보보고서》는 제헌국회 내의 세력을 크게 세 그룹으로 분석했다. 미소 양군 철수와 남북협상에 의한 남북통일 이전에 한국 정부를 수립하는 데 반대하는 제1그룹, 미국과 유엔 그리고 이해 당사국의 입장을 고려하면서 신중히 정부를 수립해야 한다는 제2그룹, 내전이 일어나건 말건 즉각 정부를 수립해야 한다는 제3그룹이었다. 제3그룹은 한민당 그룹, 조봉암과 무소속 그룹은 제2그룹에 속하는 것으로 분류했다.[17]

제헌국회는 초장부터 행정부와 날카로운 대립을 보였다. 제헌국회 당시부터 국회사무처에서 근무한 이호진의 증언이다.

반공색채가 강한 민족진영과 친일세력을 중심으로 정부요직을 구성한 이승만 정권은 반민족행위자의 처벌을 주장하는 국회와의 충돌이 불가피했다. 게다가 농지개혁법을 둘러싸고 지주계층에 정치적 기반을 두고 있던 한민당과 그밖의 원내세력 간에 이해가 상반되기도 했다. 이 무렵 원내에는 일부 한민당과 무소속 의원 중심의 소장세력이 대두, 대정부 비판의 목청을 높이고 있었다. 정부가 제정을 강력히 원했던 국가보안법의 일부 조항에 반대의사를 개진하는가 하면, 정부 내의 친일부역자를 숙청해야 한다는 주장을 내세웠다.

이런 분위기 속에서 이승만은 자신에 대한 정치적 비판을 용공적인 시각으로 보기 시작했고, 이에 동조하는 정부 내 친일관료들은 소장파의 동태를 예의주시하게 된다.[18]

---

17 《미군정정보보고서》, 일월서각, 1986, 194, 222, 235쪽.
18 이호진 외, 《이것이 국회다》, 삼성출판사, 1988, 70쪽.

국회프락치사건은 이런 배경에서 벌어졌다. 프락치사건 연루자 중 유일하게 남한에 머문 김영기 의원의 증언이다.

당시 소장파 의원들이 양군 철퇴안을 국회에 상정했는데 부결됐습니다. 부결되니까 이것을 다시 미대사관에 전달했단 말입니다. 그러니까 정부와 한민당에서는 안 되겠다 싶어, 정재한이라는 여자의 음부에서 비밀분서가 나왔다고 조작해서 관련 의원들을 체포한 것입니다. 나는 당시 양군철퇴안에 도장을 찍은 일밖에 없어요. 약 80여 명이 찍었는데, 유엔결의에서 정부수립 후 6개월 이후에 양군을 철퇴한다고 했으니 당연히 양군 철퇴주장안에다 도장을 찍었단 말예요. 그런데 어느 날 신문을 보니 김익로 의원하고 나에게 체포영장이 발부됐다고 나왔단 말예요.[19]

이런 과정을 거쳐 국회의 진보적 소장파 의원들이 속속 구속되고 이를 전후하여 경찰의 반민특위 사무소 습격, 백범 김구 암살로 이어지면서 외국군 철수와 남북협상문제는 정치현장에서 사라지게 되었다.

19 앞의 책, 88쪽.

● 초대 농림부장관에 발탁

　조봉암은 이승만 정부의 초대 농림부장관으로 전격 발탁
됐다. 누구도 예상하지 못한 일이었다. 조봉암은 무상몰수·
무상분배로 토지분배를 해결하겠다는 확약을 이승만으로부
터 받고서 입각을 승인했다.[20] 그러나 친일 지주계급 출신들
로 구성된 한국민주당(한민당)의 완강한 견제로 조봉암이 의
도했던 토지개혁방안은 크게 훼손되고, 1949년 2월 22일 농
림부장관을 사임하여 토지개혁을 주도하지 못했다.

　북한에서는 1946년 초 무상몰수·무상분배 원칙에 따른
전면적인 토지개혁이 이루어졌지만 남한에서는 미군정 하에
서 실현되지 못하고 1950년 3월에야 농지개혁법이 제정되고
6.25전쟁 직전에 실시됐다. 이승만은 당초 조봉암과 약속한
무상몰수·무상분배 원칙을 저버리고 유상몰수·유상분배 원

───────────────────

20　동아일보사 편저, 《비화 제1공화국》, 홍우출판사, 1975, 149~150쪽.

칙에 입각하여 사실상 농민보다는 지주들에게 유리한 방안의 토지개혁을 실시했다.

러치 군정장관은 1946년 3월 7일 일본인이 소유했던 토지를 농민들에게 불하하겠다고 발표했다. 하지만 미군정은 얼마 뒤 토지를 불하하는 대신 신한공사를 만들어 그곳에 위탁하겠다고 말을 바꿨다. 북한에서는 이미 토지개혁을 단행했음에도 미군정이 머뭇거리고 있었던 이유는 무엇일까.

미군정이 토지개혁을 할 수 없었던 원인은 식민지 지주 옹호의 현상유지정책과 지방인민위원회와 전농全農 등 지방에서 여전히 강세를 보이고 있는 좌익조직과의 대립 때문에 토지개혁을 수행할 수 있는 제반 여건 또는 능력이 부재한 데서 찾을 수 있을 것이다. 일본인 토지를 농민에게 불하하지 못하고 신한공사를 만든 것도 미군정의 재정적 능력을 반영한 것으로, 쌀소동에 대응해서 안전하게 쌀을 수집할 수 있는 방책을 강구하려 했기 때문이었을 것이다. 1946년 1월 하순 미군정은 '공출'이라는 말 대신 '수집'이라는 말로 바꿔 미곡수집령을 공포하였다. 그런데 이것은 농민들에게 일제말의 악명 높은 미곡공출제와 비슷한 의미로 받아들여졌고, 미군정에 대한 농민들의 불신과 원망이 컸기 때문에 쌀이 거의 '수집'되지 않았다. 이 때문에 3.1제로 소작료를 '안전하게 거둬' 비축할 수 있는 일본

인 토지를 농민하게 불하하지 못했을 것이다.[21]

이 같은 이유로 하여 미군정 3년 동안 토지개혁은 이루어지지 못했다. 일제와 악덕지주에 시달려온 농민들은 토지개혁을 기대했다. 그것도 무상몰수·무상분배의 원칙이 이루어지기를 바랐다. 미군정 하에서 발생한 제주 4.3항쟁과 대구 10.1항쟁 등 전국 각지의 집단항쟁 가운데 가장 큰 원인이 친일경찰, 관료들의 여전한 행태와 건재 그리고 기대하던 토지개혁이 이루어지지 않고 쌀의 '수집'이 강요된 데에서 비롯됐다.

북한의 토지개혁 소식이 전해지면서 농민들의 기대는 부풀어 올랐다. 그러나 한민당은 "북조선의 토지개혁령은 민주국가에서는 있을 수 없는 것이다. …… 토지를 몰수하여 소작인에게 분여한다니, 지주가 모두 역적이 아닌 이상 어찌 이런 무모한 일이 있으리오"라고 북한의 토지개혁을 비난하였다.[22]

미군정 사령관의 자문기관으로 1946년 2월 발족한 남조선민주의원은 이해 3월 임시정책 대강을 발표하면서 토지문제도 포함했다. '모든 몰수토지는 부재지주에게 허여치 않고 농민의 경작능력에 의존하여 재분배한다, 대지주의 토지도 동등한 원칙에서 재분배한다, 재분배된 토지에 관한 보수는 국

----

21 서중석,《한국현대민족운동연구》, 역사비평사, 1991, 356쪽.

22 서중석,〈일제시기 미군정기의 좌우대립과 토지문제〉,《한국사연구 67》, 1990, 67, 131쪽.

가에 장기적으로 판납한다는 것으로서, 유상몰수·유상분배한다'는 내용이었다.

　농민(국민)과 민주의원의 요구에도 불구하고 미군정은 토지개혁을 실시하지 않았고, 이는 결국 이승만 정부에게로 넘어갔다. 조봉암은 이 같이 토지문제가 국가적·국민적 과제가 되고 있을 때 담당 국무위원인 농림부장관에 기용된 것이다.

농림부장관 발탁 배경에 대한 몇 가지 설

　　초대 내각은 국무총리 이범석, 외무부장관 장택상, 내무부장관 윤치영, 문교부장관 안호상, 농림부장관 조봉암, 상공부장관 임영신, 사회부장관 전진한, 교통부장관 민희식, 체신부장관 윤석구, 공보처장 김동성, 총무처장 김병연, 무임소장관 이청천·이윤영, 법제처장 유진오, 심계원장 명제세 등이었다.

　　조봉암이 농림부장관에 발탁된 배경을 둘러싸고 몇 가지 설이 있었다. 그는 국회에서 대통령을 선출할 때 이승만의 지지자도 아니었다. 그는 서재필이나 안재홍, 김규식이 대통령이 되기를 바랐다. 조봉암이 농림부장관 재임 당시 비서실장을 지낸 이영근의 증언이다.

　　이승만은 조봉암의 독립투사로서의 투쟁경력과 바른 자세에 감명을 받았다. 그래서 이승만이 대통령으로 추대되었을 때 조봉암을 불러 농림부장관을 맡아달라는 간곡한 부탁을 했던 것이다. 조봉암은 농정을 그르치면 중국에 서처럼 이 나라가 공산화될 것이 필지인데 한민당이 모든 개혁을 반대해서 그를 물리치고 대대적인 개혁을 지지해 준다면 맡아보겠다고 했고, 이승만은 조봉암의 그와 같은 제안에 동의했다.[23]

이로 미루어보면 이승만이 조봉암을 택해 한민당 세력을 견제하고 그들이 소유한 토지를 환수하려는 정치적 의도가 있었던 것 같다. 또 일각에서는 이승만의 조각이 지나치게 친 일 우익 쪽에 편향되고 있어서 미군정 측이 조봉암을 독립운 동과 좌익 진영의 몫으로 추천했다는 지적도 따른다. 이밖에 이승만 대통령이 총리인준 과정에서 이윤영을 지명했다가 인 준 받지 못하여 이범석을 지명했는데 이마저 국회에서 인준 을 받지 못하면 대통령의 인사권 수행에 오점을 남길 수 있어 무소속의 리더급인 조봉암을 택하게 되었다는 모종의 타협설 이 있다.

조봉암의 입각 경위에 대해 주한미대사 무쵸는 "남한 이 전적으로 우익에 의해 유지되고 있다는 견해를 반박하 기 위한 이승만의 요구에 의한 결정이었다고 보인다"고

---

23 정태영, 앞의 책, 165쪽, 재인용.

분석했지만, 조봉암의 입각을 통해 이승만 정권에 쏟아지는 '친일파정부'라는 비난을 막고 사회주의나 제3전선의 인물도 참여하고 있다는 인상을 주려한 미군정의 입김이 작용했을 가능성도 적지 않다. 아울러 해방정국 이래로 가까웠던 조봉암과 미군정의 관계도 이 가능성을 뒷받침해준다. 미국이 조봉암을 이승만 정권 내부의 '민주주의의 상징'으로 활용했을 가능성 또한 무시할 수 없는 것이다. 결국 이러한 조봉암의 참여는 국제적인 여론을 겨냥한 것이었으며, 그는 국제연합에서 한국 정부가 승인을 받도록 하기 위한, 정권의 들러리가 되고만 것이다.[24]

조봉암의 농림부장관 임명에 한민당에서는 "공산주의자를 농림부장관에 앉히다니 말이 되느냐"라고 비난하고, 반대로 국회소장파 의원들은 쾌재를 불렀다. 하지만 조봉암 농림부장관은 결국 한민당 세력에 밀려 상처를 입고, 단명으로 끝나고 말았다.

━━ **24** 박태균, 앞의 책, 163쪽.

농정개혁방안 마련

　　조봉암은 농림부장관의 역할에 열과 성을 다했다. 조선 후기 이래 문란해진 농정은 일제 36년과 미군정 3년을 거치면서 망가질 대로 망가진, 그야말로 '천한지대본'이 되었다. 농정개혁은 무엇부터, 어디서부터 손을 대야할지 모를 만큼 산적하고 난마와 같았다.

　　농림부장관직을 수락한 조봉암은 신념과 사명감에 가득차 있었다. 피폐의 극에 이른 농촌경제를 일으켜 이른바 '원조경제'로부터 '자립경제'를 향한 국민경제의 터전을 굳게 다지는 것과 동시에 여러 반봉건적, 일제식민지적 잔재를 농촌으로부터 축출함으로써 이 나라를 시장경제와 사회정의에 바탕을 둔 자유롭고 민주적인 사회로 건설해야 한다는 것이었다. 따라서 그의 농업정책에는 언제나 사회개혁적 측면이 따랐다.[25]

　　조봉암은 농림부 직제를 개편하여 농지국과 농촌지국을

신설하여 농지개혁과 농업협동조합운동 사업을 전담케 하고, 농정기획을 담당할 자문기관으로 농업기술, 농업정책, 관련 교수 등 30명으로 농정심의위원회를 구성하여 이들의 전문성을 농정에 활용했다.

조봉암은 농지개혁법과 양곡매입법의 제정을 서두르는 한편 농민의 조직화를 겨냥하여 농업협동조합운동을 전개했다. 농민 계몽을 위해 농민신문을 발행하고, 틈나는 대로 농촌을 순방하여 농민들을 위로하며 계몽강연을 했다. 많은 농민들이 강연장에 몰려들고 독립운동 때 마디가 잘려 없어진 조봉암의 손을 붙잡고 격려를 아끼지 않았다. 농민들에게 조봉암의 인기는 날이 갈수록 높아갔다. 이것은 이승만의 심기를 불편하게 하는 요인으로 작용했다.

개혁은 조봉암다운 것이기는 했지만 그에 못지않게 이승만 대통령의 개혁의지가 포함되어 있었다. 이 대통령은 농촌의 혁신과 개발이 급선무이며 그것이 성공해야 공산당을 이긴다는 지론을 갖고 있었다. 농촌정책에서 어떤 때는 대통령이 더욱 반지주파였다. 예를 들어 대통령은 쌀값 안정을 위해 양곡매상에서 행정권을 발동할 수 있어야 한다고 했다. 중농 이상의 농가는 그들의 식량만 제하고는

■■■■ **25** 이영근, 《통일조선신문》, 1969년 7월 26일자, 정태영, 앞의 책, 167쪽.

정부에 내다 팔도록 해야 한다는 얘기다. 조 농림은 이 문제에선 강제 매상을 반대했다. 일제하에서 공출제로 쌀을 빼앗겨온 농민에게 해방된 조국마저 그와 비슷한 제도를 강제하는 것은 옳지 않다고 했다. 애국심에 호소하고 또 정부도 정당한 값으로 쌀을 사들이도록 해야 한다는 주장이었다.[26]

조봉암은 양곡매입법안을 만들어 이해 9월 국회에 상정했다. 일제가 침략전쟁을 시작하면서 군량미 확보를 위해 만든 공출제도와 양곡배급제가 그때까지도 시행되면서 농민들의 원성을 사고 있었다. 이것을 바꾸어 양곡의 국가매입·국가배급제를 도입한 것이 양곡매입법안이었다.

양곡매입법안의 내용은 다음과 같다.

　1. 국민의 식생활을 보장하여 국민경제의 안전을 도모한다.
　2. 생산자는 연중 어느 때든지 자유로이 방매할 수 있으나 반드시 정부가 매도하게 하여야 한다.
　3. 지주는 경작자로 하여금 지주를 대신하여 양곡 생산량의 2할을 정부가 매도하게 하여야 하며 경작자는 이를

━━━ **26**　이영석, 앞의 책, 180쪽.

이행할 의무를 진다.

　　4. 경작자는 식량 및 종곡種穀을 제외한 양곡을 정부에 매도하여야 하며 정부가 매입하는 양곡의 가격은 대통령령으로 정한다.

　　5. 본업의 실효를 거두기 위하여 위반자는 3년 이하의 징역 또는 30만 원 이하의 벌금에 처한다.[27]

　　이 법안은 국회에서 심의를 거쳐 통과됐다. 그런데 법을 시행하는 과정에서 "매입, 매상 양곡으로는 소작농이 지주에게 지불하는 지대(30퍼센트)를 우선적으로 수매하여 영세소작농에게 추가적인 매출부담을 지우지 않기로 하고 있었으므로 지주 중심의 정당이었던 한민당으로부터 맹렬한 성토를 당하기도 했다."[28]

　　조봉암의 농정개혁에 한민당의 반대가 극심했다. 지주층의 정당이었기에 자신들의 기득권을 놓치지 않으려는 발버둥이었다. 1947년 말경에 미군정청 산하 민주의원에서 농지개혁법안이 성안되었는데, 지도부 대부분이 친일협력자들로 구성된 한민당은 민주의원 등원을 거부하는 방법으로 이 법안의 채택을 무산시켰다. 한민당은 조봉암 농림부장관의 농지개혁을 시종일관 못마땅하게 여겨 걸핏하면 국회에 불러 추

■■■ 27　국회사무처 의사국, 《국회사-제헌의회 편》, 1971, 38~43쪽 요약.
■■■ 28　정태영, 앞의 책, 168~169쪽.

궁하였다. 조봉암이 농민들로부터 지지를 받게 되자 차기 집권을 노리던 한민당은 조봉암의 모든 정책을 정면으로 반대하고, 마침내 장관 관사 수리비 문제 등의 혐의로 검찰에 고발하였다. 결국 1949년 2월, 취임 6개월 만에 장관직을 사임하게 되었다.

관사 수리비 유용 등의 혐의는 나중에 무혐의로 밝혀졌지만 그가 입은 상처는 적지 않았다. 따라서 조봉암의 농정개혁 비전은 중단되고 말았다. 장관 재임기간이 너무 짧아서 '농정개혁'의 큰 성과는 이루지 못했지만 그가 제시한 정책의 방향은 한국농정의 기본이 되었다.

농림부장관 시절 조봉암이 시도했던 정책들은 건국초 초대 농림장관으로서 당연히 갖추어야 할 비전을 갖춘 종합적인 사회개혁을 수반하는 농업개혁정책을 그 특징으로 한다고 할 수 있다.

또한 그것은 첫째로 구시대적 식민지 유제와 군정 유제 그리고 반봉건적 유제를 청산하는 데 주력하고 있다. 이는 위에서 살핀 ① 양곡매입법 ② 농지개혁법 ③ 협동조합법 ④ 이들 사업의 목적을 뒷받침할 《농림신보》 발간 등

정책목표 설정과 그 추진으로써 입증된다.

둘째로 이들 정책 목표 수행을 위해 ① 유관행정관서 ② 유관기관 ③ 유관단체 등 관민단체를 항상 총동원하고 있다. 이것은 사업의 성공과 효율을 높이기 위해 절대 필요한 정책 집행과정이라 할 수 있다.

셋째로 그것은 확인행정, 선도행정이라 할 수 있다. 조봉암은 양곡매입법의 집행 상황을 살피기 위해 집행 현장으로 나가 농민과 매입 담당관을 접촉하고 있으며 농협운동 계몽을 위해 직접 강연회, 좌담회 등을 주도하고 있다.[29]

조봉암의 농지개혁에 반대한 한민당은 그후 민국당과 자유당 시절의 민주당에 이르기까지 그에 대한 적대적 입장을 바꾸지 않았다. 1959년 이승만이 조봉암을 '사법살인' 할 때 민주당이 침묵했던 것도 따지고 보면 이 같은 배경에서 작용된 측면이 적지 않았을 것이다.

조봉암은 뒷날 장관 관사비 유용문제와 관련하여 다음과 같이 썼다.

나는 본시 구차해서 내 집私宅이라고는 없는 사람이라

<hr />

29 앞의 책, 174~175쪽.

농림부 직원들이 10여만 환을 들여서 저희들의 장관의 관사라고 수리한 것을, 내가 공금을 가지고 사택을 호화롭게 수리했다며 나라를 좀 먹는 탐관오리라고 몰아냈습니다. 심지어는 감찰위원회와 검찰진까지 동원시켜서 나를 체포 구금해 심문하겠다고까지 했었답니다. 그러나 사태는 명백한 까닭에 국회에서도 물론 그 요청을 부결했고 또 뒤의 일이지만 제1심에서부터 제2심, 제3심까지 전부 무죄 판결이 된 사건을 삼 년 동안 검사공소로 재판소 출입을 시켰다는 것은 뜻 있는 사람은 누구나 다 아는 일입니다.[30]

조봉암은 농림부장관을 사임한 까닭에 이후 이승만 정부가 추진한 농지개혁에는 관여할 수가 없었다. 해방되던 해 소작지 면적은 144만여 정보였으나 5년 만에 실시된 농지개혁으로 분배된 토지는 약 55만 정보, 즉 해방 당시 소작지의 28퍼센트만이 분배되고 72퍼센트는 이미 사적으로 매각됐던 것이다.

농지개혁의 본래 목적은 자작농 양성에 있었으나 실제로는 분배농지에 대한 세금과 상환액이 과중하여 분배받은 농지를 다시 파는 농민들도 많았다. 따라서 명실상부한 농지는 농민에게 돌아가지 못하고 다시 토지 겸병과 소작지가 생겨나게

30 조봉암, 〈나의 정치백서〉, 앞의 책, 391쪽.

됐다. 그 결과 농지개혁은 보상의 부실과 인플레이션으로 인해 대지주를 제외한 중소지주를 몰락시키는 계기가 됐다. 조봉암이 계획했던 방안과는 너무 큰 차이가 있었다. 그렇지만 조봉암이 제시했던 많은 부분이 농지개혁에 반영됐다.

제 9 장
정치인으로 부상 그리고 대선 출마

내가 국회부의장으로 있을 때에
저 유명한 정치파동이 있었습니다.
순경이 국회의원을 끌고 다니고
국회의원을 버스에 실은 채 헌병대로 끌어가고
곽상훈 씨 외 12명의 우익 의원을
국제공산당과 연락이 있다 해서 무동으로 체포 구금하고
기립투표를 시켜서 발췌개헌안을
통과시킨 그 파동입니다.

— 조봉암, 〈내가 걸어온 길〉에서

국회 부의장으로 선출

한국의 농정과 농업의 발전, 무엇보다 제대로 된 농지개혁을 위해서는 조봉암이 농림부장관으로 더 재임했어야 했다. 농림부장관에서 물러난 조봉암은 국회에서 농촌문제에 심혈을 기울였다. 자신이 개혁하고자 했던 사안이라 애정이 각별했던 것 같다. 하지만 국회에서 다수 의석을 갖고 있던 한민당과는 사사건건 부딪혔다.

한민당이 이 박사와 원수가 되어 정부 반대의 기세를 올리기 시작했고 더욱이 전에 공산당하던 놈이고 국회에서 건건사사件件事事에 한민당을 반대하던 내가 농림부장관이 되고 보니 그 미워하고 원망스러워 함이 한이 없었던 것입니다. 내가 국회에 제출한 양곡매입법糧穀買入法은 왜정 때부터 군정 때까지 모든 농민이 이를 갈고 미워하고 싫어하던 공출제와 수집법을 없애버리고 농민이 양곡을 팔

때는 정부에 팔고 모리상인에게 팔지 못하며 양곡의 국외 수출을 엄금한 것입니다. 그런데 한민당에서는 그 법의 통과를 극렬 반대하였고 더욱이 농지개혁법은 저들 지주의 사활문제라 해서 결사적인 반대운동을 일으켰고 나중에는 지주에게 30할을 보상하라고 주장하기까지 했습니다.[1]

제헌국회를 주도한 한민당은 이승만 정부의 조각에서 제외되면서부터 사사건건 반이승만 노선을 걸었다. 한민당은 친일정당이라는 이미지의 쇄신과 이승만 세력을 견제하기 위해 1949년 2월 10일 신익희의 대한국민당과 지청천의 대동청년당을 규합하여 새로 민주국민당(민국당)을 창당했다. 한민당의 구성원과 정강·정책을 그대로 계승한 민국당은 1950년 1월 28일 내각제 개헌안을 국회에 제출했다. 그러나 내각제 개헌안은 3월 13일 국회에서 난투극 속에 표결에 들어가 부결됐다. 민국당의 첫 번째 내각제 개헌시도는 이렇게 좌절되고 말았다.

1950년 5월 30일 제2대 국회의원 선거가 실시되었다. 제헌국회의 임기가 2년이었던 관계로 총선이 실시된 것이다. 조봉암은 무소속으로 인천병구에서 출마하여 무난히 재선됐다. 농림부장관으로서의 명성과 제헌국회에서 활발한 활동이

---

1 조봉암, 〈내가 걸어온 길〉, 《희망》, 1957년 2·3·5월호, 여기서는 정태영, 《조봉암과 진보당》, 한길사, 1991, 371~372쪽.

재선에 큰 기반이 되었다.

조봉암은 제2대 국회에서 부의장으로 선출됐다. 1950년 6월 19일 개원한 국회에서 신익희가 의장으로 당선되고 또 한 명의 부의장에는 장택상이 당선됐다. 부의장 선거 1차 투표에서 과반 득표자가 없어 2차에 이어 3차 투표에 들어가 장택상이 당선되고, 4차 투표에서 조봉암은 104표를 얻어 차점인 지청천을 21표 차이로 누르고 당선됐다.

조봉암은 가끔 의장석에 앉아 국회 사회를 맡아 회의를 주재하였는데 명사회, 수석 부의장이라는 평을 들었다.

제2기 국회가 소집되자 그 자리에 앉게 됐다. 한때 누가 지었는지 수석 부의장이란 말까지 떠돌았다. 조 부의장은 그 사회기司會技가 너무나도 세련되어 아무 탈 없이 의원 앞에 군림했다.

그런 정평은 오늘에 이르기까지 조금도 변함이 없다. 이지적인 사회방식이라고도 평하지만 국회법 운용을 너무나도 잘하면서 조금도 사심을 엿보게 하지 않는데 그 무소속이란 정당소속과 함께 특색이 있다.

그의 무게 있는 사회기는 다시 두 번째 국회 정·부의장 선거에 있어서도 무난히 피선하게 했다. 여기서 더 발전이란 있을 수 없을 만큼 극단의 경지에 이른 사회기를 보여주고 있는 것이다.[2]

제2대 국회는 제헌의원 선거 때 불참했던 김규식의 민족자주연맹, 조소앙의 사회당, 장건상의 근로인민당 등 민족주의 좌우파 계열에서도 참여하고, 이들 중에서 상당수가 원내에 진출하면서 조봉암에게는 국회활동의 여건이 훨씬 좋아지게 됐다.

제2대 국회가 개원한 지 일주일도 되지 않아 6.25 한국전쟁이 일어났다. 국회는 6월 26일 밤중에 긴급 소집되어 다음 날 새벽까지 난상토론을 벌인 끝에 '수도사수'를 결의했다. 그러나 이승만 대통령은 국회의 결의는 아랑곳없이 "국군이 적군을 격퇴하고 있으니 국민은 안심하라"는 라디오 녹음방송을 남겨둔 채 27일 밤중 비밀리에 서울을 떠나고 말았다.

---

2 《신태양》, 1954년 6월호, 27쪽.

전쟁 일어나자 주요자료 챙겨 피난

다음은 제2대 국회의원에 당선된 윤길중의 증언이다.

 새벽이 가까워올 무렵 나는 의사당 복도에서 총무처장인 전규홍 씨를 만나게 되어 이승만 대통령의 소식을 물었다.

 "대통령은 서울에 없소. 사태가 위급하여 미군의 출동을 요청하여 피신했소."

 "대통령이 피신했다면 위급한 사태인데 국민에게는 한마디 말도 없이 방송은 계속 안심하라고만 하니 이런 법이 어디 있소."

 나는 뚜렷한 방안도 없이 터벅터벅 새벽길을 걸어 동자동 집 쪽으로 향해 갔다. 시청 앞 덕수궁 담을 끼고 걸어가는데 지프차 한 대가 내 옆에 멈춰섰다.

 "윤 동지 아니오?"

"아, 부의장님."

"타시오."

나는 조봉암 부의장의 차에 올라탔다.

"어디로 가는 길이오?"

"동자동 집으로 가는 길입니다."

"내 집까지 태워다 드리겠소."

"고맙습니다."

조봉암 부의장의 표정은 침착해보였다.

"이제 우리는 어떻게 해야 합니까?"

"지금은 정부의 허물을 탓하고 있을 새도 없소. 죽으나 사나 정부가 가는 곳으로 가서 정부와 운명을 같이 할 수밖에 없잖겠소." [3]

전란기에 조봉암의 처신을 살필 수 있는 윤길중의 증언은 이어진다.

국회에 도착하니 의원들이 안절부절못하며 서성였다. 조봉암 부의장이 국방부에 전화를 했으나 신성모 장관은 자리에 없었다. 나는 부의장과 함께 내무장관실로 갔다. 텅 빈 청사에 백성욱 내무장관이 혼자 버티고 앉아 있었

3 윤길중, 《이 시대를 앓고 있는 사람들을 위하여》, 호암출판사, 1991, 91~92쪽.

다. 우리를 본 백 장관은,

"어서들 떠나시오. 정부는 수원으로 옮기게 되었으니 빨리 피난길을 준비하시오."

부의장실로 돌아온 죽산은 국회사무처에서 5000만 원을 마련해와 의원들에게 100만 원씩 나누어주고는 사무처에 중요문서를 옮기도록 지시했다. 그리고 국방부에 차량 지원을 부탁했다. 마침 국방부에서는 한강교를 폭파할 계획이니 빨리 강(한강–저자)을 건너가라고 말했다.

죽산은 중요문서 운반 등 작업이 끝날 때까지만이라도 폭파를 늦추어달라고 말하고는 국회와 정부의 중요문서 일부를 옮겼다. 이때 나는 책임감 있는 죽산의 일처리를 지켜보며 깊은 감명을 받고 그를 존경하게 되었다.[4]

6.25 전쟁은 조봉암 가족에게도 크나큰 비극을 안겨주었다. 부인 김조이가 납북된 것이다. 서울 거리에 조봉암을 처단하라는 벽보가 붙는 것을 보고 김조이는 친척집에 은신했다가 붙잡혔다.

조봉암은 국회부의장으로서 최후까지 국회의 중요문서를 챙기느라고 미처 아내와 딸 등 가족을 동반할 시간적

━━ **4** 앞의 책, 91쪽.

여유도 잃고 총성이 요란히 터지는 서울거리를 한강철교 폭파 직전인 27일 새벽 탈출, 가까스로 남하했다. 그가 남하한 뒤 원서동 친지집에 숨어 있던 아내 김조이는 악착스런 적의 검거망에 걸려 납북되고 말았다. 김조이는 결혼 후 별거 중에 있다가 1941년 재결합한 초혼의 아내였다.[5]

인민군이 점령한 서울거리에는 '역도 조봉암을 잡아라' '반역자 조봉암을 처단하라'는 벽보가 나붙고, 부인은 조봉암의 행방을 쫓는 특별 요원들에게 검거되어 납북된 것이다.

조봉암은 정부가 머물고 있는 대전에 도착했다. 대전에 집결한 국회의원들은 임시회의를 열어 이승만 대통령이 대국민 사과를 할 것을 의결했다. 국민을 속이고 한강다리를 폭파하면서 서울시민을 저버린 채 자신들만 피신한 데 대해 책임을 물은 것이다.

조봉암은 신익희 의장, 장택상 부의장과 함께 국회의장단의 자격으로 국회결의 내용을 이승만에게 전하고 사과성명의 발표를 요청했다. 그러나 이승만은 중국 당나라 덕종德宗의 고사를 들어 이를 받아들이지 않았다. 6.25의 책임을 자기가 모두 뒤집어쓰지 않겠다는 항변이었다.

제2대 국회는 6.25전쟁으로 많은 피해를 입었다. 후퇴하

---

5   임홍빈, 〈죽산 조봉암은 왜 죽어야 했나〉, 《신동아》, 1983년 3월호, 134쪽.

지 못한 의원 62명 중에 3명이 피살되고 27명이 납북 또는 월
북하였다. 납북자 가운데는 조소앙, 안재홍 등 대표적인 민족
주의자들도 포함되었다.

북한군의 공세가 심해지면서 정부는 부산으로 내려갔다.
국회도 부산에 자리를 잡았다. 부산은 피난 수도가 되었다.
전란 중에 국민방위군 관련 금액 일부가 특정 정파에 유입되
었다는 의혹사건이 제기되면서 국회는 조사특별법위원회를
구성하고 조봉암을 위원장으로 선임하였다.

● 전쟁 중에 이승만 적극 지원

이승만 정부는 전쟁 직후인 1950년 12월 21일 국민방위군 설치법을 공포하여 제2국민병에 해당되는 만 17~40세의 남자들을 편입시켰다.

그런데 전선의 후퇴가 시작되어 방위군을 집단적으로 후방으로 이송하게 되자, 방위군 간부들은 이 기회를 이용하여 막대한 돈과 물자를 부정처분하여 사복을 채웠다. 그 결과 보급부족으로 천 수백 명의 사망자와 병자가 발생했다. 군 간부들이 부정처분한 돈과 물자는 당시 화폐로 24억 원과 양곡 5만 2000섬에 이르렀다.

국회는 조사특별법위원회를 구성하고 조봉암을 위원장으로 선출했다. 그러나 조봉암은 이듬해 5월 12일 "관련된 사람 전부를 소환하여 조사한 결과 전연 사실이 아님이 판명되었다"는 요지의 보고서를 제출했다. 왜 이같이 사실과 전혀 다른 조사 보고서가 작성되었는지 이해하기 어려운 대목이다.

그럼에도 불구하고 국회는 방위군의 해산을 결의하고, 사건을 일으킨 김윤근 사령관 등 5명을 사형에 처했다.

이 무렵에 경남 거창군 신원면에서 민간인 학살사건이 일어났다. 공비토벌을 위해 창설된 11사단 9연대(연대장 오익경)의 제3대대(대대장 한동석)가 신원면 대현리, 중유리, 와룡리 주민 600여 명을 박산골짜기로 끌고 가 기관총으로 집단학살하고 시체에 휘발유를 끼얹어 불태운 것이다. 전란 중에 군·경에 의한 민간인 학살사건은 도처에서 자행됐지만 거창사건은 대표적인 만행이었다. 이 사건은 국민방위군사건과 함께 국회에서 문제가 되고 조봉암은 이에 대한 진상규명에 노력했다.

조봉암은 전시체제의 국회 활동을 통해 이승만을 지원하는 입장이었다. 그러나 이승만 정권의 실정이 더욱 심해지면서 차츰 경원하기 시작했다. 이 대통령의 행정능력과 애국심을 의심하게 되었다.

부산 피난 시절 국회부의장 조봉암의 원내 활동은 소극적인 편이었다. 2대 국회 의사록을 살펴보면 그가 제안하여 상정된 안건은 단 2건밖에 없다. 유엔한국재건위원단 초청의 건과 한강도강제한 철폐의 건이 그것이다. 이 무렵 조봉암은 간간히 의사봉을 쥐었고 무난한 국회운영에 힘썼다. 명사회라는 국회부의장의 관록을 지닌 무소속의 우두머리로서 그의 지위는 확고했다.

당시 그는 비교적 이 대통령과 가까운 편이었다. 그의 지론은 전시 하에서 국가의 존망이 놓인 위기인 만큼 다소 불만이 있다 해도 정국의 안정과 정책수행을 위해서는 정부와 협조해야 한다는 것이었다.

조봉암은 가끔 이 대통령을 찾아가 민정民情을 얘기하고 건의도 하는 사이였다. 이 대통령도 조봉암을 불러 국정을 협의하기도 했다. 그러나 이 대통령 주변에 사람의 장막이 두터워져가고, 수많은 청장년을 굶어죽게 한 국민방위군사건, 공비소탕을 구실로 한 마을 600명의 양민을 학살한 거창사건 등 행정의 기틀이 엉망진창의 수렁 속에 빠져들어가자 조봉암은 이 대통령을 경원하기 시작했다.[6]

당시 정계는 이승만 계열의 공화민정회와 야당인 민국당을 중심으로 크게 양분되었다. 차츰 양당제의 모습으로 자리잡아가고 있었다. 여전히 양당 쪽에 가입하지 않는 민우회소속 35명과 순수무소속 의원 16명이 남아 있었지만, 큰 줄기는 양당구도의 형태를 띠어가고 있었다.

조봉암은 새로운 정당의 창당을 모색했다. 1951년 6월 신당준비사무국을 설치한 데 이어 10월에는 부산에서 전국농민대표자회의를 열어 농민대표들을 신당의 기간조직으로 삼

6 앞과 같음.

고자 하였다. 그렇지만 신당창당 준비 작업은 더 이상 진척되기가 어려웠다. 정국이 개헌의 소용돌이에 휘말려들었기 때문이다.

●이승만, 재선 위해 정치파동 일으켜

이 대통령의 임기는 1951년 11월 30일까지였다. 전쟁수행 과정에서 드러난 이승만의 무능 부패와 국민방위군사건, 거창민간인학살사건 등 거듭된 실정과 전횡은 이미 도를 넘을 대로 넘었다. 간선제 헌법상의 국회 의석으로는 하늘이 두 쪽이 나도 재선되기 어려운 구조에 놓여 있었다.

이승만은 1951년 11월 30일 대통령직선제 개헌안을 국회에 냈다. 이듬해 국회에서 실시된 표결에서 143대 14표라는 압도적 표차로 개헌안은 부결됐다. 이승만의 개헌안을 부결시킨 국회는 야당연합으로 123명의 서명을 받아 내각제 개헌안을 제안했다. 조봉암도 제안자 중 한 명이었다. 제안자 123명은 국회에서 통과되고도 남는 의원의 숫자였다.

그러나 순순히 정권을 넘겨줄 이승만이 아니었다. 이승만은 재집권을 위해 대통령직선제와 국회의 상하 양원제를 골자로 하는 개헌안을 마련하는 한편, 신당운동을 추진하여 자유당을 창당했다. 국회에서 직선제 개헌안이 부결되자 이승만은 국민회·조선민족청년단(족청), 대한청년단, 노동총연맹 등 어용단체를 동원했다. 정치깡패 집단인 백골단·땃벌떼·민족자결단 등의 이름으로 된 벽보, 삐라가 부산 일대를 뒤덮었다.

이승만은 장면 국무총리를 해임하고 장택상을 임명하여 그가 이끌던 신라회를 개헌지지 쪽으로 끌어들였다. 5월 25일에는 부산을 포함한 경남·전남북 일대에 계엄령을 선포하고, 이범석을 내무장관에, 원용덕을 영남지구 계엄사령관에 임명하면서 내각제 주동 의원들을 속속 체포했다. 국회의원 50여 명이 탄 버스를 헌병대로 강제로 끌고 가 일부 의원에게 국제공산당과 결탁했다는 혐의도 씌웠다.

정국의 혼란이 가중되자 6월 20일 이시영, 김창숙, 김성수, 장면, 조병옥 등 원로와 야당의원 60여 명은 부산 국제구락부에서 '호언구국선언대회'를 갖고자 하였으나 괴한들의 습격으로 무산됐다. 악명 높은 5.26 부산 정치파동의 서막이다.

난국을 수습한다는 명분을 내걸고 장택상 신임 총리가 정부 측 개헌안과 야당 측의 개헌안을 절충하는 이른바 발췌개헌안을 마련하고 1952년 7월 4일 경찰에 포위된 의사당에서 기립투표방식에 의해 출석의원 166명 중 가 133, 기권 3으로 통과, 직선제로 이승만에게 재선의 길을 터주었다.

조봉암은 당초 내각제개헌안을 지지했다가 발췌개헌안

지지글 생각을 바꿔 많은 사람의 비난을 샀다.

조봉암 부의장은 당초 반대 태도를 철회, 이 개헌안 통과
를 위해 많은 의원들을 설득시킨 조종자로 기록되어 있다.

그러한 조봉암의 일관성을 잃은 정치적 처신에 많은
사람들로부터 실망과 비난이 쏟리기도 했다. 그렇지만 조
봉암은 전쟁을 수행하는 비상시국 하에서 전력의 저하와
유엔군의 내정간섭을 자초하는 파국적 사태를 막기 위한
피할 수 없는 타협책이었다고 말했다.[7]

조봉암은 헌병대가 직선제개헌을 반대하는 국회의원 50여
명이 탄 버스를 크레인으로 끌어가는 사태를 맞아 신익희 의
장과 대통령 집무실로 이승만을 찾아가서 그 부당성을 지적한
사람이다. 그런 그가 발췌개헌안을 지지하고 나선 것으로 인
해 일관성의 차원뿐 아니라 정치적 신조, 나아가서 인간적 신
뢰에도 큰 상처를 남기게 되었다. 이와 관련 조봉암의 회고다.

내가 국회부의장으로 있을 때에 저 유명한 정치파동이
있었습니다. 순경이 국회의원을 끌고 다니고 국회의원을
버스에 실은 채 헌병대로 끌어가고 곽상훈 씨 외 12명의

▬▬ **7** 앞의 책, 135쪽.

우익의원을 국제공산당과 연락이 있다 해서 무동의로 체포 구금하고 기립투표를 시켜서 발췌개헌안을 통과시킨 그 파동입니다. 버스 사건이 일어나자 신 의장과 내가 이 대통령을 방문해서 강력히 항의했습니다. 그 자리에서 이 대통령은 "그놈들이 오늘 국회에서 장면을 대통령으로 선거한다지" 하는 말씀이 있어서 그것이 오보誤報라는 것을 설명하고 나는 이렇게 말했습니다. "그것은 잘못된 정보이니 말할 것도 없고 설혹 그 사람들이 대통령을 반대하는 일을 한다손 치더라도 저런 일(버스째 끌고 가는)은 중지시켜야 됩니다. 그것은 나라를 위해서나 이 대통령 각하를 위해서나 좋은 일이 안 됩니다." 그러나 우리의 항의나 권고는 청허되지 않았고 버스는 끌려가고야 말았습니다.[8]

■■■■ **8** 조봉암, 〈내가 걸어온 길〉, 앞의 책, 372~373쪽.

발췌개헌안 지지

조봉암이 이승만의 재선을 담보하는 발췌개헌안을 지지한 것은 미국의 작용에 의한 것이었다는 자료가 있다. 미국은 이승만이 계엄령을 선포하면서 전투부대를 전방에서 빼내어 부산지역으로 이동한 것에 대해 불만을 가지고 있었다.

또한 미국이 사태의 심각성을 느낀 것은 부산 근교의 금정산에 공비가 출연하여 미군 캠프를 습격한 때문이었다. 이 사건에 가담한 공비는 국군 소속이었고, 이 사건은 정부측에 의한 계엄령 선포의 합법성을 위한 공작이었다.[9]

미국은 이승만의 제거공작을 준비했다. 이는 주한 미국대사 무쵸와 대리대사 라이트서에 의해 추진되었다.

9 박태균,《조봉암 연구》, 창작과 비평사, 1995, 195쪽, 주 149.

미8군의 명령 하에 한국군을 동원하여 이승만을 하야시키고 새로운 인물을 추대하거나 군사정부를 수립하는 것이었다.[10]

주한 미8군 사령관과 유엔군 사령관이 작성하여 워싱턴에 보고한, 이승만을 제거하려는 1급 비밀문서 〈에버레디 계획 EVERREADY PLAN〉에 따르면 미국은 다음과 같은 구체적인 계획을 세우고 있었다.

A. 이 대통령을 부산 밖 어디론가 유인해내기 위해 서울이나 또 다른 장소로 그를 초청한다.

B. 예정시간에 유엔군 사령관이 부산으로 간다. 이승만의 독재정치에 핵심적 역할을 한 5~10인의 주요 한국군 장교를 체포한다. 주요 한국군 시설과 유엔 사령부 시설을 방호하고 한국군 참모총장을 통해서 계엄령이 해제될 때까지 계엄권을 인수한다.

C. 이 대통령에게 취해진 군사행동에 대해 기정사실로 통보한다. 그에게 계엄령 해제 선포문에 서명할 것을 요구한다. 그리고 국회, 신문사, 방송국에 대한 무장기관의 간섭 없는 자유를 보장케 한다.

---

10 홍석률, 〈한국전쟁 직후 미국의 이승만제거 계획〉, 《역사비평》, 1994년 가을호, 박태균, 앞의 책, 95쪽.

D. 이 대통령이 만일 위의 것들을 반대하면 그는 외부와 차단된 곳에 감금될 것이다. 대신 장택상 총리에게 선포케 한다.

E. 총리는 동의할 것이다. 만약 그도 반대한다면 유엔군 사령부가 잠정통치하는 조치를 취한다.

F. 이 대통령이나 장 총리가 위와 같은 조치에 찬성한다면 참전국들의 요구에 의해 유엔 사령부가 가입하여 유엔 임무를 불법으로 방해한 인물들을 체포할 것이라는 성명서를 발표케 한다. 특히 이 성명은 유엔사의 도움으로 한국 정부에 의해 주도된 것임을 강조한다.[11]

이 작전계획은 실행되지 않았다.

국방부를 중심으로 하는 유엔군 사령부와 미8군은 이 작전이 전쟁 중에 군대를 부산으로 이동시켜야 하는 위험성을 가지고 있었기 때문에 반대하는 입장이었다. 또한 미 국무성의 경우에도 군사행동에 의한 한국 정부가 전복될 경우 여타 아시아 국가나 국제여론을 악화시킬 수 있다는 점에서 이 계획에 전폭적인 지지를 보내지 않았다.[12]

━━ **11** 오연호, 〈미8군 사령관의 반이승만쿠데타 작전계획서〉, 《월간 말》, 1993년 6월호, 160쪽.
━━ **12** 박태균, 앞의 책, 196쪽, 재인용.

그 대신 타협용으로 제시된 것이 이른바 발췌개헌안이다. 최근에 발췌개헌안이 미국에 의해 제기되었을 가능성에 대한 연구가 나왔다.[13] 또 주한 미국대사 무쵸가 "국무총리 장택상과 국회의장 신익희 그리고 국회부의장 조봉암을 차례로 만나 발췌개헌안에 동의할 것을 설득 위협하였다"[14]고 한다.

조봉암은 이승만의 폭거도 용납할 수 없지만 미군정 실시 등 미국의 시나리오도 받아들일 수 없었다. 그래서 전향 과정에서부터 연계되어온 미국의 뜻에 따라 발췌개헌안을 지지하게 되었던 것 같다. 여기서 조봉암의 지극히 현실주의적이고 기회주의적인 면모를 보게 된다.

> 내각책임제를 지지하고 부산정치파동에 대해 이승만 측에 강력하게 항의했던 그가 오히려 발췌개헌안 통과에 적극 나섰다는 것은 그의 정치활동에 또 하나의 오점이었다. 특히 이 발췌개헌안이 이후 이승만 독재정권의 장기집권의 길을 열어준 최초의 사건이었다는 점을 감안한다면, 발췌개헌안에 대한 조봉암의 적극 지지는 자신의 정치생명뿐 아니라 육체적 생명까지 재촉하는 '자살행위'였다.[15]

13 류정임, 〈이승만 정권의 권력기반과 성격〉, 《한국현대사 2》, 풀빛, 1991, 119~120쪽.
14 박태균, 앞의 책, 197쪽, 재인용.
15 앞의 책, 198~199쪽.

이승만은 노회한 정치인이고 책략가였다. 유엔군의 참전과 국군의 반격으로 서울을 수복하고 정전상태에 이르면서 휴전협정이 제기되었다. 이승만은 전쟁이 끝나면 자신의 실정에 대한 책임문제가 대두될 것을 두려워했다.

그래서 유엔군 측에서 제기하는 휴전협상을 거부하고 북진통일론을 외쳤다. 누구보다 국제정세를 꿰뚫고 있는 이승만이 현실적으로 북진통일이 불가능하다는 것을 알면서도 휴전협상을 거부하고 북진통일론을 제기한 데는 그럴만한 까닭이 있었다. 미국 측과의 거래를 위한 제스처였다.

휴전협상 거부는 본심이었다기보다 휴전 이후의 자신의 정치생명을 보장받기 위한 '늙은이의 노회한 옹고집'이었다. 이승만이 가장 두려워한 것은 휴전 이후 그가 전쟁 중의 실정에 대한 책임을 져야 한다는 것과 미국이 자신을 버릴지도 모른다는 것이었다. 따라서 그는 휴전 줄다리기 과정에서 할 수 있는 데까지 미국의 마음을 졸여 휴전 이후의 정치생명 보장을 휴전협정 체결 여부의 조건으로 삼았던 것이다.

결국 미국은 '에버레디 계획'을 흘려 이승만을 압박하고 이승만은 휴전 결사반대를 계속 천명하면서 미국을 압박했는데 양자는 휴전협정 체결과 종전 후 이승만 정권 보장 및 한미상호방위조약 체결로 타협을 봤던 것이다.[16]

이승만의 재선을 위한 발췌개헌안에는 이와 같은 이승만과 미국의 '물밑거래'가 작용했다. 조봉암도 미국 측으로부터 어느 정도의 정보를 전달받아 개헌안을 지지하는 '조역'을 맡고 뒷날 생명까지 담보하는 '자살행위'를 하였다.

조봉암은 평소 가깝게 지내던 윤길중 의원에게 정국을 일단 수습하기 위해 발췌개헌안을 수용하자고 설득했으나 그는 받아들이지 않았다. 이때 조봉암이 윤길중에게 털어놨다는 내용에서 미국 측과 접촉했던 배경의 일단을 짐작할 수 있다. "국내의 정치적 혼란이 수습되지 않으면 유엔군이 계엄을 선포해 권력을 장악하겠다는 비밀각서를 보내왔다. 이 대통령의 고집을 꺾을 수 없으니 달리 길이 없지 않느냐"[17]라고 했다는 것이다.

한바탕 정치 파동이 휩쓸고 간 국회는 7월 10일 제2대 국회의 후반기 의장단 선거에 들어갔다. 조봉암은 이번에도 부의장으로 선출됐다. 정당의 배경이 없는 상태에서 부의장에 재선된 것은 그만큼 정치적 위상이나 역할에서 국회의원들의 지지를 받았기 때문이었다. 요즘처럼 여야에서 한 자리씩 나눠 갖는 것과는 달랐다.

16 오연호, 앞의 책, 163쪽.

17 윤길중, 1990년 12월 17일 증언, 정태영, 《조봉암과 진보당》, 한길사, 1991, 194쪽.

제2대 대통령 후보로 출마

발췌개헌으로 대통령 선거 제도가 바뀌면서 제2대 대통령 선거는 국민의 직선으로 선출하게 되었다. 아직 6.25전쟁이 끝나지 않는 상태였다. 대통령직선제였더라도 전시가 되면 간선제로 바꾸는 것이 상식일 터인데, 한국에서는 그것이 거꾸로 실시됐다. 초대 대통령 선거는 정부수립 과정의 과도기라는 이유로 국회의 간선제가 이유 없이 채택됐다. 그러나 이승만은 국회에서 재선될 가능성이 없어지자 전쟁 중인 정국에서 발췌개헌을 통해 직선제로 헌법을 바꿨다. 헌법이 특정인의, 특정인을 위한 장식물이 된 시초이다.

이승만은 제2대 대통령 후보로 나섰다. 그러나 야당에서는 나서고자 하는 후보가 없었다. 국회의원들을 헌병대로 끌어가고 헌법을 손바닥 뒤집기 식으로 바꾸고 이승만이 병권을 쥐고 있는 전란 중이었다. 그러나 조봉암은 명색이 민주국가에서 대통령의 단일후보는 있을 수 없는 일이라고 생각하면서 신익희 의장에게 출마를 권고했다. 하지만 그는 대세는 이미 기울었다면서 사양했다. 조봉암은 윤길중 의원과 부통령 이시영을 찾아갔다. 그도 대세론을 펴며 나서려 하지 않았다.

조봉암은 결심했다. 지도급 인사들이 모두 몸을 사리고 있는 터에 자신이라도 몸을 던져 이승만의 1인 독주를 막아야 겠다고 결심했다. 당선과는 상관없이 민주주의의 가치와 전통을 위해서 몸을 던지기로 한 것이다. 이때 대통령 출마는 조봉암에게 큰 도박행위가 되었다. 이승만에게 역린으로 받아들여진 것이다. 이후 조봉암에게 닥친 가혹한 시련과 고난은 여기서 발원한다 해도 과언이 아니다.

나도 그 뒤에 다시 부의장으로 재당선됐고 대통령 선거에 입후보했습니다. 내가 대통령 입후보를 한 데 대해서는 여러 가지 말이 있습니다. 그러나 내 입장은 간단하고 확실했습니다. 불법행위를 권력으로 눌렀으니까 법을 지키는 대통령을 선거해야 된다는 것이고, 우리의 울분을 국민 앞에 호소하고 국민의 억울하고 울분한 심정을 내 입을 빌어서 대변하자는 것이었습니다. 승부는 전연 고려에 넣지 않았습니다.[18]

─── **18** 조봉암, 〈내가 걸어온 길〉, 앞의 책, 373쪽.

대통령 선거에 입후보는 하였지만 선거운동은 거의 불가능했다. 국회에서 두 차례나 국회부의장에 선출될 정도로 그를 따르던 의원들이 적지 않았으나 막상 출마하고 보니 도와주겠다는 사람은 거의 없었다. 중도파 의원이나 소장파 의원들도 모두 등을 돌렸다. 비정상적인 관권의 위력 때문이었다. 국회의원 중에는 윤길중 의원이 선거사무장을 맡아줄 뿐이었다. 임시 수도 부산에 차린 선거본부에는 윤길중, 김성주, 임갑수, 박기출, 신창균, 김기철 등이 위험을 무릅쓰고 선거일을 도왔다. 대부분 뒷날 진보당에 참여한 핵심 인물들이다. 선거운동 기간은 겨우 10일이었다. 1952년 7월 26일 등록마감, 8월 5일 투표일이었다.

그런데 의외의 일이 벌어졌다. 이시영 부통령이 후보등록을 한 것이다. 민국당에서 조봉암이 나서는 것을 견제하기 위해 이 부통령을 천거한 것이다. 신흥우도 입후보하여 후보는 4명이 되었다. 부산 정치파동 과정에서 이승만은 자유당을 창당하여 지지기반을 넓히면서 실질적인 여당을 만들고, 민주국민당(민국당)은 야당세력으로 자리잡아가고 있었다. 민국당은 후보를 내지 않으면 조봉암에게 야당의 정통성이 넘어가게 된다는 위기의식에서 이시영을 설득하여 후보등록을 한 것이다.

조봉암은 '앞으로 4년간 이대로는 살 수 없다' '이것저것 다 보았다 혁신으로 바로잡자'라는 선거구호를 내걸고 선거전에 뛰어들었지만 변변한 선거운동을 하기가 어려웠다. 자유당과 민국당 양쪽으로부터 협공을 받은 데다 선거자금은 차단되고 운동원을 모을 수 없었다. 그나마 운동원으로 나선 몇 사람은 벽보를 붙이다가 몰매를 맞고 유치장에 끌려갔다. 서울과 대구에서 몇 차례 강연회를 열었지만 그때마다 당국은 장소불허와 유권자들을 모이지 못하도록 막았다.

관권의 탄압과 함께 이시영의 러닝메이트로 나선 조병옥 부통령 후보는 조봉암의 전력을 들어 극렬하게 비난했다. 조병옥은 미군정청 경무부장과 6.25 때 내무부장관 등을 지내다 이승만과 의견 충돌로 결별하고 민국당에 참여한 사람이다.

우리는 공산주의와 투쟁했고 공산화할 우려가 없다는 데서 자유진영의 신임을 받고 있다. 그런데 공산주의자로서 전향하였을 뿐 공산주의자가 아니라고 증명할 만한 아무런 태도표명도 하지 않고 있는 조봉암 씨가 집권을 꿈꾸고 대통령에 입후보했다. 민족진영의 일시적인 분열을 틈타 반이승만 박사 정책을 구실로 근로 층의 좌경화를 기대하려는 그런 행동은 참을 수 없다. 만약 조 씨가 입후보를 철회하지 않고 또 그를 국민다수가 지지하는 경향이 보인다면, 일시 헌법을 유린한 과오는 있을지라도 이승만 박사에게 표가 집중되도록 노력할 것이다. 조 씨는 이번 국회에서 내각책임제 개헌안을 선두에 서서 반대한 기회주의

자다. 만약 그가 대통령이 된다면 내각책임제 개헌은 되지 않을 뿐 아니라 국가는 사상적으로 자유우방의 신임을 받지 못하는 중대위기에 봉착할 것이다. 조봉암 씨에게 대통령의 자리를 맡길 것이라면 차라리 김일성과 타협했을 것이다.[19]

---

19 《중앙일보》, 1982년 11월 10일자.

대선 패배와 민국당과의 대립

민족진영에서 친일파로 변절한 이들 중에는 공산주의자에서 민주진영으로 전향한 조봉암의 전력을 들어 공격하는 사람이 적지 않았다. 순수 민족주의 우파라면 몰라도 일제에 충성을 다한 친일파들이 독립운동을 한 애국자들을 비난 매도한 것은 파렴치에 속한다. 조봉암은 뒷날 결국 그들의 손에 죽임을 당하고 만다. 조봉암의 선거 사무차장을 맡았던 김성주는 해방직후 서북청년회를 이끌고 반공투쟁에 앞장섰던 극우성향의 인물로서 6.25 때 유엔군이 북진하면서 미군이 평안남도 도지사로 임명했던 사람이다. 조봉암의 선거운동에 참여했다가 1953년 체포되어 타살되었다.

대통령 선거운동이 엉망이었다면 투개표 과정은 진창이었다. 아무리 전시라 해도, 선거의 투개표 과정은 그야말로 난장판이었다. 투표 집계는 유효투표 702만 684표 가운데 이승만 523만 8769표, 조봉암 79만 7504표, 이시영 76만 4715표, 신홍우 조봉암이 21만 9696표였다. 조봉암이 이시영보다 20만여 표를 앞섰다. 피난 수도 부산에서는 이승만과 조봉암의 득표가 비슷하고, 부산 중구에서는 이승만을 앞섰다. 조봉암이 얻은 선거결과는 이승만에게는 역린으로, 민국당에는 강력한 라이벌로 인식되었다.

대통령 선거가 조봉암의 정치행로에 분수령이 되었다는 것은 바로 대통령 선거에서 보수 민국당을 제치고 2위를 득표했다는 데 있다. 그는 이때부터 숙명적인 협공의 대상이 되고 말았다. 이승만 대통령은 당돌한 도전이라 해서 미워했다. 민국당은 조봉암을 경계해야 할 적으로 주목했다.

조봉암의 주변에 죽음의 함정이 어른거리기 시작한 것은 이때부터이다. 이것은 조봉암에게는 장래의 가능성이 되었고 보수우파에게는 현실적인 위협이 되었다. 절대 권력자 대통령은 조봉암의 도전을 배은망덕이고 건방진 태도라고 했다. 민국당에선 현실적인 적으로 경계했다. 이때부터 조봉암에겐 공산당 경력과 혁신이라는 딱지가 붙었다. 그리고 바로 이런 꼬리표가 50년대의 정치기류에선 사신死神이 어른거리는 위험한 고갯길이었다.[20]

---

20 이영석, 《죽산 조봉암》, 원음출판사, 1983, 198쪽.

이승만과 민국당의 정치적 과녁이 된 조봉암은 국회부의 장으로서 의정활동에 열중했다. 하지만 이승만의 '심기心氣'를 헤아린 충복들은 그냥 내버려두지 않았다. 앞에서 잠깐 언급한, 측근 김성주를 살해한 데 이어 이른바 동해안반란사건이라 하여 조봉암을 반역죄로 엮으려 들었다. 조봉암이 국회부의장의 신분으로 동해안부대 시찰에 나섰다가 제1군단 고위 장교들의 접대를 받으며 환담한 일을 두고 시나리오를 꾸민 것이다.

강원도 속초에 주둔한 제1군단에 이 대통령이 시찰을 갔을 때 군단 인사참모 김화산 대령이 저격하고 일부 병력으로 임시수도 부산에 진격, 육본 정보국장 김종평 준장이 이들을 지휘하여 경무대를 접수하고 조봉암을 대통령으로 추대한다는 시나리오였다.[21]

시나리오가 꾸며진 배경은 이렇다. 김종평 준장이 제1군단을 방문할 때 이형근 군단장 등 고위 장교들과 회식자리에서 부산 정치파동이 화제가 되고, 이때 이 대통령이 끌어들인군의 정치개입을 개탄한 것이 첩보과정에서 가공되고, 한 칼에 조봉암과 김종평 준장을 때려잡으려는 각본이 꾸며졌다.

---

21 앞의 책, 200쪽.

그러나 이 각본은 현실화되지 못했다. '연극'으로 꾸미기에는 시나리오가 지나치게 허구투성이고, 자칫 군과 조봉암을 한 무리로 엮는 것이 부담스러웠을 것이다. 이 사건은 이승만 정권 초기 정치음모극에 자주 등장하는 김창룡의 특무대 고문 김지웅이 꾸민 시나리오가 김준연 의원에게 제보되고, 김준연이 검찰에 서면으로 고발하면서 세상에 알려지게 되었다.

조봉암을 잡으려는 덫이 사방에 깔려 있었다. 그래서 그는 정치음모에 빌미가 되지 않도록 더욱 근신하면서 살얼음판을 걷듯이 정치활동을 계속했다. 이를 지켜본 장택상이 "벼룩에 굴레를 씌워 수레를 끌게 했으면 했지 제 놈들이 조봉암에게 올가미를 씌울 수는 없을 것이다"라고 풍자했다.

조봉암과 이승만 대통령 사이에는 건널 수 없는 벽이 생기게 되었다. 조봉암은 개인적으로 이 대통령을 상당히 존경했던 것 같다. 농림부장관으로 발탁해주어서가 아니라 그의 독립운동이나 청빈한 사생활, 반공주의 정신, 애국심 등에 좋은 점수를 주었다. 이 대통령을 사사건건 물고 늘어지는 한민당 계열의 친일지주 출신 정치인들에 비해 훨씬 높이 평가했던 것 같다.

국군이 38선을 돌파하여 평양으로 진격할 때 이 대통령은 국회부의장 조봉암을 동반할 만큼 그를 아끼고 배려하기도 했다. 조봉암의 부인 김조이가 6.25전란 중에 납북된 사실을 알고 혹시 평양에서 부인의 소식이라도 알아보게 하려는 배려였을 것이다.

하지만 이제 정치적으로 두 사람은 적대 관계에 놓이게 되었다. 조봉암은 이승만의 라이벌은 살아남지 못한다는 한국 현대 정치사 비극의 주역主役이 된 것이다.

제 10 장

보수야당, 붉은 딱지 붙여 참여 배제

나는 8.15 이후 즉시 공산당과 절연하고
오늘날까지 민주주의국가로 장래가 약속된 대한민국에
비록 미약하나마 심혈을 바쳐왔고
공산주의가 인류에게 끼치는 해독을 누구보다도 깊이 알기 때문에
이론적으로나 실제적으로나 대공산투쟁에 여생을 바칠 것을
나의 임무로서 자부하는 터이지만,
그와 동시에 나는 여하한 독재정치도 반대한다.
공산당의 독재는 물론이고 관권을 바탕으로 한
독점자본주의적 부패분자의 독재도 어디까지나 반대한다.

– 조봉암, 《동아일보》, 1955년 2월 24일

　　전쟁의 포성이 할퀴고 간 한반도에 휴전협정으로 총성이 멈추었다. 한국전쟁을 평화적 방법으로 마무리하기 위하여 유엔군 대표와 공산군 대표가 1951년 7월 10일부터 2년 17일 동안 개성과 판문점에서 협상을 벌인 끝에 1953년 7월 27일, 3조 63항의 휴전조인문에 서명함으로써 한국전쟁을 매듭지었다. 미·소의 세계재편 전략이 충돌하는 과정에서 발생한 6.25한국전쟁은 북한 인민군이 3일 만에 서울을 점령하고 3개월 만에 대구, 부산 등 경상도 일부를 제외한 전지역을 장악했다.

　　인민군은 점령지역에서 인민위원회를 설치하고 토지개혁을 비롯한 일련의 북한식 개혁조치를 실시했다. 하지만 남한 주민들의 지지를 받지 못했는데, 거기에는 조봉암이 기초를 다진 농지개혁으로 농민들의 좌경화를 막을 수 있었던 것이 큰 원인이 되었다. 6.25전쟁이 발발하자 미국은 유엔안전보장이사회를 개최하여 국제연합군의 참가를 결의토록 했다. 당시 유엔은 미국의 영향 하에 있었다. 1950년 9월 15일 미군을 주로 하는 유엔군이 인천에 상륙하고 9월 28일 38도선을 넘어 10월 13일 평양을 점령했으며, 10월 26일에는 한국군 일부가 압록강 근처 초산까지 진격하여 민족통일을 눈앞에 보게 되었다.

유엔군의 북진에 위협을 느낀 중국군의 개입(10.25)으로 전세가 역전되어 한국군이 오산 부근까지 후퇴했다가 1951년 3월 24일 다시 3.8선을 넘어 철원, 금화 일대까지 진출하여 현 휴전선에서 대치하고 있을 때 소련 유엔대표의 휴전제의를 미국이 받아들여 개성에서 휴전회담이 열리게 되었다.

휴전회담의 주요문제는 비무장지대 설치를 위한 군사경계선 설정, 휴전감시기관 구성, 포로교환 등이었다. 휴전회담은 일부 지역에서 전투가 계속되는 가운데 진행됐다. 이승만은 휴전반대운동을 전개하는 한편 불시에 반공포로를 석방하여 한때 회담이 위기에 빠지기도 했다. 이에 미국은 한미상호안전보장조약 체결·경제원조·한국군 증강 등을 조건으로 이승만을 무마시켰다. 마침내 1953년 7월 27일 유엔군과 북한 인민군 사이에 휴전협정이 조인됨으로써 전쟁은 끝나고 휴전상태에 들어갔다.

휴전협정에 한국군이 빠진 것은 이승만의 실책이었다. 막상 전쟁 당사국이 휴전협정에서 빠진 괴이한 형태의 협정이 진행된 것이다. 제네바에서는 한반도의 장래문제를 논의하는 정치회의가 열렸다.

조봉암은 비록 제2대 대통령 선거에서 패배했지만 이승만과 대결할 수 있는 유력한 인물로 부각됐다. 선거를 전후하여 임시정부 요인이었던 김성숙·최익환, 천도교의 지도자 신숙 등 원로 애국지사들과 대학생을 중심으로 하는 청년들이 그의 곁으로 찾아왔다. 이데올로기와 정파적 이해관계를 떠나 이들은 조봉암의 애국심과 용기 있는 행동에 뜻을 같이 하기로 하여 모여든 것이다.

휴전협정이 성립되면서 조봉암은 국내의 체제 정비를 심각하게 생각했다. 북한과의 체제경쟁을 위해서는 국내의 정치세력을 총망라한 연합체제가 필요하다고 인식한 것이다. 그 구체적 방안으로서 ① 자유·민국 양당과 재야세력의 협조와 통합 ② 야당연합 실현 후 자유당과의 협조체제 확립 ③ 이 대통령이 주도하는 민주진영의 결집 등 세 가지 방안을 제시했다. 대국적인 견지에서 이러한 조봉암의 정치 노선은 불가피한 정치지표라고 평가되기도 했다.[1]

이때 조봉암이 구상했던 국내의 정치체제가 구체적으로 어떤 것이었는지 애매한 부분이 없지 않다. '이승만이 주도하는 민주진영의 결집'이 북한식의 유일체제를 말하는 것은 아

---

1 임홍빈, 〈죽산 조봉암은 왜 죽어야 했나〉, 《신동아》, 1983년 3월호, 137～138쪽.

닐 터이지만, 반공진영의 대동단결을 뜻하는 것만은 분명했던 것 같다. 아무리 전쟁이 끝나가는 혼란기라고 해도 '집권자 중심의 결집'은 민주주의의 다양성과는 거리가 있는 듯하다. 조봉암의 이와 같은 제의에 자유당이나 민국당에서는 별로 관심을 보이지 않았다.

●제3대 민의원 선거 등록 방해

제3대 민의원 선거가 1954년 5월 20일로 예정됐다. 조봉암은 인천 지역구 선거관리위원회에 후보자 등록을 하려 했지만 괴한들에게 서류를 탈취당했다. 피난 시절 인연을 맺은 부산을구의 후보 등록도 깡패들의 방해로 하지 못했다. 마지막으로 자유당의 2인자로 자리를 굳혀가고 있는 이기붕과 대결하기 위해 서울 서대문갑구에 200명의 추천인 서명을 받아 서류를 접수시켰다.

그러나 선관위는 추천인 한 사람을 한 시간씩 심사하는 등 등록서류의 지연 심사로 의도적으로 마감시간을 늦추고, 이를 이유로 등록 실격을 통고했다.

당시 국회의원 선거법은 입후보자가 등록을 하기 위해서 유권자 200명의 추천을 받도록 했는데, 이승만 정부는 조봉암의 국회진출을 막기 위해 추천인들의 심사를 까다롭게 하여 등록 자체를 봉쇄한 것이다. 다음은 당시 조봉암의 비서였던 강원명의 증언이다.

> 처음 인천을구 등록서류를 갖췄습니다. 그런데 도중에 탈취당했지요. 마감 날 간신히 서대문구 선거관리위원회에 등록서류를 냈습니다. 직원이 서류를 받아 검토하는데 추천인 서류를 들고 안으로 들어가더군요.
>
> 왜 등록증을 안 주느냐고 항의했더니 추천인을 확인해야 한다는 겁니다. 다른 방에는 서대문 경찰서 간부들이 나와 있었어요. 이들은 우리 추천인 중에서 그들 손이 미치는 사람에게 형사를 보내 추천 취소를 시킨 거예요. 결국 마감시간인 하오 5시가 되자 접수계의 직원이 추천인 취소, 이중추천 등이 많아 추천인 서류 미비라고 통고했어요. 인천은 '서류 탈취', 서대문은 '추천인 취소 작전'으로 죽산의 후보 등록은 실패했습니다.[2]

대통령 선거에서 2위를 했던 조봉암은 불과 2년도 되기 전에 국회의원 선거에 후보 등록도 하지 못할 만큼 정치탄압을 받았다. 서대문 선거관리위원회에는 본인이 직접 찾아가 후보 등록을 신청했으나 강원명의 증언대로 끝내 입후보조차 하지 못했다.

---

2 이영석, 《죽산 조봉암》, 원음출판사, 1983, 202쪽, 재인용.

폭력배와 경찰의 합동작전으로 감행된 등록방해 사건
은 전국에서 오직 한 사람 조봉암만이 당했다. 이 암흑시
대에 대해 정부와 자유당은 그렇다 치고 야당까지도 모두
입을 다문 채 외면했다.[3]

제3대 국회의원(민의원) 선거는 발췌개헌을 통해 장기집권
의 길을 트고 치른 첫 총선이었다. 이승만 정권은 개헌 가능
선인 3분의 2 의석을 확보하기 위해 민의원 선거에서 금권과
폭력에 의한 대규모 부정선거를 감행하는 한편 깡패들을 동
원하여 야당 유세장을 습격하고 야당 후보, 무소속 후보들을
테러하는 등 온갖 불법행위를 저질렀다.

이 같은 타락 불법선거로 자유당 114석, 민국당 15석, 대
한국민당 3석, 국민회 3석, 무소속 67석으로 자유당이 압승했
다. 그러나 자유당은 당초 목표한 개헌정족수를 채우는 데는
실패하여 또 한 차례 헌정유린사태인 사사오입 개헌이라는
무리수를 두게 된다.

이승만의 탄압으로 국회에 들어가지 못한 조봉암은 야인
이 되었다. 조봉암은 국회사무처에서 발행하는 《국회보》에
'5년 간의 의회생활'이란 글을 기고한 적이 있다. 누구 못지
않게 국회를 사랑한 절절한 마음이 담겼다. "나는 국회에서

■■■■ 3 앞과 같음.

죽산 조봉암 선생

농림부장관 시절의 죽산 조봉암

헌법 기초위원들의 모습(뒷줄 표시한 부분이 조봉암)

1952년 7월 10일 새로 선출된 제2대 후반기 의장단
(왼쪽부터 윤치영 부의장, 신익희 의장, 조봉암 부의장)

제3대 정·부통령 선거를 앞두고 모인 야당 후보들(왼쪽부터 진보당 부통령 후보 박기출,
진보당 대통령 후보 조봉암, 민주당 대통령 후보 신익희)

야당연합전선으로 대통령 후보를 내세우라는
국민의 여망을 받아들여 열린
신익희·조봉암 회담이 결렬된 직후의 모습

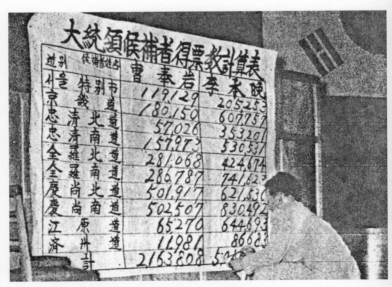

大統領候補者得票數計算表

道別 候補者選名	曹奉岩	李承晩
서울 特別市	119,129	205,253
京畿 道	180,150	607,757
忠清北道	57,026	353,201
忠清南道	157,973	530,531
全羅北道	281,068	424,674
全羅南道	286,787	741,623
慶尚北道	501,917	621,530
慶尚南道	502,507	830,492
江原 道	65,270	644,693
濟州 道	11,981	86,623
計	2,163,808	5,...

1956년 제3대 대통령 선거 개표 결과(조봉암이 216만 표 획득)

각 신문에 대대적으로 보도된 진보당사건에 대한 선고 결과

진보당사건 공판 당시(오른쪽 끝이 조봉암)

1959년 2월 법정에서 선고가 내려진 후
절망하는 딸 조호정

사촌오빠인 조규진(작고)과 함께
아버지를 면회하고 서대문 형무소를
나오는 딸 조호정

조봉암 선생의 32주기를 기해 사면·복권과 명예회복을 위한 청원서를 국회에 제출한 뒤
묘소를 찾은 생존 동지들

조봉암 선생의 생애에 관한 기록 없이
덩그러니 이름만 새겨져 있는 추모비

하루라도 떠나고 싶지 않고 언어 이상으로 국회가 사랑스럽다"라고 썼다.

　　민족국가의 장래를 위하여 걱정되는 일이 결코 한두 가지가 아니지만 그러나 의사당은 나에게 둘도 없는 활동무대요 낙원이었다. 내가 만일 야野에 있었더라면 정당운동이 국정참여의 유일한 방편이었겠지만, 과거 8년간 같은 정세 하에서의 정당운동이란 일종 정치유희에 지나지 못하였을 것이며 내가 만일 행정관으로 재직해왔다고 하면 그것 역시 제한된 테두리에서 벗어나지 못하였을 것이다.

　　대학교수 생활을 했대도 언론인이 되었어도 역시 그러하였을 것이다. 어쨌든 국회의원이 되었던 까닭에 국사논정國事論正의 본 무대에서 살아온 것을 나는 무한히 기뻐한다……. 나는 국회에서 하루라도 떠나고 싶지 않고 언어 이상으로 국회가 사랑스럽다.

　　내가 일찍이 농림부장관으로 취임했을 때는 제헌국회의 초기여서 국회에 정들이지 못한 시기였었지만 전번의 대통령 입후보 때만 하더라도 나는 내 집을 떠나 유학의 길을 준비하는 것 같은 감이 들었다. "의회중심 제도로 발전되어가는 것이 현대 민주국가의 특징이라고 하겠는데 우리나라의 현실은 대통령이라야 행정의 책임을 지고 시정할 수 있기에 나는 대통령 입후보를 결의하였다"는 요지의 입후보 연설을 했던 것이니 내가 국회에서 보다 더 유위한 일을 하고 살았다는 심정은 이 연설에서도 가장 큰 골자가 되었던 것으로 기억된다.[4]

━━ 4 《국회보》, 국회 사무처, 1953년 제3호, 5~7쪽.

신당창당운동에 참여

"원숭이는 나무에서 떨어져도 원숭이지만, 정치인이 총선에서 떨어지면 정치인이 아니다"라는 정언이 있듯이, 원내에 들어가지 못한 조봉암은 1년여 동안 사직동 자택에서 붓글씨를 쓰면서 야인 생활을 하였다.

그는 서예와 독서로 소일하며 때때로 영화관 출입을 즐겼다. 〈누구를 위하여 종은 울리나〉 〈피크닉〉 등은 그가 재미있게 본 영화였다고 한다. 특히 〈피크닉〉은 세 번이나 본 기록을 세웠다. 윌리엄 홀덴과 킴 노박 주연으로, 무일푼의 신세에 쫓기는 몸이 된 주인공이 악전고투 끝에 미녀와 결합으로 해피엔딩이 되는 멜로드라마였다.

조봉암 자신은 쫓기는 몸에 빈털터리가 되었으니 그 영화에 정신없이 몰입했을 법하다. 조봉암의 은둔은 곧 낚시를 드리운 채 시절을 낚아보려는 강태공의 심정을 방불

케 했을 것이다.[5]

한국에서 총선거가 있기 직전에 스위스 제네바에서는 한국의 통일문제와 인도차이나문제를 토의하기 위해 정치회의가 열렸다. 한국문제 토의에는 미국, 영국 등 유엔참전 16개국과 한국, 북한, 소련, 중국이 참가했다. 한국 측 대표는 변영태 외무장관, 북한 측은 남일 외무상이었다.

한국 측은 5월 22일 '유엔 감시 하에 남북한 자유선거를 실시하며, 자유선거를 위해 언론자유·인권보장·투표의 비밀이 보장돼야 하고, 이와 같은 원만한 성과가 확인되기 전에는 유엔군의 완전철수가 불가능하다'는 내용을 골자로 하는 '한국 통일에 관한 14개 원칙안'을 제안했다. 이에 대해 소련은 외국군의 철수가 우선돼야 한다는 등 5개항을 제안했고, 북한 측은 외국군 철수 및 감군과 모해 절차를 토의하기 위한 전조선위원회 구성 등을 제안하여, 회의는 진전 없이 결렬되었다. 이로써 한국전쟁은 3년 간의 열전에 이어 끝이 보이지 않는 냉전시대로 접어들었다. 조봉암 등 진보적인 정치인들에게는 대단히 힘든 냉전체제가 조성되었다.

제3대 총선에서 부정선거로 압도적 다수 의석을 차지한 자유당은 이승만의 3선을 위한 개헌공작을 시작했다. 당시

■■■■ 5 임홍빈, 앞의 책, 138쪽.

헌법은 대통령의 1차 연임만을 허용하고 있었다. 자유당은 영구집권을 기도하면서 초대 대통령에 한해 중임제한을 철폐한다는 개헌안을 마련하고 1954년 11월 27일 국회에서 표결에 들어갔다. 재적 203명 중 가 135표, 부 60표, 기권 7표로 개헌 정족수인 136표에 1표가 미달되어 부결이 선포됐다. 그러나 자유당 정권은 203명의 3분의 2는 135명이 된다는 억지 주장으로 이틀 후인 29일 부결선언을 번복, 개헌안의 가결을 선포했다. 사사오입개헌은 절차상으로도 정족수에 미달한 위헌적인 개헌이었다.

이승만의 영구집권을 획책하는 사사오입개헌 파동을 계기로 야당·재야에는 범민주세력의 통합을 위한 단일 정당운동이 제기되었다. 이승만의 끝없는 권력 욕망을 막으려면 민주세력의 대동단결이 급선무였다. 먼저 국회에서는 민국당과 무소속 의원 등 60여 명이 호헌동지회를 구성하여 야당계의 단일 원내교섭단체를 구성하고 자유당에서 이탈한 김영삼, 민관식 등 소장파 의원들을 영입하여 새로운 통합야당의 길을 모색하기에 이르렀다.

국회의원 선거에 나가지 못한 조봉암은 칩거하면서 〈우리의 당면과업 대對공산당투쟁의 승리를 위하여〉라는 장문의 논설을 집필했다. 이 논설문은 동해안반란사건, 김성주사건 등 자신을 옥죄는 정치적 곤경과 제네바회의를 앞두고 진보세력이 싸워나가야 할 정치적 테제에 관해 쓰고 있다. 대통령 선거 과정에서 덧씌워진 공산주의자라는 매도에 대한 자신의 심경을 비롯하여, 무엇보다 향후 정치노선으로 정립해나갈 평화통일론, 정계개편 과정에서 연합전선 결성방안 등을 제시하고 있다. 몇 대목을 살펴보자.

지금 우리가 찾으려는 자유와 민주독립은 다만 남이 가져다주는 선물적 혜택에 의존할 수 없는 것이니 만치 우리의 민주역량 강화는 그 무엇보다도 급선무라고 하지 않을 수 없다. 무력의 강화도 물론 필수요건이라고 하겠지만 그보다 더욱 귀중한 것은 정치적 투쟁 및 사상적 민주역량의 증강인 것이고 우리가 완전한 승리를 전취하기 위해서는 화전 양면에서 언제나 그 절대적인 우위를 차지해야 할 것이다. 무력으로 통일하거나 선거로써 통일되거나 간에 이 사상적 지도이념의 확립과 민주세력의 공고한 집결이 없이는 우리들의 염원과 노력은 헛되이 수포로 돌아간다는 것을 깊이 깨달아야 한다.[6]

우리가 공동운명체로서 결성되는 도정에는 우리 조국의 독립을 찾기 위하여 전 민족이 단결해서 독립운동을 전개했던 경험이 있다. …… 그러므로 우리는 일본제국주의

■■ 6 정태영 외,《죽산 조봉암 전집 1》, 죽산조봉암선생기념사업회, 1999, 176쪽.

와 투쟁하던 것과 같은 그러한 기백으로써 조그마한 의견이나 주장의 차이 같은 것은 거두어둘 것이며 가슴을 탁 풀어헤치고 그야말로 허심탄회하게 국사에 임하는 동시 당면한 긴급문제를 과감하게 해결해야 한다. 우리가 공산당과 싸우는 것은 자유생존을 누리게 될 것이냐 그렇지 못할 것이냐의 절대적이고 결정적인 투쟁인 것이다. 그런 까닭에 우리는 모든 사심과 소아를 버리고 이 결정적인 싸움에 기어코 이겨야 할 것이니, 군림과 독단의 태도를 버릴 것이며 좌고우면의 소극적인 태도도 단연 버려야 한다.[7]

지금 우리 남한에는 표면에 나타나 있는 정당이 두 개 있다. 하나는 자유당이요 또 하나는 민주국민당이다. 여당인 자유당은 형식상 최대의 정당이기는 하나 아직 실제 면에서 당원 내지 민중과 결부되어 있지 아니하며, 자본가와 지주계급을 대표하는 정당으로 출발했던 민주국민당은 저반 당적 형식의 개변으로 말미암아 당의 뚜렷한 계급배경을 상실한 인상을 주는 것이니, 강력한 여당이 없는 것도 하나의 큰 결함이겠지만 야당이라고 할 만한 형식과 내용을 갖춘 야당이 없는 데서 우리나라의 민주발전이 더 한층 역경을 걷고 있다. 오늘날 우리 사회의 정당은 정책이

<hr>

7 앞의 책, 191쪽.

327

나 대중적인 기반을 토대로 해서 그 위에 서 있는 것이 아
니라 기개 간부의 인물중심으로 존재하고 있는 것이며 이
간부 몇 사람의 움직임이 당 전체의 조직행동으로 해석되
고 있다. [8]

　　우리나라의 지도층은 민중은 어리석어서 아무것도 모
르려니 하고 그저 억눌러서 입을 막아놓기에만 바쁜 것이
다. 이러한 식의 정치는 민중과 더욱 유리될 뿐 아니라 시
대에 뒤진 행동이며 민주제도에 역행해서 나라를 그르치
고 민족과 민주발전의 앞길을 막는 죄악이 되는 것이다.

　　정치에 관여하고 정치를 운위하는 모든 인사는 특히
이 점에 유의해서 수시로 자기반성 기회를 가져야 하겠다
는 것을 뼈저리게 느낀다. 현명한 민중은 자기들의 마음
가운데 이미 판단을 내리고 자기의 일을 스스로 해결하고
있거늘 일부 정치인들만이 종래와 같은 편협하고 완고한
태도로써 임한다고 하면 이 나라 안에 있어서는 어떤 일
한 가지도 제대로 성사될 것을 기대할 수는 없을 것이다. [9]

___

8　앞의 책, 193쪽.
9　앞의 책, 234쪽.

신당 참여를 둘러싼 갈등

1년여의 칩거를 벗고 일어난 조봉암은 신당 창당작업에 몸을 실었다. "지팡이를 짚고라도 신당운동에 참여하겠다"라는 술회에서도 나타나듯이 신당창당에 열정을 보였다. 하지만 그의 신당참여에는 숱한 고비가 깔려 있었다. 신당 결성의 주체인 호헌동지회에서는 자유민주파와 민주대동파 사이에 의견이 갈렸다. 김준연, 유진산, 정성태, 조영규, 이철승 등은 조봉암이 공산주의자라는 이유를 들어 반대하고, 장면과 조병옥 등은 이념문제와 더불어 정치적 이해관계, 즉 조봉암이 신당에 참여하게 되면 자신들과 정치적 라이벌이 될 수 있다는 이유로 반대했다. 반대에 가장 적극적이었던 조병옥은 그 이유를 다음과 같이 들었다.

나는 미군정의 경무부장으로 있을 때부터 조봉암 씨의 정치적 행상을 너무나 잘 알고 있기 때문이었다. 조봉암 씨는 남로당 '헤게모니' 쟁탈전에 있어서 군정의 폭력전복을 반대하였던 까닭에 박헌영에게 패배 당해 반간파로 몰렸던 것이다. 그는 본질적으로 공산주의자요, 그의 저서 《당면과제》에서는 사회주의자로 자처하면서 자기의 정치이념이 변함없음을 밝혔던 것이다. 그러므로 조봉암 씨는 정치적 방면으로써 정치적 개종을 한 것이라고 나는 생각하였기 때문에 그의 신당가입을 적극적으로 반대하였던 것이다.[10]

과거 엠엘당(마르크스·레닌당) 당수를 지낸 김준연도 강경하게 조봉암의 신당 참여를 거부하였다. 김준연은 그전에도 몇 차례 조봉암의 전력을 들어 공산주의자라는 매카시적인 공격을 했었다.

다음은 1954년 3월 일간신문에 보도된 조봉암과 김준연의 지상논쟁이다.

△ 김준연의 주장

① 조봉암 거부의 이유 : 그가 공산주의자가 아니라는 보장이 없다. 그는 적어도 세칭 제3세력 내지는 중간파라

---

10 조병옥, 《나의 회고록》, 민교사, 1959, 372~373쪽.

고 볼 수 있다. 거반 성명에도 사회주의적 색채가 농후하다. 사회주의와 공산주의는 4촌간이라기보다 동질적인 것이니 신뢰하고 같이 일할 수 없다.

② 조曺 씨와의 정책적인 차이 : 보수니 혁신이니 운위되고 있는데, 공산주의에 가까운 것이 혁신이고, 이와 반대가 보수를 의미하는 것은 아니다. 우리의 경제정책이 다시 자유경제로 환원되었을 뿐 아니라, 외국에서도 이제 사회주의 경제정책을 주장한다는 것은 시의에 적합하지 않다.

△ 조봉암의 주장

① 신당가입의 태도 : 사사오입 개헌파동 후 현정부의 독재적 경향을 억제키 위해 제야세력의 총망라, 신당 원칙에 찬성, 가입종용에 응하게 된 것이다.

② 재야세력 단결제창에 대한 논란 : 공산음모에 대항하기 위해서는 재야 민주세력의 총규합에만 그칠 것이 아니라 여야를 막론한 민주세력의 대동단결도 실현되어야 한다는 것은 나의 원래부터의 지론인데, 신당발족 전부터 모략과 모해로 파탄상태에 있으니 한심스럽다.

③ 공산당과의 관계 : 8.15 후 공산당의 반민족 행위에 느낀 바 있어 일제하에 가담했던 공산당에서 이탈하고 모든 좌익계열에서 손을 뗀 지 10년, 그동안 나는 이 나라를

위하여 다소간의 실천을 하여왔다. 이는 이미 수차 공표한 바도 있고, 널리 국민들도 알고 있는 사실이므로 나의 참가를 반대하는 그들의 의도가 나변에 있는지 의문이며, 이는 오로지 국민이 비판할 것이다.

④ 사회주의에 대한 견해 : 우리나라 안에 사회주의자가 어디에 있는지 나는 발견 못하였고, 현하 당면한 최대 과업인 국토통일·자유독립·민주발전·민생해결 등을 위한 시의에 적합하고 민중이 요구하는 정책이란 다 같은 것인데, 어떤 점으로 나를 사회주의자라고 부르는지 알 수 없다.

더욱이 일부에서 공산주의와 사회주의를 4촌시 하는 것은 실로 상식 밖의 말로서, 소련의 공산당과 영국의 노동당이 4촌이라고 단정하는 것과 같다.[11]

조봉암에게는 또 새로운 시련이었다. 과거 조국해방의 수단으로 택했던 독립운동의 행적이 두고두고 자신의 정치적 행로에 장애물로 등장한 것이었다. 자신의 반공주의 노선을 수차례에 걸쳐 선언하고 언급했지만 붉은색 칠하기는 그치지 않았다. 공산주의와 민주사회주의(또는 사회민주주의)도 구분하지 못한 정치인들의 공격은 거세어졌다.

---

11 《한국일보》, 1954년 3월 2일, 임홍빈, 앞의 책, 138쪽.

여기에 이승만 정권의 탄압은 날이 갈수록 심해지고 정치 활동에 필요한 자금은 대부분 차단되었다. 정치인이 아닌 한 인간으로서도 감내하기 어려운 상황이었다.

민국당 중심의 보수야당 내에서 조봉암의 신당 참여를 두고 이념과 이해에 따라 여러 갈래로 의견이 대립되었다. 한민당 이래 민국당에서도 강력한 영향력을 행사하고 있던 부통령 출신 김성수는 양자에 절충적이었지만 비교적 찬성하는 입장이었고, 독립운동가 출신으로 국회의장을 역임한 신익희는 적극적으로 찬성했다.

신익희와 북한에서 조국통일전선에 참여하고 있던 조소앙이 인도 뉴델리에서 비밀리에 만났다는 함상훈의 거짓 폭로로 신익희의 입지가 약화되고, 양측의 절충을 모색하던 김성수가 갑자기 사망하면서 조봉암의 신당참여 문제는 난관에 봉착하게 되었다.

조봉암의 신당 참여 배제

조봉암은 자신의 신당참여 문제와 관련하여 1955년 2월 22일 다시 한 번 '신당운동에 호응할 터'라는 성명을 발표했다. 이 성명은 자신의 참여를 반대하는 조병옥, 김준연 등을 무마하기 위해 김성수의 요청으로 쓴 것이다.[12]

호헌동지회가 반공산·반독재의 기치를 들고 재야 전 민주세력의 집결을 목표로 하는 당 조직까지 제기하기에 이른 것은 모든 국내외 정세로부터 오는 직접적인 결과로서 결코 우연한 일이 아니다. 이 과감한 원내투쟁의 봉화는 나랏일을 직접 하는 각계 인사들의 흉금을 고등시켰고 이 기회에 재야 민주세력의 무조건 대동단결을 서로가 강조하게 된 것도 당면한 국정쇄신과 민주역량의 실제적인

---

12 정태영,《조봉암과 진보당》, 한길사, 1991, 223쪽.

신장발전을 절실히 희구하기 때문이다.

우리가 연래로 주장하고 노력해온 것은 민주주의 승리에 의한 국토 통일이다. 대공산투쟁에 승리를 기하기 위하여 나는 일찍이 민주역량 총체의 행동통일을 위한 연합전선의 구성을 제창하였고 여기에서 생각할 수 있는 몇 가지 방안을 제시한 바도 있지만, 이번 호헌동지회 주도하의 신조직 운동은 이러한 집결체의 구성요소로서 하나의 공고한 지반이 되리라고 믿는 것이며 대중조직의 발전을 위하여 우리는 이 운동을 환영하며 찬동한다. 대중의 건전한 조직은 민주정치의 기반일 뿐더러 대중의 자발적이며 의식적으로 조직하는 대공산투쟁에 있어 승리를 보장할 수 있는 기본조건이기 때문이다.

나는 8.15 이후 즉시 공산당과 절연하고 오늘날까지 민주주의 국가로 장래가 약속된 대한민국에 비록 미약하나마 심혈을 바쳐왔고, 공산주의가 인류에게 끼치는 해독을 누구보다도 깊이 알기 때문에 이론적으로나 실제적으로나 대공산투쟁에 여생을 바칠 것을 나의 임무로서 자부하는 터이지만, 그와 동시에 나는 여하한 독재정치도 반대한다. 공산당의 독재는 물론이고 관권을 바탕으로 한 독점자본주의적 부패분자의 독재도 어디까지나 반대한다.

이번에 조직된 신당은 발안자인 호헌동지회에서 누차 설명한 바와 같이 반공산·반독재투쟁을 위한 재야 민주세력의 총집결을 기도하는 것이니 만큼 정권 담당을 목표로 하는 주체적인 정강정책 그것보다도 법질서의 유지와 개인의 창의가 존중되는 합리적 경제정책의 시행을 위한 구국운동인 것이며, 조직의 성격규정이 이렇듯 명확히 된 점에서 우리는 이 운동을 높이 평가하는 것이다. 이 운동의 주체적인 호헌동지회의 중요한 분들이 이 운동을 위하여 나의 협조를 구하기에 비록 미력하기는 하지만 지팡이를 짚고라도 따라갈 것을 작정하고 이 글을 널리 동포 앞에 드리는 터이다.[13]

당시 정치지형에서 반이승만 민주대연합의 신당을 결성하려면 조봉암을 배제하고는 '민주대동단결'의 의미를 찾기 어려운 형편이었다. 그는 비록 현역은 아니었지만 정계의 한 맥을 형성하고 확고한 지지세력을 갖고 있었다. 또한 자유당과 유사한 정강·정책을 갖고 있는 민국당과 사사오입 개헌 파동에서 자유당을 이탈해온 소장파들만으로 신당은 부족한 면이 너무 많았다.

따라서 조봉암의 존재는 보수야당에서 보혁을 아우르고, 통일정책에 있어서도 현실성이 없는 이승만류의 북진통일론에서 평화통일론으로 발전하는 계기가 될 수 있었다.

---

13 《동아일보》, 1955년 2월 24일.

그럼에도 불구하고 조봉암의 신당 참여를 반대하는 자유민주파의 태도는 완강했다. 이들은 통합신당 대신 별도의 자유민주당 창당의 뜻을 밝히면서 조봉암의 배제를 목적으로 하는 조직요강 6개항을 채택했다.

① 좌익전향자와 악질부역자를 제외한다.

② 독재 행위와 부패 행위가 현저하여 사회의 주목을 받는 자를 제외한다.

③ 당적을 가지고 신당 발기인이 되려는 자는 탈당하여야 한다.

④ 원외 발기인이 되고자 하는 자는 별지 양식에 의하여야 한다.

⑤ 발기 준비위원은 원내외 반분으로 하되 150명 정도로 한다.

⑥ 원외 위원회 구성비율은 저명인사, 중견층(전 국회의원을 중심), 신진인물을 대략 같은 비율로 한다. 단 지역과 직장을 고려한다.

조병옥 중심의 자유민주파가 마련한 이 조직요강 제1항은 "좌익전향자와 악질부역자를 제외한다. 단 국무위원과 국회의원을 지낸 자는 예외로 한다"에서 단서 조항을 삭제한 것이다. 순전히 조봉암을 제외시키려는 의도였다.

야권에서 조봉암을 배제하는 움직임이 가시화되고 있을 때 이승만 정부는 최근 체포한 간첩이 제3세력이라고 추정되는 정치세력과 접촉한 사실이 있다는 식의 발표를 했다. 그리고 신익희에게 당시 6군 사령관 이한림 중장과 쿠데타를 시도했다는 혐의를 씌우고, 일부 장교들은 신익희의 지령으로 쿠데타를 기도했다는 혐의로 구속하였다. 수사 당국이 발표한 '제3세력' 운운은 조봉암의 신당참여를 봉쇄하고, 당시 가장 국민적 지지가 높았던 신익희를 곤경에 빠뜨림으로써 조봉암의 신당 참여를 봉쇄하려는 정략이었다.

신당 주도세력의 소아병적인 태도, 갑작스런 김성수의 사망, 정부의 공작에 의한 신익희의 곤경 등으로 조봉암의 신당 참여는 좌절됐다. 이것은 당초 신당 창당의 의도와는 달리 혁신세력이 배제된 보수 야당의 '불구성'과, 이로 인한 혁신세력의 독자정당 창당의 계기가 되었다. 궁극적으로는 조봉암의 죽음으로 이어지는 한국정치사에 대단히 중요한 사건으로 귀결됐다.

북진통일론 대응 못한 민주당의 한계

조봉암의 신당 참여문제를 둘러싸고 야권에서 논란이 분분할 때 한 신문은 다음과 같이 보도했다. 양측의 이해관계와 입장을 살피는 데 도움이 될 수 있다.

침체상을 보여주고 있던 신당운동은 제20회 정기국회 폐막과 때를 같이 하여 바야흐로 최고조에 달한 감을 주고 있으며, 더욱이 "공산과 독재와 독점자본을 반대하고 호헌동지회와 혼연 협조하여 지팡이를 짚고서라도 신당을 위해서 진격하겠다"는 22일부의 조봉암 씨 성명서 발표를 계기로 신당이 지닌 바 고민은 드디어 표면화되어 가는 감을 주고 있다.

즉 동 씨의 포섭문제를 둘러싸고 파벌 대립되어오던 의견의 조절 여하는 신당의 성격은 물론 한걸음 나아가서는 발당을 앞두고 신당 자체의 성패를 좌우할 분기점에 놓이게 될지도 모르는 중대한 문제로서 오는 25, 26일 양일에 개최될 신당촉진위원회 및 호헌동지회 총회의 귀추는 관심을 집중시키고 있다.

그런데 소식통에 의하면 현재 호헌동지회 내부에는 조 씨의 신당가입에 대한 의견이 명백히 대립되고 있어 동 씨의 가입을 찬성하는 측의 주장은 "조 씨가 흔연 신당이념에 찬의를 표명하고 이에 가입을 희망하는 성명을 발표한 이상 문호개방 원칙을 국민에게 공약한 신당으로서는 이론상 그를 거부할 아무런 이유도 없다"는 데에 근거를 두고 있고, 이와 반대로 조 씨의 가입을 주저 혹은 반대하는 측에서는 "아무리 국민 앞에 문호개방을 공언하였다 하더라도 현실에 의거해볼 때, 정치적 이념에 있어 동 씨와는 영구한 제휴는 불가능할 뿐 아니라 설혹 그와 일단 융합하더라도 미구에 있을 정책수립 기타 이데올로기 문제로 자연적으로 균열을 초래할 염려가 다분히 있는 만큼 이러한 위험성을 내포하면서 신당을 발족하느니 차라리 처음부터 그와의 제휴를 끊는 것이 현명하다"는 것이다. 그러나 이와 같이 미묘한 분위기 속에서도 더욱 주목을 끌게 하는 것은 고 인촌(김성수-저자) 선생은 재세시 "조 씨 일 개인문제에 신당이 구애되어서는 안 되는 만큼 그가 명확히 태도를 표명토록 하여 그와 협력하라"고 주장한 바 있어 오늘 조 씨가 그의 태도를 명백히 하는 성명서를 발표하게 되었다는 사실이며 이와는 반대로 신당의 거물급으로 알려지고 있는 모모 인사들은 그간 수차에 걸쳐 조 씨 문제를 숙의한 결과 대체로 동 씨의 신당가입을 반대해야 된다는 데에 의견의 일치를 보았다는 사실이다. 이러한 의미에서 정계 일부 층에서는 조 씨 문제를 더욱 중요시하고 이 문제의 결과 여하에 따라서는 호헌동지회 자체에도 영향이 없지 않을 것이라고까지 논평하고 있다.[14]

이 대통령의 독재와 반통일 정책을 비판하면서 태동된 민주대연합의 신당운동은 조봉암을 배제한 가운데 장면 중심의 천주교세력과 곽상훈 등의 무소속세력, 주요한 등의 흥사단세력, 자유당 탈당의원 등을 끌어들여 10개월여 만에 보수야당 민주당을 창당했다. 1955년 9월 18일에 창당된 민주당은 대표최고위원 신익희, 최고위원 조병옥, 장면, 곽상훈, 백남훈 등으로 구성됐다.

한 연구자는 이런 과정을 거쳐 탄생한 민주당에 대해 다음과 같이 평가했다.

이승만 정권의 불법적인 사사오입개헌이 국회를 통과한 이후 시작된 신당 창당운동은 이렇게 하여 약 10개월에

■■■■ 14 《동아일보》, 1955년 2월 24일자.

이르는 오랜 기간을 거쳐 그 열매를 맺었다. 그러나 이들은 창당과정에서부터 많은 한계를 가지고 출발하였기 때문에 1950년대를 통해서 그다지 긍정적인 역할을 하지 못했다.

조봉암의 참여를 거부한 점에서 잘 나타나듯이 이들은 철저히 보수적인 입장을 견지했고, 이승만 정권에 반대하는 모든 정치세력들을 아우를 수 있는 여유를 가지고 있지 못했다. 한민당에서 민국당으로 이어지는 보수 정당이 오히려 이승만보다 더 친미적이고 반공적이었다는 점을 감안하면, 민국당이 주도적으로 참여한 민주당이 또다시 극우 보수적 입장을 가지고 출발하는 것은 당연한 사실이었다. 이들이 당시 민족의 생존권이 걸려 있던 통일문제에 대해 전혀 대응하지 못한 것도 바로 이러한 한계에서 비롯되는 것이다. 이들은 창당 이후 4월 민주항쟁에 이르기까지 이승만 정권의 무력북진통일 정책에 대해 어떠한 대응도 하지 못했으며, 이승만 정권이 평화통일론을 문제 삼아 진보당의 등록을 취소했을 때도 뒷짐만 지고 바라보고 있었다. 경제정책에서도 비록 말로만 선언한 것이었지만 노동자·농민 분위기 경제정책을 내세운 자유당의 정강정책보다도 보수적인 정책을 내세웠다.[15]

---

15 한태수, 《한국정당사》, 153~155쪽, 박태균, 《조봉암 연구》, 창작과 비평사, 1995, 230~231쪽.

제 11 장
이승만과 사활을 건 대결

개표 상황을 본 순간
너무도 큰 차가 나서 등골이 오싹해졌다.
이 표 저 표 할 것 없이 모두 죽산 표뿐이었다.
공무원들도 이승만에게 투표하지 않은 것 같다.
조봉암 표를 가운데 넣고 위아래에
이 박사 표를 한 장씩 붙여
100표 한 묶음의 샌드위치 표를 만들었는데,
이 박사 표는 그 위아래 붙이기도 모자랄 지경이었다.

– 박기출, 《한국정치사》에서

진보당의 모태 '광릉회합'

　대통령 3선 연임을 위해 발췌개헌을 감행했던 이승만은 1956년 5월로 예정된 정·부통령 선거를 앞두고 예의 노회한 정치적 술수를 내보였다. 이승만은 1인의 3선은 민주주의 원칙에 배치되므로, 자신은 출마하지 않을 터이니 연부역강한 인물을 골라서 내세우라는 성명을 발표한 것이다.

　한국정치사에서 '우의牛意' '마의馬意' 라는 해괴한 유행어가 생긴 것은 이 무렵이었다. 전국 방방곡곡에서 이승만의 재출마를 요청하는 관제 데모가 벌어지고 심지어는 우마차조합까지 동원되었다. 자유당과 공무원, 경찰이 배후에서 이들을 동원한 것이다. 과열 분자들은 손가락을 잘라서 혈서를 쓰고, 과잉 분자들은 돈을 모아 경무대로 보냈다. 매일 같이 전국 도처에서 '우의'와 '마의'가 동원되더니 마침내 이승만은 '민의'를 받아들이는 형식으로 '재출마'로 번의하고, 이어서 이기붕을 부통령 후보로 지명하였다.

이를 지켜 본 조봉암은 한 잡지에 다음과 같이 소회를 밝혔다.

민의대民意隊는 국회의원 소환에 활용되고, 국회를 질식케 하는 정치파동에 동원되고 이제 다시 이 대통령 3선 출마 요청에 등장하였다. …… 민의의 표현이 비밀투표를 통해서 이루어져야 한다는 간단하고도 명료한 민주주의 철칙을 배반하고 권력의 배경을 가지고 통·반장, 이·동장을 동원하여 출마를 요구하고 백지날인을 요구하는 사실은 우리나라에서만 볼 수 있는 기현상이다.[1]

이승만의 재출마가 확실해지면서 민주당에서도 3월 하순에 대통령 후보 신익희, 부통령 후보에 장면을 선출하고 '못살겠다 갈아보자!'라는 선정적인 선거구호를 채택하면서 본격적인 선거전에 뛰어들었다.

분단과 6.25전쟁을 겪으면서 한국에서는 반공 이데올로기가 초법적 권위를 지니고, 진보나 혁신이념이 '공산주의의 4촌'쯤으로 매도되었다. 동서 냉전체제와 이승만 정권의 극단적인 반공정책의 소산이었다. 그래서 진보·혁신 정당의 실험은 합법공간에서 국민의 지지나 선택 여부와는 상관없이

1 조봉암, 〈민의와 민주주의〉, 《신세계》, 1956년 4월호, 61~62쪽.

철저히 배제되었다. 이로 인해 중도파와 온건 좌파세력은 몰락하거나 구심점을 잃고 흩어졌다.

민주당의 창당과정에 혁신세력이 배제되면서 조봉암의 주변에는 많은 사람이 모여들었다. 신당에 참여하지 않은 서상일, 신도성 등이 뜻을 함께하고 김구·김규식 계열의 남북협상파, 한독당 최고위원 출신 최익환, 임시정부 국무위원 김성숙, 조봉암과 함께 옥고를 치른 독립운동가 김찬을 비롯 재야 원로들과 청년층이 모였다. 이들의 담론은 자연스럽게 '혁신대동운동'으로 모아졌다. 보수양당체제에서 혁신정당의 필요성이 논의되고, 이에 따라 혁신정당의 창당 준비가 어느 정도 진척되었다.

이렇게 하여 모임이 시작된 것이 1955년 9월 1일의 '광릉회합'이다. 수사기관의 눈을 피해 야유회를 하는 것처럼 광릉에서 회합을 갖고 혁신세력의 대동단결과 이듬해로 다가온 제3대 정·부통령 선거에 대비하려는 뜻이었다. 서상일이 광릉회의를 제안하였다.

어려운 산고를 겪고 다시 이루어진 것이 1955년 9월 1일의 광릉회합이다. 여기에는 서상일, 장건상, 조봉암, 최익환, 서세충, 박용희, 정이형, 남상철, 양우조 등 장로들이 참석했고 신도성, 윤길중, 김기철, 김경태, 이명화, 김수선 등 젊은 사람들도 들어 있어 모두 40여 명이 모였다.

이날 회합에서는 현실정치의 진부한 보수성에 대한 비판과 신당운동의 필요성이 각자의 의견으로 제시되었고, 앞으로 구체적인 정치운동에 관하여 자주 회합을 열어 논의하기로 한 후 헤어졌다.[2]

제1공화국에서 본격적인 최초의 혁신정당인 진보당이 태동하게 되는 이날의 모임에는 이밖에 중도파·온건좌파·종교인 등이 참석했다.

광릉 야유회에는 보수진영과 거리를 두고 있던 모든 정파의 대표급 인물들이 초대됐다. 구한독당 계열, 김규식 씨의 민족자주연맹 계열, 여운형의 근로인민당 우파그룹, 기타 정화암·장건상 씨 등 원로 그리고 조향록 씨 등 종교인과 진보적 지식인 등이다. 광릉모임에서 모두가 한 정당에 뭉쳐보자는 원칙을 확인했다. 신당운동의 출발이었다.[3]

혁신정당이 태어나기까지에는 아직 넘어야 할 고비가 많았다. 무엇보다 각자의 추구하는 이념과 가치, 노선과 헤게모니를 둘러싸고 논란과 대립의 조정이 시급한 과제가 되었다.

---

2 정화암, 《이 조국 어디로 갈 것인가》, 자유문고, 1982, 308쪽.

3 이영석, 《죽산 조봉암》, 원음출판사, 1983, 210쪽.

그후 2주일이 지나 제2차 회합을 중국 요리집 대관원에서 가졌다. 1차 회합 때 참석했던 사람 중 몇 사람이 불참했다. 2차 회합에서는 성급하게 당명부터 결정하자는 의견이 나왔으나 태아도 출산하기 전에 이름부터 짓자는 것은 좀 빠르다는 생각이 들었고 결국 결론 없이 헤어졌다. 제3차 회합은 명륜동 서상일의 집에서 열렸다. 준비위원회가 구성되고 부서까지 결정되었다.[4]

_____ **4** 정화암, 앞과 같음.

간부 선정, 취지문·강령 채택

광릉회의가 열린 지 3개월 뒤인 1956년 1월 26일 진보당(가칭)추진위원회가 결성됐다. 조봉암, 서상일, 박기출, 이동화, 김성숙, 박용희, 신숙, 신백우, 양우조, 장지필, 정구삼, 정인태 등 12명을 발기인으로 선정하였다. 또 최익환을 총무대표위원, 윤길중을 선전대표위원에 선출했다.

진보당 창당 추진위원회 상임부서는 다음과 같다.

총무부 : 최익환, 서상일, 조봉암, 김성숙, 박기출 외 5인
재정부 : 신용순, 김동석
조직부 : 박노수, 김기철, 정구삼, 김두한, 최희규, 안경득
       외 10인
선전부 : 윤길중, 고정훈, 이성, 이봉래 외 6인
사무부 : 이명하, 서진걸, 임기봉
의안부 : 신도성, 주기영, 온삼, 안도명 외 2인

기획부 : 박용철, 김병휘, 조규택

심사부 : 안우석, 최재방 외 6인

연락부 : 신창균, 음두회, 박지호, 임갑수 외 7인[5]

이날 대회에서 추진위원회는 발기인 명의로 다음과 같은 취지문과 강령 초안을 채택하였다.

취지문

우리 민족의 자주독립과 민주주의 쟁취의 역사적 성업인 3.1운동의 숭고한 정신을 다시금 환기 계승하여 우리가 당면한 민주수호와 조국 통일의 양대 과업을 수행할 수 있는 혁신적 신당을 조직하고자 이에 분연히 일어섰다. 우리는 진정한 혁신은 오로지 피해를 받고 있는 대중 자신의 자각과 단결 위에만 실현될 수 있다는 것을 깊이 인식하고 관료적 특권정치, 자본가적 특권 경제를 대신하여 진정한 민주 책임 정치와 대중 본위의 균형 있는 경제체제를 확립할 것을 기약하고 국민 대중의 토대 위에 선 신당을 발기하고자 한다.

5 정태영, 《조봉암과 진보당》, 한길사, 1991, 231∼232쪽.

강 령

1. 공산독재는 물론 자본가와 부패분자의 독재도 배격하
   고 진정한 민주주의체제를 확립하여 책임 있는 혁신 정
   치의 실현
2. 생산·분배의 합리적 통제로 민족자본 육성
3. 민주 우방과 제휴하여 민주 세력이 결정적 승리를 얻을
   수 있는 조국통일 실현
4. 교육체제를 혁신하여 국가보장제 수립[6]

추진위원회는 혁신정당의 과업으로 '민주수호'와 '조국통
일'의 두 가지를 내걸었다. 신당이 추구하는 슬로건이었다.
취지문이나 강령 등에는 그동안 조봉암이 일관되게 구상해
온 내용이 담겼다.

노동계급의 독재나 자본계급의 전제를 반대한다는 입장
과 정치·경제·문화적 혁신의 지향 그리고 통일과업의 민주
적 실천과 민중에 대한 신념 등 해방 이후 조봉암이 지속적으
로 모색해오던 정치노선들이 그대로 견지되고 있었다. 그 스
스로도 새로 조직될 진보당의 지향점을 "자본주의적인 자유
민주주의 정당이 아니고 혁신적인 정당, 공산주의도 자본주의

─── **6** 앞과 같음.

도 다같이 부정하고 새 인류의 새 이상으로 만인공존의 복지 사회를 건설하자는 혁신정당을 만들자는 것"이라고 밝혔다.[7]

▬▬ 7 박태균, 《조봉암 연구》, 창작과 비평사, 1995, 234쪽.

●제3대 대통령 후보로 출마

제3대 정·부통령 선거가 1956년 5월로 예정되었다. 신당 추진 내부에서는 정·부통령 선거와 관련하여 먼저 당을 창당할 것인가, 대통령 선거 과정을 통해 정강·정책을 충분히 선전한 다음에 창당할 것인가를 두고 활발한 토론을 나누었다. 또 혁신적인 정치 노선을 확정한 다음에 이념정당으로 창당할 것인가, 먼저 창당한 다음에 이를 차츰 지향할 것인가를 두고도 논란이 일었다.

혁신정당 창당 준비과정에 참여했던 정화암의 글에서 당시의 정황을 짐작할 수 있다.

나는 이 신당운동에 나름대로 관심과 기대를 가졌다. 그러나 뚜렷한 정치 노선도 확정하지 않고 당만을 먼저 만들려는 졸속은 피하고 싶었다. 말이 혁신정치의 지향이지 모이는 사람 중에는 지난날 공산당 운동을 하던 사람도 있고, 나처럼 무정부주의자도 있고, 보수주의자였던 사람도 있어서 종교적 사상적으로 걸어온 길이 각양각색이었으므로 먼저 이들이 다같이 혼연일체가 될 수 있는 기반의 구축이 선결문제라고 생각되었다. 나는 제3차 회합에서 비로소 신당의 성격을 이념설정 과정에서 귀일시켜야 한다고 주장했다. 창당 후의 분열을 막기 위해서는 충분한 토론을 거쳐 각자의 정치의견을 종합 단일화하는 과정이 필요하다는 것이 나의 소신이다.[8]

이런 논란의 과정을 거쳐 3월 31일 서울중앙예식장에서 진보당(가칭)의 전국추진위원 대표자대회가 열렸다. 이날 대회에서는 조봉암, 서상일, 최익환, 이동화, 김위제, 박기출, 장지필, 임기봉, 김규현 등 9인의 의장단을 선출하고, 정·부통령 후보를 선출하기로 결정했다.

정·부통령 후보 선출을 둘러싸고 양대 축이었던 조봉암계와 서상일계가 대립하여 쉽게 합의가 이루어지지 않았다. 조봉암을 지지하는 그룹은 대중적인 인기에서 서상일이 후보가 되면 당선이 어렵다는 이유를 대고, 반대 진영에서는 조봉암은 여야 보수 정당으로부터 이념적 타겟이 된다고 하였다. 다음은 신당 창당 과정에 서상일과 함께 참여한 신도성의 증

■■■ 8 정화암, 앞의 책, 309쪽.

언이다.

　　대회 직전 나는 죽산과 담판을 했다. 혁신정당에 정권이 돌아올 시기는 아니다. 우리는 이 땅에 진보주의의 씨를 뿌리고 가꾸는 노력을 할 수 있을 뿐이다. 그러니 굳이 죽산이 대통령 후보가 되어야 할 이유가 없지 않은가. 동암(서상일)이 대통령 후보를 맡겠다고 하니 죽산은 부통령 후보를 맡아 달라고 했다.
　　죽산도 혁신세력의 집권 시기가 성숙되지 않았다는 것을 인정하고 나의 제안을 수락했었다.[9]

　　이 증언에 따르면 혁신정당의 집권이 '시기상조'임을 조봉암도 인정하고, 대통령 후보에 서상일을 추대하기로 내심 동의했던 것 같다. 하지만 조봉암의 지지세력이 가만 있지 않았다. 서상일 후보로는 선거에서 승리가 어렵다는 주장이었다. 여기에 많은 사람이 동조했다.
　　조봉암은 진보당(가칭)의 대통령 후보 선출을 앞두고 신문에 다음과 같은 성명을 발표하여 결연한 의지를 보였다. 조봉암의 시국인식을 살필 수 있다.

9　이영석, 앞의 책, 212쪽, 인용.

나의 입후보 변을 한마디로 요약하면 "이 겨레의 삶을 찾기 위해서"라고 명언하고 싶다. 우리는 군정 3년을 체험했고 이 박사 영도하의 수난 6년도 겪어봤다. 지금 선거전에서 표방하고 있는 집권당의 구호 등등 슬로건을 보라. 그 얼마나 훌륭한 것인가. 그들이 집권하는 동안에 조금이라도 그런 것을 실천에 옮긴 일이 있었다고 하면 오늘날 같은 이 처참한 현실을 가져오지는 않았을 것이다.

정당이란 정권을 잡기 위한 정치 집단임에 틀림없으나 만일 정당이 스스로 대중에게 약속한 자기주장을 식언하기 일쑤라면 그것은 자살 행위인 동시에 인민으로부터 버림을 받지 않을 수 없는 행위인 것이다.

어쨌든 이 나라의 기형적 현실은, 대통령이 되어야만 행정의 책임을 지고 고칠 것은 고치고 바로잡을 수 있게 되어 있기에 나는 재차 대통령에 입후보하기로 결심한 것이다. 만일 내가 대통령에 당선된다면 첫째로 만성적으로 부패된 내정을 개혁하여 민주 역량의 신장을 도모할 것이요, 둘째는 민족의 비원인 남북통일을 가능케 하기 위하여 거국적 총력을 여기에 동원할 것이다.

그러므로 우선 정치적 빈곤을 일소해야 한다. 집권 6년의 현 정부는 일정한 계획도 궤도도 전혀 없을 뿐더러 행정에 대한 책임조차 지지 않기 때문에 독선과 부패의 극은 법질서와 인권을 함부로 유린하고 있으며 관기는 날로 퇴락하고 산업은 마비되어 국정이 불안한 가운데 민생은 갈수록 도탄에 빠지고 있다.

관기를 숙정하기 위해서는 행정 기구의 간소화와 공무원의 대폭적 감량을 단행하는 동시에 공무원의 최저 생활을 보장해야 한다. 국고의 태반이 공무원의 호구를 위한 부정으로 탕진되는 것이 사실이거늘 그래도 공무원의 대우 개선을 예산 부족 때문에 불가능하다고만 구실 삼을 것인가.

산업의 진흥과 자주 경제를 건설하기 위하여도 합리적인 계획경제체제를 수립해야 한다. 말하자면 금년보다 명년이 나아지고 명년보다 내명년이 나아지는 항구적 경제 시책이 실천되어야 한다. 8.15 이후 이미 10년이 지났건만 막대한 미국의 원조로도 하나의 기간 사업이 제대로 건설되지 못했고 농본국이면서도 해마다 절량농가가 늘어가기만 하는 것은 그 무엇을 의미하는가. 이 봉건적이요, 고식적이요, '땜질'적 무정책의 연속인 데다 소수의 특권 계급이 경제 질서를 파괴했기 때문이다.

현재 일부에서 주장하는 바와 같은 북진통일 정책은 결국 무력을 통해서 국토를 통일하자는 것인데, 전쟁의 재발은 전 세계의 인류가 원치 않을 뿐만 아니라 이미 수백만에 달하는 귀중한 희생을 치른 우리 민족이 이 이상 더 동족상잔의 피를 흘린다고 하면 그것은 곧 민족의 자멸을 의미하는 것이다. 그러므로 우리는 어디까지나 피 흘리지 않고 민주 진영의 주동에 의한 평화적인 방법으로써 남북 통일을 이룩해야 한다.

우리는 폭넓은 고도의 국가 외교를 전개해야 한다. 남쪽 반도에서 고립되어 살 수 없는 것이 우리의 처지인 만큼 좌충우돌식의 신경질적 외교의 폐단을 지양해야 한다. 그와 동시에 외교전을 강화해야 한다. 100만 병력을 보유하는 국가에서 한 개 연대의 병력에도 미치지 못하는 외교진을 가졌다는 것은 자주 외교의 빈약성을 폭로하는 것밖에 아무것도 아닐 것이다.

국방 정책은 정병주의에 입각함을 원칙으로 하여 집단 안전보장체제의 확립으로써 이의 뒷받침을 하고, 국방 예산은 총예산의 3할을 초과해서는 안 된다. 만일의 경우에 대비하기 위하여 적당한 훈련 기간의 국민개병주의로써 국방 태세를 확립하되 신속한 제대가 실시됨으로써 국방 예산을 감축시켜야 한다. 대다수 농민의 아들이나 공부해야 할 학도들이 5~6년씩 제대가 불허되어서는 안 된다. 일정한 직업이 없는 제대군인이나 상이군경을 보장하기 위해서는 집단 농장이나 국가 기업체에 집단 수용하는 길이 마련되어야 하며 직업군인에 대하여는 최저 생활을 보장해야 한다. 어쨌든 미국의 군원이 증강되어야 할 것은 두말할 것도 없다.[10]

조봉암의 이 같은 '국정구상'에 많은 국민이 감명되었다. 특히 신당운동에 참여한 혁신계 인사들에게는 용기와 새로운 진로를 찾게 하는 계기가 됐다. 그 결과 대통령 후보에 선출될 수 있었다.

진보당추진위원회는 투표를 통해 대통령 후보 조봉암, 부통령 후보 서상일로 결정하였다. 그러나 서상일은 부통령 후보를 수락하지 않았다.

서 씨는 '조봉암은 대통령병 환자'라면서 부통령 후보를 거부했다. 이 때문에 예상 밖의 인물인 외과의사 박기출이 진보당의 부통령 후보가 됐다.[11]

10 《동아일보》, 1956년 4월 13일.
11 앞과 같음.

대통령 후보에 선출된 조봉암은 정·부통령 선거대책위원회를 구성하고 4월 8일 후보등록을 마쳤다. 후보등록을 하기 전부터 민주당을 비롯하여 재야 각계에서 야당연합전선 문제를 제기하였다. 막강한 권력을 휘두르며 관권·금권 선거를 획책하고 있는 이승만 대통령을 퇴진시키기 위해서는 야권의 단일후보가 절실하다는 주장이었다.

조봉암이 신당(민주당)에 참여하고자 할 때는 이를 배제했던 민주당이 진보당의 대선 후보가 결정되자 연합전선을 제기하고 나선 것이다. 조봉암은 "진보당이 지향하는 정강에 어떠한 야당이라도 호응해온다면 정·부통령 후보 지명의 백지화는 물론 나 자신의 입후보를 취소할 용의가 있다"고 성명을 발표하고, 야당연합전선 문제와 관련 ① 책임 정치의 수립 ② 수탈 없는 경제체제의 실현 ③ 평화적 통일의 성취라는 '3대 원칙'을 제시했다.[12]

조봉암은 뒷날 두 번째 대통령 후보에 나서게 된 그 전후의 사정을 다음과 같이 회고했다.

제1차 입후보에 실패한 뒤에 즉시 당을 만들 계획을 세웠으나 실패하고 그 뒤는 제3대 국회의원에 출마하려 했으나 등록을 못해서 또 실패하고 전연 야인이 되어서 붓글씨나 쓰면서 세월을 보냈습니다.

재작년 제2차 정치파동四捨五入 직후 국회 내외 호헌동지회가 주체가 되어 통일야당을 만들자 할 때에 나는 그 정치적 의의를 인정하고 또 많은 친구들의 권함도 있어서 혼연히 참가하기를 허락했던 것입니다. 그러나 일부 반대자들은 많은 혁신적인 분자들의 활발한 진출이 두려워 야당 통일전선적인 신당 구성을 파괴하고 소위 자유민주주의자만의 조그만 당을 만들었습니다. 그리고 그때 신당을 만들자던 서상일 씨 외에 많은 분들의 발의로 자본주의적인 자유민주주의 정당이 아닌 혁신적인 정당, 공산주의도 자본주의도 다 같이 부정하고 새 인류의 새 이상으로 만인 공존의 복지사회를 건설하자는 혁신 정당을 만들자는 것에 의견이 합치되어서 진보당추진위원회를 만들어서 조직 활동을 하게 되었습니다. 때마침 제2차 대통령 선거를

■■■ 12 조봉암, 〈나의 정치백서〉, 《신태양》, 1957년 5월호(별책), 여기서는 정태영, 앞의 책, 573~574쪽.

실시하게 되는 까닭에 나는 진보당추진위원회의 추천으로 두 번째 대통령 선거에 입후보하게 된 것입니다.[13]

정·부통령 후보가 결정되면서 진보당추진위원회는 5월 1일 선거공약 10항을 발표하여 자유당·민주당과 차별성을 분명히 하였다. 진보 정당이 대통령 선거에서 채택한 최초의 선거공약이다. 역시 조봉암의 정책노선이 짙게 배어 있다.

공약 10항

1. 진보 세력이 주도권을 장악하여 유엔보장 아래 민주 방식에 의한 평화통일을 성취한다.
2. 외교를 쇄신하고 집단 안전 보장의 확립에 의하여 국방문제를 해결하고 군비 부담을 경감한다.
3. 집권자가 국민 앞에서 책임지는 정치체제를 확립한다.
4. 서민 생활에 대해서 정부가 가지고 있는 유해무익한 간섭, 허가제도를 일소한다.
5. 행정 기구를 대폭 감소시키고 공무원의 생활을 완전히 보장한다.
6. 종래의 대중적 수탈 정책을 폐지하고 생산·분배·

---

13 《동아일보》, 1956년 4월 7일.

소비에 걸친 종합적인 농민협동조합을 조직한다.

7. 농촌 고리채를 일정 기간 지불 유예케 현물세를 폐지하고 자율적인 농민협동조합을 조직한다.

8. 노동자의 자유로운 단결권과 단체교섭권을 보장한다.

9. 상이군경 유족 등의 생활을 국가적으로 보장한다.

10. 교육의 완전한 국가보장제를 실시하고 학제를 개혁하여 연한을 단축한다.[14]

야권후보 단일화라는 힘겨운 노정이 시작됐다. 한국 정계에서는 뒷날에도 보수 야당끼리의 후보 단일화가 성사된 적이 거의 없었다. 그런데 민주당과 진보당, 보·혁 간의 후보 단일화 작업은 아무리 '이승만 퇴진'이라는 절체절명의 당위와 명분을 갖더라도 결코 쉬운 과제가 아니었다. 민주당 일각에서는 심지어 이승만의 재집권을 허용하더라도 조봉암의 집권은 용납할 수 없다는 적대적 인식을 갖고 있었다.

—— 14 정태영, 《조봉암과 진보당》, 후마니타스, 2006, 187~188쪽.

●후보 단일화에 대한 유연한 태도

  대통령 선거를 앞두고 조봉암의 태도는 상당히 유연했던 것 같다. 이는 '혁신정당 집권 시기상조' 라는 인식에서 비롯된 것이다. 그래서 '3대원칙'을 민주당이 수용하고 거국내각을 받아들이면 대통령 후보를 양보할 뜻도 갖고 있었던 것 같다.

  장건상, 정화암 등 혁신계 인사들과 헌정동지회, 독립운동가 김창숙 등이 야당연합을 강력히 요구하고, 국민들도 대체로 여기 동조하는 분위기였다. 그러나 민주당은 여전히 조봉암의 후보사퇴만을 요구하여 쉽게 해결점을 찾기가 어려웠다. 양당에서는 4월 중순부터 각각 전국 유세에 들어갔다.

  4월 25일 헌정동지회의 주선으로 조봉암과 신익희의 회담이 열렸다. 두 사람의 관계는 국회의장단으로, 더 올라가면 독립운동 진영에서 서로 잘 아는 사이였다. 신익희는 조봉암의 신당참여를 둘러싸고 누구보다 적극적인 편이었다. 회담 자리에서 조봉암은 민주대연합이 성사되지 못한 것은 조병옥, 김준연 등 몇 사람의 강경론자들 때문이므로 이들을 거국 내각에서 배제해야 한다는 주장을 폈다.

영수회담이 어느 정도 성과를 보이면서 구체적인 후보 단일화 협의를 위해 4자(조봉암, 박기출, 신익희, 장면) 회담을 열기로 합의했다. 후보 단일화의 결실을 맺는 매우 중요한 회담이 될 수 있었다. 그런데 돌출 변수가 생겼다. 회담 직전에 장면 측에서 불참통보를 보내온 것이다. 장면 진영에서는 후보 단일화가 대통령 후보 신익희, 부통령 후보 조봉암의 구도가 되지 않을까 우려하여 처음부터 4자 회담을 탐탁하게 여기지 않았던 터였다.

이날 회담은 3자 회담으로 축소하여 진행되었다. 이 자리에서 조봉암은 3가지를 제안하였다. 파격적인 제안이었다.

① 대통령 후보는 신익희에게 양보하고 자신은 사퇴한다.
② 거국내각이란 공연한 말일 테니 당선되거든 민주당 단독내각으로 책임 정치를 펴기 바란다.
③ 야당 연합의 목적은 정권교체다. 부통령은 정권교체와 무관한 자리니 진보당의 박기출에게 양보하기 바란다. 양당이 협조해서 선거전을 치러야 할 텐데 진보당이 무조건 물러설 수는 없는 일이다.[15]

---

15 앞의 책, 234쪽, 재인용.

대표회담과 3자회담이 열리기까지는 민주당과 진보당 사이에 막후 협상이 있었다. 다음은 1차 회담이 있기 전 진보당의 협상대표였던 신도성 의원의 증언이다.

진보당은 대통령 후보, 민주당은 부통령 후보를 사퇴하도록 하자고 제안했으나 민주당이 거부했다. 사실 당시 민주당 신파에선 이 대통령과 겨루는 대통령보다는 이기붕과 겨루는 부통령이 승산이 있다고 보고 있었기 때문에 이 제안을 받아들일 리가 없었다. 민주당 측은 박기출은 장면에 비해 거의 알려져 있지 않아 표가 없다는 것이었다. 그래서 나는 "그럼 죽산은 해공(신익희)보다 표가 적어서 후보사퇴를 하는 줄 아느냐"고 맞섰다.

이런 줄다리기가 계속되고 있을 때 해공이 나를 불렀다. "신 의원, 장면 씨를 잘 알지. 그 사람이 부통령 후보를 그만 둘 성 싶은가. 차라리 내가 그만 두는 게 낫지……. 장면 보고 후퇴하라는 건 나보고 후퇴하라는 얘기야"라고 했다. 달리 할 말도 없고 해서 "저희들로선 조정을 못하겠습니다. 네 분 후보들이 직접 단판을 하십시오"라고 하고 우리는 손을 떼었다.[16]

---

16 이영석, 앞의 책, 212쪽.

신익희로 단일 후보 원칙 합의

　　조봉암과 신익희는 비밀 단독회담을 갖고 논의를 거듭
했다. 장면이 단일화의 걸림돌이었다. 장면과 그의 지지자
들은 대통령은 몰라도 부통령은 민주당이 승리할 것으로
확신하고 있었다. 그래서 더욱 후보 사퇴에 대해 완강한 입
장이었다. 부통령에만 당선되면 노령인 이 대통령의 유고
시 승계할 수도 있을 것이라는 계산도 따랐을 것이다.

　　두 사람은 회담에서 신익희를 단일 후보로 한다는 데
원칙적인 합의를 보았다. 합의내용은 ①진보당은 창당의
기반을 넓히기 위해 5월 초까지 지방유세를 계속한다. ②
그 기간 막후 교섭을 통해 민주당은 진보당 측 조건을 수
락하고 진보당은 후보 사퇴를 할 수 있는 당내 분위기를
조성한다. ③5월 초 신·조 회담을 열고 공동성명을 통해
후보 단일화를 발표한다는 내용이었다.[17]

두 야당은 물밑에서 후보 단일화 작업을 추진하는 한편 독자적으로 선거운동을 벌였다. 민주당의 신익희 후보는 5월 3일 한강 백사장에서 30만 인파가 모인 가운데 이승만 퇴진과 정권교체를 역설하며 시민들의 지지를 호소하였다. 야당 후보 강연회에 30만 인파가 모일 만큼 국민은 이승만 정권에 비판적이었고 정권교체의 열망에 가득 차 있었다.

반면에 진보당은 결당도 하지 못한 채 창당준비위원회 체제로 선거를 치르게 되었다. 관권의 지원을 받은 자유당과 전국적 조직을 갖춘 민주당에 비해 진보당의 조직은 허술하기 그지없었다. 촉박한 시기이므로 전국을 통한 조직전에 나서기보다 유세와 선전전에 주력했다.

진보당은 대통령 선거를 치르면서 무엇보다 자금난에 시달렸다. 자유당 정권이 정치자금을 차단함으로써 일상적인 선거운동 자금의 마련도 쉽지 않았다. 조봉암을 비롯하여 간부들의 성금으로 간신히 유지해나갔다.

재정은 제로였다. 죽산 선생은 약수동의 작은 셋집에 살면서 수년간 준비한 돈이 약 700만 원 그리고는 그때그때 당 간부들이 얼마씩 냈는데 그중 안경득이 부인 친구들 돈을 체해 낸 돈이 800만 원으로 가장 많았다. 그러므로

---

17 앞의 책, 214쪽.

벽보도 제 때에 못 붙이고 운동원들은 점심을 막걸리로 때웠다.[18]

진보당 관계자들의 선거운동은 피나는 전쟁이었다. 한국 현대정치사에서 이승만·박정희·전두환의 권위주의 시대 가운데 야당의 활동이 쉬운 적은 언제도 없었지만 1955년 정·부통령 선거 당시 진보당의 선거운동처럼 심한 탄압을 받았던 적도 없었을 것이다.

조봉암과 신익희는 지방유세 중 5월 6일 전주에서 회동하여 후보 단일화를 극적으로 공표하기로 약속하고, 각자 지방유세에 나섰다. 정권의 향방이 걸린 정·부통령 선거전은 치열하게 전개되었다. 대통령 후보에는 이승만, 신익희, 조봉암 세 사람이었지만 부통령 후보는 자유당의 이기붕, 민주당의 장면, 진보당의 박기출 외에도, 이윤영, 이범석, 이종태, 윤치영 등이 출마하여 각축전을 벌였다. 무소속 후보들은 한결같이 대통령에는 이승만을 지지하는 친여 성향이었다. 기이한 선거판이었다. 자유당의 이기붕 후보가 그만큼 대중에게 잘 알려지지 않은 약체 후보였기 때문에 나타난 현상이었다.

힘 있는 여당이 관권 조직과 각종 매체를 동원한 데 비해 당시 야당의 선거운동은 고작 유세를 하거나 선거 벽보를 붙

---

18 전세룡, 〈죽산 조봉암 선생과 나 그리고 진보당〉, 정태영 외, 《죽산 조봉암 전집 6》, 죽산조봉암선생기념사업회, 1999, 343쪽.

이는 정도였을 뿐이다. 당시 한 신문이 "현재의 벽보전은 자유당을 비행기로 친다면 민주당은 버스이며 진보당은 지게일지 모른다"[19]고 비유할 만큼 진보당의 선거 역량은 미약했다. 선거 중반에 자유당은 벽보 11종 24만 매, 선전문 및 전단 20종 420만 매, 민주당은 포스터 10만 매, 전단 10만 매, 각종 성명서 10만 매, 당면정책 20만 매, 진보당은 포스터 5만 매, 정견발표회 삐라 4만 매, 기타 5만 매를 제작하였다. 여기서 '비행기-버스-지게'의 비유가 나왔다.

선거전이 시작되면서 민주당은 '못살겠다 갈아보자'는 자극적인 선거구호를 내걸고, 이에 맞서 자유당은 '갈아봤자 더 못 산다'라는 구호로 맞대응했다. 진보당은 '평화통일'을 내세웠지만 특별히 대중적인 관심을 모으지는 못하였다. "전남에서는 세 후보를 '못 살겠다'는 신익희 씨, '평화통일'의 조봉암 씨, '구관이 명관'의 이승만 박사로 특징화하였다"라는 신문보도가 있을 만큼 조봉암은 '평화통일론'을 선거 이슈로 내걸었다.

'비행기-버스-지게'의 비유는 홍보전에서만 해당되는 것이 아니었다. 조직, 자금, 인력동원 등 모든 전력 면에서 엄청난 격차를 보였다. 특히 조봉암 후보는 자유당과 민주당의 협공을 받았다. 민주당 측은 신익희 라인에서는 후보 단일화

---

19 《한국일보》, 1956년 4월 23일.

를 추진하는 데 반해 장면 라인에서는 공세의 끈을 늦추지 않았다. 여기에 이승만 진영까지 가세하고 나왔다. 이승만은 "친공산주의자와 친일파들이 권력을 추구하고 있다"고 비난했다. '친공'은 조봉암, '친일파'는 한민당의 후신인 민국당 신익희와 장면을 지칭한 것이었다. 이승만은 자신이 농림부 장관으로 기용한 사람을 친공으로 몰아친 것이다.

해공 서거와 신변의 위협

한국의 민주주의는 시련이 그칠 줄 몰랐다. 유력한 대통령 후보 신익희가 5월 5일 새벽 호남선 열차에서 급서한 것이다. 5월 6일 조봉암 후보와 회동을 앞두고 호남지역 유세를 위해 남행열차에 몸을 실었다가 뇌일혈로 서거한 것이다. 신익희는 임시정부 수립에 참여하여 내무차장, 외무차장, 국무원비서장, 외무총장 대리, 문교부장 등을 지내고 해방 뒤 입법의원 의장, 제헌국회와 제2대 국회의장, 민주당최고위원 등을 지내다 대통령 후보에 선출되어 국민의 열렬한 지지를 받고 조봉암과의 단일후보 발표를 하루 앞두고 사망하였다. 그의 사망으로 평화적 정권교체의 기회가 사라지게 되었다.

제1야당의 유력한 대통령 후보가 갑자기 사라진 선거판에서 국민의 시선은 온통 조봉암에게로 모아졌다. 여전히 국민의 70~80퍼센트가 농민인 유권자들은 초대 농림부장관 출신 조봉암을 호의적으로 받아들이고 있었다. 하지만 이승만의 자유당과 장면의 민주당 신파 측에서는 더욱 날카로운 시선으로 대립각을 세웠다.

자연스럽게 야당 단일 후보가 된 조봉암의 진보당은 이 사건이 좋은 기회였으나 사정은 정반대의 처지가 되어갔다. 관권의 탄압, 선거운동 방해가 노골적으로 나타났다. 진보당은 미창당 상태에서 선거운동을 하는 실정이라 전국 조직은 엄두도 내지 못하고 일부 지역의 조직에 불과했으나, 그나마 관권의 탄압으로 운동원들이 납치·폭행 당하여 정상적인 선거운동을 하기가 어려운 상태였다.

신익희가 5월 5일 서거하였으므로 진보당은 그 기회를 최대한 활용하여야 했으나, 5월 6일경부터 거의 선거운동을 할 수 없었다. 중앙 간부진이 각도 유세반을 편성하여 마지막 유세를 하고 선전유인물을 배포하게 하였지만, 선거방해가 너무 심했다. 충남반의 박준길, 강원반의 이명하 등은 현지에 내려간 직후 테러를 당하고 유인물을 빼앗겼으며, 경남반의 전세룡은 의령에서 경찰서장실로 연행되어 경고를 받고 쫓겨 왔다. 진보당 경북도당 선전부장 이병희는 5월 6일 3명의 괴한에게 납치되어 "선거자금 출처가 어디냐"며 고문·폭행을 당하여 실신하였다.[20]

20 서중석,《조봉암과 1950년대(상)》, 역사비평사, 1999, 145~146쪽, 재인용.

이와 같은 탄압 국면에서 진보당은 더 이상 공개적인 선거운동을 할 수 없었다. 진보당은 박기출 부통령 후보를 사퇴시키고 민주당의 장면 후보 지지를 선언하였다. 그러나 민주당은 전혀 뜻밖의 성명을 발표했다.

"남은 두 사람 대통령 후보는 그 행상이나 노선으로 보아 그 어느 편도 지지할 수 없다. 우리는 부득이 정권교체를 단념하고 부통령 선거에만 전력을 기울이기로 하였다"[21] 라는 특별성명을 발표한 것이다. '정권교체의 단념'은 조봉암을 거부하고 이승만을 인정한다는 뜻이었다.

민주당은 조봉암을 대통령 후보로 삼아 정권교체를 이루는 것보다 차라리 이승만 정권의 연장을 인정하고 그 대신 장면을 부통령에 당선시켜서 노령의 이승만 유고에 대비하겠다는 전략이었다.

전라도 유세와 신익희와의 전주회담을 위해 호남지방으로 내려갔다가 신익희의 서거 소식을 전해들은 조봉암은 측근들과 긴급 회합을 갖고 전체적인 선거국면을 점검하였다. 박기출 후보의 사퇴결정에도 불구하고 민주당의 진보당 후보 지지 거부 특별성명이 나오고, 무엇보다 조봉암 후보의 신변보호 문제가 집중 논의되었다. 다음은 측근 신도성의 증언이다.

▬▬▬ **21** 이영석, 앞의 책, 217쪽.

우리는 호텔방에 들어가 사태변화에 따른 대책을 논의했다. 죽산은 "후보사퇴가 필요 없게 됐으니 선거운동에 마지막 박차를 가해야 할 것"이라고 했다. 나는 이렇게 얘기했다. "지금부터는 선거운동하기가 어려울 겁니다. 벌써 파출소에서 우리를 막지 않습니까? 이제부터는 대통령 당선이 문제가 아니라 신변의 안전이 염려됩니다. 유세는 나 혼자 할 테니까 죽산 선생은 서울에 가서 은신해 있어야 할 것입니다." 결국 내 의견이 채택되어 죽산은 곧바로 서울로 올라갔다. 나는 유세를 계속했는데 군산유세에 나갔더니 청중이 없었다. 이때부터 경찰이 우리들의 선거방해에 나선 것이다.[22]

야당의 대통령 후보가 선거운동을 하기 어려운 국면이 조성되었다. 조봉암 일행이 광주에 도착했을 때 경찰이 차량을 막고 통과시키지 않았다. 선거운동이 아니라 생명이 위협받는 절박한 상황으로 바뀌어 갔다. 이승만 정권은 신익희의 운구가 서울역에 도착하여 효자동 자택까지 이르는 과정에서 운집한 군중들이 "못살겠다 갈아보자! 독재정권 타도하자!"라고 외치며 유해를 경무대 쪽으로 끌고가려 하자 무차별 발포하여 10여 명의 사상자를 내고 700여 명을 구속할 만큼 단

22 앞의 책, 215쪽.

말마적이었다.

정권교체를 열망하던 국민이, 신익회의 죽음까지 곁들여 조봉암에게 몰표를 던질지도 모른다는 불안감이 이승만과 막료들에게 파고들었다. 하여 조봉암에 대한 탄압이 가중되고 여차하면 언제 암살을 감행할 지도 모르는 긴박한 상황이 되었다. 아무리 혁명가 출신 조봉암이라지만 선거판에서 무의미하게 희생당할 까닭은 없을 터였다. 이 같은 이유로 조봉암은 선거운동을 중지하고 서울에서 잠적하게 되었다.

잠적 그리고 대통령 선거

조봉암이 선거운동을 중단하고 잠적한 데 대해 반대의견도 적지 않았다. 측근 전세룡의 증언이다.

죽산 선생은 광주유세를 그만두고 상경하여 선거운동을 중단하고 신변의 위험을 느껴 당무부장 최희규와 같이 서울역에서 어디론가 숨어버렸다. 나는 만날 수가 없었다. 나는 이때 선거전략을 다음과 같이 세우고 선생님을 만나려 했으나 소재를 알 수 없었다.

첫째, 죽산 선생이 숨지 말고 생명을 천명에 맡기고 해공 선생 문조를 하고 국민장을 하도록 도우며 민주·진보 양당 단일 후보로 신익희 선생을 추대하기로 했다는 사실을 밝히고,

둘째, 대통령에 당선되면 연립내각을 조각하겠으니 민주당은 물론 자유당 등 모든 애국지사는 협력하여 달라는

성명서를 내고 민주당·자유당 요인은 직접 또는 윤길중, 박기출, 김달호 등을 시켜 되도록 많은 인사들을 만나도록 하고,

셋째, 박기출의 부통령 입후보를 사퇴시키고 장면 씨의 승리를 도울 것이며 선전할 것을 격려하고,

넷째, 해공 신익희 선생도 서거하였으니 나도 죽을 각오로 최후까지 분투하리니 전 국민이여! 협력하여 국정을 혁신케 하여 주시오! 하고 또 해공 선생도 이 조봉암의 승리를 바라고 있으니 천운이 또한 이 조봉암에게 있습니다, 라고 말했어야 했다.[23]

전세룡의 이 같은 뜻을 담은 서한은 전달되지 못하고 말았다. 조봉암이 숨어버렸기 때문이다. 이때 조봉암의 행적은 비겁했던 것이 아닌가 싶다. 일제와 치열하게 싸우고 수년간의 감옥살이도 마다하지 않았던 사람이 아무리 위급한 처지라고 해도 대통령 선거 투표일을 며칠 앞두고 은신해버린 것은 떳떳한 행동이 아니었다. 독재자와 싸우는 정치지도자가 민주전선에 피를 뿌리는 각오를 하지 않고 국민이 흘린 핏덩이에 장미꽃이나 바칠 요량이라면, 지도자의 자질에 문제가 있는 것이다. 지도자의 지도자다움은 위기에 어떻게 대처하고 처

■■■ 23 전세룡, 앞의 책, 340~341쪽.

신하느냐가 가장 큰 덕목인 것이다.

조봉암은 이 결정적인 위기의 고비에서 몸을 사렸다. 다음 기회를 기다리려는 전략적인 선택일 수도 있었을 것이다. 또 민주당이 뜻대로 움직여주지도 않던 상황이었다. 그럼에도 조봉암이 몸을 던져 부정선거를 고발하고 전국을 누비며 공세적인 선거전을 폈다면 상황은 어찌 됐을까 궁금해진다.

그랬더라면 해공에게 던진 80만의 추모표와 해공 지지자의 기권표가 적었을 것이고 민주당의 투개표 감시원이 협력하여 부정개표가 적어 당선발표가 되었을 것이다. 그리고 자유당의 민주주의파, 정의파의 동조도 많았을 것이다. 또한 죽음을 무릅쓰고 대담한 활동을 했더라면 우리 역사상 수천 년 이래의 대영웅으로 평가되어 이승만 대통령도 감격하여 "이것이 물건이야" 하고 악수를 하려고 할 수도 있었고, 여야를 막론하고 전 국민이 민족통합의 새벽닭의 울음으로 믿고 일시에 마음이 돌아설 수도 있고, 나라를 걱정하는 열혈의 청년 지사들이 죽음을 각오하고 일어나 협력·투쟁할 수도 있었을 것이다. 인명이 하늘에 있으니 결사를 각오해야 죽지 않고, 죽음을 무릅쓰고 일어나야 결사의 투사가 따르는 법이다.[24]

24 앞의 책, 341쪽.

역사에서 '가정'이 얼마나 부질없는 것인가는 재론의 여지가 없지만, 지도자가 용기를 잃고 결단을 회피할 때 역사의 보복을 받는다는 사실을 실감하게 된다. 조봉암이 그때 비겁하지 않았다면, 4년 뒤 그렇게 허망하게 단두대에 서지는 않았을지 모른다.

신익희가 죽고 조봉암이 은신한 상태에서 대통령 선거는 맥이 빠졌다. 반면에 부통령 선거전에 불이 붙었다. 자유당은 '이승만 유고'까지 대비하면서 총력전을 전개했다. 선거전은 불법과 폭력이 난무하는 난장판이 되었다. 그런 속에서도 진보당은 조봉암의 평화통일론과 농림부장관 시절의 업적을 알리는 한편 농민들의 원성을 사고 있는 현물세 폐지와 농업협동조합 설치 등을 공약으로 제시하면서 선거운동을 계속하였다. 유권자들을 직접 상대하는 조직활동이 불가능하여 신문보도와 광고를 통한 선전 활동이 전부였다. 한 연구가의 조사분석을 들어보자.

물론 그의 이러한 공약이 전국 방방곡곡에 울려 퍼질수는 없었다. 당시의 언론, 통신의 한계와 이승만 정권의 탄압으로 조봉암은 선거운동을 제대로 진행할 수 없었다. 그러나 도하 각 신문지상을 통해 발표된 그의 정견은 많은 대중들의 지지를 이끌어냈고 이것이 대통령 선거에 큰 영향을 미쳤다.

진보당의 선거유세반이 전국 각지에서 조직적인 선거운동 방해공작에 부딪혀 이렇다 할 활동도 하지 못한 채 5월 15일 선거는 예정대로 진행되었다. 아울러 투개표 과정에서 관권의 개입을 통한 철저한 부정선거가 저질러졌다. 부산 중구의 경우 진보당 측 참관인이 경찰에 연행된 후 이승만의 1만 표가 조봉암의 3만 표와 뒤바뀌기도 했다. 당시 내무장관이던 최인규는 훗날 자신의 회고록에서 강원도에서 나온 이승만에 대한 90퍼센트의 지지는 엄청난 조작이었으며, 그외에도 수많은 조작과 부정이 이루어졌다고 주장하였다.[25]

심각한 부정은 개표과정에서 발생했다. 표 바꿔치기나 샌드위치 표도 적지 않았고, 여야 후보자의 득표에 대하여 개표 결과가 실제 투표와 반대로 나오기도 하였다. 강원도 화천의 경우 유권자 7만 400표 중 이기붕이 6만 278표, 장면이 6324표가 나왔던 바, 이기붕 표는 이승만에 대한 투표 4만 6090표보다도 훨씬 많아 5만 8675표로 정정되었다. 대구의 경우 이기붕의 표가 적게 나오자 19일까지 개표가 지연되고 혼란이 일어났는데, 19일 오후 이 대통령의 "표를 많이 받은 장면 씨가 부통령에 피선된 것으로 생각한다"는 요지의 담화가 발표되

━━ **25** 박태균, 앞의 책, 244쪽, 재인용.

면서 개표가 속개되었고, 이기붕은 부통령에 '정식'으로 낙선되었다.[26]

━━━ **26** 서중석, 앞의 책, 148쪽.

득표에서 이기고 개표에서 지다

다음은 당시 진보당 경남도당 선전부장 박문철의 증언이다.

진보당은 거의 참관인을 들여보내지 못했다. 나는 용
케 부산 중구 개표참관을 했다. 내가 계산한 것은 죽산이
3만여 표, 이 박사가 1만 표 선이었다. 그런데 선거관리위
원회는 발표를 하지 않다가 나를 경찰에 연행한 뒤에야 발
표했는데 죽산 표를 이 박사 표로, 이 박사 표를 죽산 표로
바꿔 발표했다.[27]

투개표 과정에서 자유당과 관권의 부정만 있었던 것이 아
니다. 자유당과 민주당의 '거래'가 있었다. 일부 지역에서 부
통령 투개표는 공정하게 보장할 터이니. 대통령 투개표에 민

━━━ **27** 이영석, 앞의 책, 218~219쪽.

주당 참관인이 눈을 감아달라는 식의 협잡이었다. 이와 관련 법무장관을 지낸 홍진기는 "대통령 선거 개표는 자유당과 민주당의 참관만으로 진행되었는데, 조봉암 후보의 표가 의외로 많이 나오자 양당은 협상을 통하여 부통령 선거의 공정을 보장하고, 민주당 쪽 개표 참관인을 모두 철수하게 했다"[28]라고 회고했다.

테러, 협박, 공갈, 매수, 선거방해 등 온갖 부정행위가 저질러진 가운데 치러진 선거의 개표결과가 공개되었다. 이승만 504만 6437표, 조봉암 216만 3808표, 신익희 추모표 185만 표로, 엄청난 부정선거에도 불구하고 이승만이 총 투표수의 80퍼센트를 획득할 것이라는 당초 예상과는 달리 겨우 52퍼센트 선에 그쳤다. 이는 4년 전의 득표율보다 무려 22퍼센트나 떨어진 수치로서 기권표와 무효표까지 합치면 다수의 국민이 이승만을 거부한 것으로 나타났다. 이승만은 온갖 무리수에도 불구하고 '패배한 승리'를 얻었을 뿐이다.

조봉암은 4년 전 제2대 대통령 선거 때 득표수의 약 3배에 달하는 표를 얻어 총 투표수의 23.9퍼센트를 얻었다. 정상적인 선거운동과 투개표가 공정했다면 이승만을 앞섰을 지도 모른다. 실제로 조봉암은 이 선거에서 예상 이상의 득표를 하여, '득표에 이기고 개표에 진' 결과로 인식하였다. 다음은 진

---

28 편집부, 《유민 홍진기 전기》, 중앙일보사, 1993, 189쪽.

보당 부통령 후보였던 박기출의 증언이다.

　이것은 어디까지나 공식 발표일 뿐 실제 투표결과는 이와 크게 달랐다. 투표권을 독점하고 있던 자유당, 정부 기관은 진보당 관계자의 입회를 허락하지 않고 죽산의 표를 크게 줄이는 한편 이승만 표를 불려 놓았다. 그들은 부정개표, 부정 발표하는 상투적인 수단으로 이승만 대통령의 당선을 날조했던 것이다. 투개표가 선거민의 감시 아래 실시된 도시 등에서는 죽산이 이승만을 압도하고 있다. 그래서 진보당은 선거 결과에 관한 논평에서 '득표에 이기고 개표에 졌다'라고 선언했다.

　예컨대, 각지의 관헌은 투표소의 진보당 참관인을 폭력으로 몰아내고 자유당 간부와 민주당 관계자 그리고 동 참관인 사이에 "부통령 표는 그대로 처리하되 대통령 표는 선거관리인에 일임한다"라는 것이 모의되었다. 이렇게 해서 대통령 관계의 개표는 당국의 지시를 받은 선거관리인의 손에 맡겨졌고, 각종 부정 불법 수단을 동원한 개표가 실시되었던 것이다.

　당시의 실정은 부산 시내의 전투 개표소와 진해의 개표소에서 필자가 직접 목격했고, 그밖의 각 선거구에 관해서도 후일 필자가 신민당에 관계되었을 때 동 당의 관계자로부터 전해들은 바 있다. 부산시 영도구의 자유당위원장

이영언 씨는 다음과 같이 술회하고 있다. "개표 상황을 본 순간 너무나 큰 차가 나서 등골이 오싹해졌다. 이 표 저 표 할 것 없이 모두 죽산 표뿐이었다. 공무원들도 이승만에게 투표하지 않은 것 같다. 조봉암 표를 가운데 넣고 위아래에 이 박사 표를 한 장씩 붙여 100표 한 묶음의 샌드위치 표를 만들었는데, 이 박사 표는 그 위아래에 붙이기도 모자랄 지경이었다.

이 같은 실정으로 미루어 볼 때 죽산은 유효 투표의 70~80퍼센트는 틀림없이 획득했던 것으로 생각되며, 조 씨의 총득표는 아마 600만을 넘고 이승만의 득표는 100만 전후가 되지 않을까 생각된다.[29]

진보당 관계자들의 자료 외에도 부정선거에 관한 증언은 많다. 민주당 최고위원 조병옥은 국회에서 "3대 대통령 선거에 있어서, 내 판단에는 만일 자유분위기의 선거가 행해졌더라면 이 대통령이 받은 표는 200만 표 내외에 지나지 못하리라고 나는 판단합니다"[30]라고 발언하였다.

민주당의 장면이 이기붕을 누르고 당선됨으로써 자유당은 이 선거에서 실질적으로 패배한 꼴이 되었다. 조봉암의 경우는 박기출의 주장처럼 '득표에 이기고 개표에 진' 선거에서

29 박기출, 《한국정치사》, 민족통일문제연구원, 1975, 166~167쪽.
30 대한민국 국회, 《속기록》 8, 제22회, 본회의 제26차, 4쪽.

얻은 성과가 적지 않았다. 전국 181개 선거구 가운데 25개 선거구에서 이승만을 앞서고, 특히 대구에서는 이승만에 비해 3배에 가까운 득표를 하였다. 반대로 강원도 평창·정선·홍천 등지에서는 이승만의 4만여 표에 비해 조봉암은 180표 선에 그쳤다. "전남과 강원도의 경우 경찰의 개입이 특히 심한 것으로 알려졌는데, 강원도 경찰국장 박병배는 서울시 경찰국장으로 즉각 승진발령을 받았을 뿐 아니라, 나아가 전남경찰국장 김종원은 일약 치안국장에 발탁되어 경찰총수가 되었다."[31] 부정선거에 대한 이승만 정권의 보상이었다.

1955년 5월의 제3대 정·부통령 선거는 이렇게 끝나고 조봉암은 한국정계의 거물이 되었다. 또한 보수 정당인 자유·민주 양당의 적수가 되었다. 그만큼 생명의 위기도 빠른 속도로 다가오고 있었다. 조봉암은 제3대 대통령 선거와 관련하여 소회의 일단을 다음과 같은 기록으로 남겼다.

선거의 결과는 항용 말하는 것처럼 투표에는 이기고 개표에는 졌습니다. 그 선거 때에 크게 문제된 것은 민주당 후보와의 연합이었습니다. 우리의 정치적 상식과 판단으로는 정권을 다투는 대통령 선거전에서 자기당의 주장을 내세우고 자기당 후보를 당선시키려는 노력을 아니하

---

31 조봉암, 〈나의 정치백서〉, 앞의 책, 374~375쪽.

고 타당의 선거운동을 하고 타당 후보자를 위해서 투표해 주라는 선거운동이란 꿈에도 있을 수 없는 일입니다. 자유당을 치기 위해서는 어떠한 야합이라도 해야 되느니 연립정부의 무슨 자리를 타합하느니 심어지는 이 박사 타도가 곧 독립운동이니까 모든 정파가 다 민주당으로 들어가자느니 하는 따위의 잠꼬대 때문에 진보당 발전에 많은 손실을 입었던 것도 사실입니다.

그러나 우리들은 끝내 올바른 정치 행동을 취했습니다. 우리는 우리당의 주장을 대중 앞에 밝혔고 우리당 후보의 승리와 우리당의 발전을 위해서 최선을 다했습니다. 다만 정략적으로 이번 선거는 표의 다과를 막론하고 야당 후보가 당선 못 될 것은 확실히 보였기 때문에 선거운동은 선거운동 대로 적극적으로 강행하고 마지막 투표일 며칠 앞두고 우리당 후보의 입후보를 취소하고 야당연합적인 투표를 하게 해서 다수 국민의 소원에 응하는 것이 정치적인 의의가 있다고 보기 때문에 해공 선생과는 그러한 조치에 대한 합의를 보아두었던 것입니다. 그러나 불행히 해공 선생의 작고로 말미암아 그나마 뜻을 이루지 못한 것은 피차에 대단한 유감이라고 생각합니다.[32]

---

32 앞의 책, 377쪽.

제3대 대통령 선거 후보자별 득표상황

	이승만	조봉암	무효표
서 울	205,253	119,129	284,359
경 기	607,757	180,150	271,064
충 북	353,201	57,029	89,517
충 남	530,531	157,973	212,067
전 북	424,674	281,068	169,468
전 남	741,623	286,787	257,768
경 북	621,530	501,917	275,275
경 남	830,492	502,507	205,338
강 원	644,693	65,270	79,710
제 주	86,683	11,981	12,252
합 계	5,046,437	2,163,808	1,856,818

* 출처 : 중앙선거관리위원회, 《대한민국선거사》 제1집, 1973, 1012쪽.

제 12 장

혁신정당 진보당 창당

새 푸른 조국의 하늘 아래
아하! 어린 양떼마냥
마구 짓밟히고 쓰러져간 창생이
갈 바를 몰라 헤매고
흉흉한 민심들이 가득한 기운 강토를
표독히 흘러내리는 검은 회오리바람을 뚫고
마침내 구원의 손길을 뻗쳤으니

– 박지수, '진보당 창당 묵념시'에서

혁신정당 대동단합의 분위기

제3대 대통령 선거에서 예상 밖의 성과를 얻은 조봉암은 여세를 몰아 진보당의 창당을 서둘렀다. 국민의 열정이 사라지기 전에 창당을 해야 한다는 전략이었다. 조봉암에게 투표한 많은 국민들도 진보당이 창당되기를 바랐다.

대통령 선거로 정치지형이 달라진 것은 거의 없었다. 민주당의 장면이 부통령에 당선되었지만, 대통령중심제에서 야당 출신 부통령의 존재란 '눈엣가시'이거나 '꿔다 놓은 보릿자루' 격에 불과했다.

자유당의 횡정橫政은 바뀌지 않았다. 9월 28일 열린 민주당 전당대회장에서 장면 부통령이 괴한에게 저격당했다. 장면에게 패배한 이기붕의 측근인 자유당 핵심간부 임흥순과 내무장관 이익흥의 사주를 받은 28세 청년 김상붕의 짓이었다. 다행히 장면은 중상이 아니어서 생명을 구할 수 있었다.

대선에서 패배한 야권에서는 민주당까지 포함하여 민주세

력의 통합이나 민주대연합운동이 전개될 만도 했지만 그 같은 움직임은 끝내 보이지 않았다. 각자 도생圖生이었다. 8월 13일로 지방자치 선거, 즉 시도의회의원 선거가 예정되고 1958년에는 제4대 민의원 선거를 앞두고 있었다.

3선 집권에 성공한 이승만 정권에 맞서 야권이 분열된 상태로 지방선거를 치르기에는 여러 면으로 힘든 처지였다.

이 같은 상황에서 혁신계 일각에서 사회민주주의적 정당을 결성해야 한다는 주장이 폭넓게 제기되었다. 조봉암도 이에 동조하여 광범한 세력을 모아 혁신정당을 창당하고자 많은 사람들과 접촉하였다. 6월 초에는 장택상, 이범석과도 만나 신당문제를 협의하였다. 이 두 사람은 자유당의 공천에서 부통령 후보를 이기붕에게 빼앗기게 되면서 이승만과는 결별한 상태에 있었다.

혁신정당의 창당작업은 내부에서 파열음이 나왔다. 첫 도전자는 장건상이었다. 조선공산당 중앙위원을 지내고 임시정부국무위원, 해방 뒤에는 근로인민당 부위원장, 제2대 국회의원에 당선되어 줄곧 조봉암과 유사한 노선을 걸어온 그는 조봉암이 남한 단독선거에 참여한 비민족주의자라는 이유를 들어 사회 민주주의적 혁신정당에 조봉암이 참여해서는 안된다는 주장을 폈다. 남화한인연맹, 육삼정 의거 등 아나키스트 독립운동가 출신인 정화암은 통합혁신정당 대신 독자적으로 민주사회당을 창당하겠다고 나섰다.

조봉암에게는 일대 타격이 아닐 수 없었다. 두 차례의 대통령 후보를 지내면서 일반 대중에게는 조봉암이 혁신세력의 대표주자로 인식되었지만, 막상 혁신계 안에서는 아직 그에 상응하는 위상에 이르지 못하였다. 혁혁한 독립운동가 출신들이 건재하고 있었던 까닭이다.

조선왕조 500년의 군주체제에서 곧바로 일제 식민지로 전락하면서 근대적인 정당정치의 훈련을 받을 기회를 갖지 못한 1950년대 한국의 정당, 특히 권력의 통제장치를 갖지 못한 야당의 경우는 여전히 사회적 위계와 연공서열이 중요시되었다. 이 같은 현상은 이념정당의 성격이 강한 혁신계 정당도 별로 다르지 않았다. 통합혁신정당 추진 과정에서 이탈한 사람들 중에는 조봉암이 이승만 정권의 적수로 등장하면서 그와 함께 혁신정당을 하는 것이 개인적으로 위험 요인으로 작용할지도 모른다는 불안감을 가진 사람도 있었다.

그렇다고 비관적인 일만 있었던 것은 아니다. 이범석의 족청 계열이 참여 의사를 밝히고, 보수적 기독교계의 대표적 인물 신흥우도 가세해 왔다. 이즈음 서상일, 장건상, 이명룡, 박용희 등 원로 인사들이 혁신세력의 대동단결을 촉구하고 나왔다. 장건상은 조봉암을 비판하면서도 혁신계의 단결을 촉구하는 성명에 참여하는, 다소 이중적인 모습을 보여주었다. 혁신계 원로들은 대체로 서상일을 당수로 옹립하고 당명도 민주혁신당으로 바꿔야 한다는 주장이었고, 소장 측은 국민적인 지지를 받고 있는 조봉암을 당수로 선출하여 진보당을 대중정당으로 키워나가야 한다는 경향이었다.

6월 초 진보세력의 단합회의가 열렸다. 진보당의 서상일, 33인의 한 사람인 이명룡, 유도회장 김창숙, 전기독교 연합회장 박용의, 전근로인민당 부위원장 장건상 씨 등이 진보세력의 단결을 촉구하는 성명을 냈다.

목표는 정화암·조헌식·김성숙 등 세 계열에다 무소속 국회의원까지를 진보당에 합류시키는 것. 이 성명을 계기로 시작된 통합운동에서 쟁점은 조봉암을 당의 지도적 위치에 올릴 것인가의 문제였다. 죽산은 혁신 원로층이 염려하는 것, 즉 "공산당 경력 때문에 모략 대상이 될 수 있다는 점"을 인정하고 2선에서 활동하겠다고 성명했다.[1]

■■■ 1 이영석, 《죽산 조봉암》, 원음출판사, 1983, 220쪽.

●혁신정당의 조봉암 배제

　조봉암은 통합운동에 자신이 장애가 된다면 2선으로 물러날 뜻을 갖고 있었다. '멸균실 수준'의 반공체제에서 이승만의 정적으로 찍힌 마당에 자신이 통합혁신정당의 대표가 되었을 경우 당에 어떤 박해가 따를지 충분히 예상했기 때문이었다.

　자유당과 민주당은 8월 지방선거를 앞두고 조직을 개편하는 등 선거체제를 갖추어나갔다. 그런데 혁신진영은 끝없는 논쟁으로 날밤을 지새우고 있었다. 그렇다고 언제까지나 창당을 미룰 수는 없는 상황이었다.

　조봉암의 직계에서는 진보당 창당에 적극적으로 나서자는 의견이 제시되었다. 비록 혁신세력의 모든 정파를 포용하기는 어려웠지만 학생연맹, 서북청년회를 비롯하여 군·경 출신 우파 계열 인사들이 참여하고 있었다.

장건상은 조봉암이 '남한 단독선거'에 참여한 비민족주의자라고 주장하며 진정한 민족주의세력의 집결체가 되어야 할 사회민주주의적 혁신정당에는 조봉암을 포함시킬 수 없다는 주장까지 폈다. 정화암은 '민주사회당'이라는 당명을 고집하여 서상일과 헤어지기도 했다. 진보당을 백지화하고 가칭 '민주혁신당'의 이름으로 다수 원내세력을 중심으로 한 혁신 신당을 결성하자는 서상일의 운동은 진보당 결당을 지연시켜 투쟁을 마비시켰다.

1956년 8월에는 지방의원 선거가 있었다. 지방의원 선거에 참여해야 지방 조직이 굳어지기 때문에 대통령 선거의 여세를 몰아 지방당을 조직해서 지방의원 선거에 임해야 된다. 그래서 조봉암은 그해 6월 안으로 중앙당을 결당하고자 했다. 지방의회 선거를 치르고 나면 당의 조직은 지방에 고루 뿌리를 내리게 될 것이고, 그 조직으로 1958년으로 다가온 4대 민의원 선거에 대비해야 한다는 것이었다. 조봉암은 초조해졌다.[2]

혁신대동운이 시간만 끌고 끝없는 논란으로 이어지면서 6월이 지나고 7월이 되었다. 그러나 신당운동은 아무런 성과도 나타나지 않았다. 조봉암은 더 이상 창당 작업을 미룰 수

2　정태영, 《조봉암과 진보당》, 후마니타스, 2006, 249쪽.

없다고 판단하였다. 진보당 창당준비위원회를 다시 가동하여 7월 중순에 우선 지방선거 대책위원회부터 구성했다. 위원회의 주요 멤버는 다음과 같다.

지도위원 : 서상일, 신흥우, 조봉암, 박기출, 최익환, 김달호
위원장 : 윤길중
부위원장 : 안우석
총　무 : 이명하
선　전 : 고정훈
기　획 : 최희규
연　락 : 안도명

　　진보당은 뒤늦게 선거대책위원회를 구성하였다. 그러나 내부적으로는 여전히 계파끼리 첨예하게 대립하고 있었다. 조봉암 계열·서상일 계열·장건상 계열 등 3대 파벌에 의한 대립관계였다. 여기에 자금난과 정부의 탄압이 가중되면서 지방의원 선거대책은커녕 후보자 공천도 제대로 하지 못한 상태에서 선거날을 넘기고 말았다.

　　이승만 정권의 부정·관권선거는 지방의원 선거에서도 재현되었다. 7월 27일 민주당을 비롯한 야당 의원들은 지방의원 선거에 앞서 정부의 탄압에 항의하여 서울 세종로 국회의사당 앞에서 시위를 벌이는 등 관권·부정선거의 중지를 요

구했지만 전혀 고쳐지지 않았다. 전북 정읍에서는 투표함을 뜯고 자유당 후보의 표를 무더기로 집어넣기도 했다.

지방의원 선거에 효율적으로 대처하지 못한 혁신진영에서는 불만과 갈등이 내부적으로 작동했다. 조봉암 계열과 서상일 계열 간에 불신의 골이 깊어가면서 조봉암의 직계에서는 자체적인 창당준비에 나서기로 하였다.

그 사이에 혁신대동추진위원회를 결성하여 진보세력의 대동추진운동이 다시 전개되었지만 서상일 측의 진보당추진위원회 백지화, 조봉암 후퇴 및 진보당 당명 불사용 등의 요구로 결렬되었다. 이에 10월 20일, 진보당 창당추진 상무위원회는 진보당 창당을 앞당기기로 결의했다.

'비운의 정당'인 진보당은 이렇듯 창당 과정에서부터 우여곡절이 많았다. 서상일, 이동화, 최익환, 김성숙, 고정훈 등 진보당 창당추진위 중앙상무위원 22명이 참여를 거부하여 당에서는 이들을 제명 처분하기에 이르렀다. 굳건한 보수양당체제에서 제3세력이 힘을 모아 보수 정당과 대결해도 힘이 부친 처지에 혁신세력은 분열과 이합집산을 거듭하였다. 한국적인 고질이고 괴질이기도 한 현상이었다. 이승만 정권의 원격작용과 레드 콤플렉스에 빠진 한국적 정치풍토에도 책임의 일단은 있었다.

진보당 창당대회

1956년 11월 10일 서울 시립극장. 이날 오전 10시 30분부터 전국 대의원 900명 중 853명이 참석한 가운데 진보당 창당대회가 열렸다. 1955년 9월, 서울 광릉에서 비공식 집회를 갖고, 이해 12월 22일 진보당 창당추진위원회를 결성하여 조봉암, 서상일, 박기출, 이동화, 김성숙, 신숙 등 12명을 창당추진위원회 지도부로 구성한지 1년여 만에 정식 창당대회가 열린 것이다.

진보당은 혁신세력 내 여러 정파의 포용에는 실패했지만 조봉암을 중심으로 하는 혁신계 주류가 참여한 해방 이후 최대 규모의 혁신정당이었다.

진보당이 비록 혁신세력이 대동단결한 정당은 못되었지만, 그럼에도 불구하고 조봉암에게는 남다른 감회와 감명이 있었을 것이다. 진보당의 뿌리는 광릉회합이었다. 이 자리에서 혁신정당의 이념을 민주사회주의와 사회민주주의 중 어떤 것으로 할지를 놓고 열띤 논의가 있었다. 다음은 직접 토론에 참여했던 정화암의 증언이다.

　　광릉회합에서 정화암은 민주사회주의를 정치이념으로 할 것을 주장했고 서상일이 그에 찬성했다. 장건상은 사회민주주의를 정견으로 내놓았다. 민주사회주의와 사회민주주의의 사상과 이념에 대한 구체적인 토론 같은 것은 없었으나 한국정치사에서 민주사회주의와 사회민주주의가 거론된 것은 이때가 처음이 아닌가 한다.[3]

그러나 조봉암의 생각은 달랐던 것 같다.

　　나나 장건상의 의견과는 달리 조봉암은 현 단계에서 정치사상을 가지고 의견의 일치를 기할 수는 없으니 당을 먼저 만들어놓은 후 정치노선을 결정하자는 주장이었다. 용광로 속에다 전부 다 털어넣고 쇠는 쇠대로 금은 금대로 가려내야 된다는 것이 그의 주장이었다. 나와 서상일은 간담회를 구성하여 어느 정도까지 의견을 종합하자고 주장하였으나 조봉암은 자기가 농림부장관으로 있을 때 사회주의 정치노선에 입각하여 일을 해보려고 각 방면으로 노

------ 3 　정화암, 《이 조국 어디로 갈 것인가》, 자유문고, 1982, 310쪽.

력을 해보았으나 우리나라의 현실에서는 불가능하다는 것을 알았다면서, 현 단계에서는 이념을 가진 제3당을 꿈꾸지 말고(사상과 이념을 논하지 말고) 제3당을 만들어 활동하는 것이 훨씬 낫다고 주장하고 창당을 서둘렀다.[4]

이로 미루어보면 조봉암은 대단히 실용적이었음을 알 수 있다. 한국적 정치상황에서 민주사회주의나 사회민주주의 이념이 당장 실현되기 어렵다는 인식을 하고 있었던 것 같다. 물론 이것은 어디까지나 현실 대응의 방편이지 민주사회주의 또는 사회민주주의 이념 자체를 저버린 뜻은 아니었다. 조봉암은 신도성과 윤길중에게 위임하여 창당취지문·선언문·강령 등의 초안을 만들게 했다. 그리고 이들 문건은 진보당 창당에서 그대로 채택되었다.

이런 곡절을 겪으며 수탈 없는 계획경제체제를 확립하고 책임 있는 혁신정치를 단행할 것을 표방하는 한국 최초의 사회민주주의 정당인 진보당의 창당대회가 예정대로 열리게 되었다.

그러나 국민과 언론의 관심 속에 열린 창당대회와 달리 대회진행은 쉽지가 않았다. 정사복 경찰 수백 명이 대회장을 포위하고 입장하는 대원들을 낱낱이 검열하고 대회장 주변에

---

4 앞과 같음.

모여든 시민들을 강제로 해산시키면서 당원들과 실랑이가 벌어졌다.

백범 김구와 남북협상을 위해 평양을 다녀오고 한독당 해체 뒤 진보당 중앙상무위원으로 이날 대회에 참석한 신창균의 증언이다.

국민들은 대단한 관심을 가졌고 대회장에는 엄청난 인원이 운집하여 창당대회장 안팎을 꽉 메웠다. 이승만 정권은 대경실색하여 정사복 경찰 500여 명을 동원, 감시케 하면서 입장하는 인사들을 낱낱이 검열하였고 대회장 밖에서는 운집한 군중들에 대하여 해산 귀가할 것을 강력히 종용하며 압박을 가했으나 대중들은 그 경찰들의 말과 협박을 외면한 채 시비가 붙어 소란이 이만저만이 아니었다.

그뿐 아니라 이 정권은 경찰들을 사복으로 가장시켜 대회장 내에 입장시켰다. 그들이 난동을 부리며 단상으로 뛰어 올라오려고 하는 것을 단상에 있는 간부들이 완력과 발길로 물리치는 소동까지 벌어졌다. 그러자 그 가장한 경찰들이 뒤로 물러서며 수십 개의 계란을 단상으로 집어던져서 단상에 있는 간부들은 계란 세례를 흠뻑 받게 되었다. 그러나 그들에 대하여 다시는 난동을 못하도록 하는 조치를 취하고 창당대회는 시간을 단축하여 마치게 되었으니, 한심한 이승만 정권의 만행을 규탄 아니할 수 없는

일이다.[5]

　　진보당 창당대회는 이승만 정권의 폭압으로 어수선한 가
운데 예정대로 진행되었다. 전당대회 장내에는 당가黨歌가 장
엄하게 울려 퍼졌다.

　　　　자유는 우리의 생명
　　　　평화는 우리의 이상
　　　　이 땅에 구현하여서
　　　　역사를 창조하리.
　　　　조국의 새날에 이름하여
　　　　혁신의 새 깃발 높이 들어
　　　　오!
　　　　희망과 사랑의 거름되리[6]

5 신창균, 《가시밭길에서도 느끼는 행복》, 해냄, 1997, 203쪽.
6 정태영, 앞의 책, 253~254쪽.

이례적인 '묵념시' 낭독

이날 창당대회는 이색적인 행사가 몇 가지 진행되었다. 저항시인 박지수의 '묵념시'가 낭독되고 이기붕 민의원 의장과 민주당의 축사, 이승만 대통령에게 보내는 메시지, 유엔총회에 보내는 메시지가 각각 채택되었다.

또 국제정세 및 국내정세 보고 그리고 의결사항, 선언문·강령·정책·당헌, '북한당국의 평화공세에 대한 진보당의 선언문'이 채택되었다. 보수 정당의 창당대회와는 다른 모습이 적지 않았다.

묵 념

피땀 흘리고 가신
인민의 대열과 목자의 영전에
알뜰히 다듬어 새긴 반만 년 배달의 성서를

땀으로 지키며 이어온 겨레의 횃불

인민의 대열과

거룩한 목자의 영령이여!

새푸른 조국의 하늘아래

아하! 어린 양떼마냥

마구 짓밟히고 쓰러지는

창생이

갈 바를 몰라 헤매고

흉흉한 민심들이 간곡한

찢기운 이 강토를

표독히 흘러내리는 검은 회오리바람을 뚫고

마침내 구원의 손길을 뻗혔으니

불 뿜는 유지를 받들어

찬란히 솟아오르는

새로운 우리들의 태양

오! 인도세력의 굳건한 전위는

이 겨레와 온 누리

길이 함께

번영할 터전을 닦으며

자유 평등 우애로 맺힌

훈훈한 복지사회를 이룩할

세계의 깃발을 높이 들고

바라고 기리던 낙원의 광장을 향하여
보무도 우렁차게
이제 권고하나니
피땀 흘리고 가신
인민의 대열이여
거룩한 목자의 영령이여
마음 편히 쉬리라
고이고이 잠드시라[7]

조봉암은 임시집행부 임시의장에 선출되고 개회사를 하였다. 정당 창당운동 10년 만에 자신이 주도하여 만든 정당대회에서 개회사를 한 것이다.

━━ 7 정태영 외, 《죽산 조봉암 전집 4》, 죽산조봉암선생기념사업회, 1999, 24~25쪽.

개회사에 담긴 조봉암의 신조

개 회 사

동지들, 여러 동지들.

나는 이런 공개석상에서 동지라고 이렇게 부르는 말을 써본 일이 없습니다.

참으로 감개무량합니다. 우리가 공산주의와 공산당을 거부하고, 동시에 자본주의와 그 앞잡이인 보수당을 거부한 지 이미 10년이 넘었지만 그동안 우리끼리 모여서 동지라고 불러보지를 못했습니다. 그러나 오늘 이 자리에서 사회개조의 원리인 진보사상을 주장하는 우리들이 일당을 해서 역사적인 회합을 가지고 역사적으로 처음으로 동지들이라고 부르는 기쁨을 나누게 되는 것입니다.

동지들!

나는 여러 동지들의 어려운 환경도 잘 알고 또 어려운

살림살이도 잘 알고 있습니다. 그렇지만 그 어려운 환경에서도 이렇게 열성적으로 예상보다 훨씬 많이 참석해주셔서 이런 성황을 이루게 해주신 것을, 이건 다만 우리들의 기쁨만이 아니고 실로 이 나라를 위해서 또 민족을 위해서 대단히 기쁜 일이라고 믿습니다. 충심으로 감사드립니다.

지금 전 세계는 바야흐로 움직이고 있습니다. 자본주의 세계도 움직이고 공산주의 세계도 움직이고 있고, 제국주의적인 노대국들도 움직이고 식민지에 있는 약소민족들도 움직이고 있습니다. 이렇게 움직이고 있는 세계 중에서 우리나라는 최첨단의 보초병이 되고 있는 처지이면서도 지금 아무도 돌아보지 않는 것 같이 외로이 내던져져 있는 것입니다.

그렇다고 우리 민족의 지상명령인 남북통일을 위한 아무런 적극성도 전연 보이는 바가 없습니다. 그뿐 아니라 민주주의는 무슨 말뿐이고, 인민의 자유와 인권은 날로 침해되고 산업은 날로 위축되며 실업자는 늘고 농민들은 한정 없는 대량 수탈에 시달리다 못해서 농토를 버리고 거리에 방황하는 자가 날마다 늘어가고 있는 참상입니다.

이렇게 나라꼴이 말이 못 되고 모든 국민이 모두 다 이대로는 살아갈 수 없다고 아우성을 치는 이런 판인데도 모든 보수파 정객들은 현재 정권을 잡은 자거나 또 그 정권에서 잠시 밀려난 자들이거나를 불문하고 모두 다 어떻게 하면 권세를 쥐고 어떻게 하면 이권을 얻을까 하는 데에 모든 정력을 기울일 뿐이지 나랏일을 걱정하고 국민 대중의 생활을 걱정해주는 사람은 하나도 뵈지 않습니다. 이러한 판국이니 마치 이 나라 안에서 나랏일을 바로 잡고 국민을 살리는 유일한 길은 오직 진보적 사상을 가진 혁신요소의 대중적인 집결로 일대 혁신 정당을 조직해서 정권을 담당하고 정치혁신을 단행하는 길밖에는 없는 것입니다.

우리들 지식인은 당연히 이 두 가지, 즉 자본주의와 공산주의를 다 같이 거부하고 청산을 하는 동시에 인류의 새 이상, 즉 원자력시대에 적응할 인류의 새 이상을 옳게 파악하고 실현해내지 않으면 안 됩니다.

그러면 인류의 새 이상이라는 것은 대체 어떤 것인지 생각해보십시다. 인류의 새 이상이라고 하는 것을 말하자면 모든 묵은 이상들을 낱낱이 끄집어내서 검토하고 비판을 해 보아야 할 것입니다마는 그것을 요약해서 총괄적으로 말하자면 인류 유사 이래로 오늘에 이르기까지 우리 인간 사회의 모든 면, 즉 정신적, 철학적, 정치적, 경제적 또는 종교적, 문화적인 이 모든 면에 걸쳐서 현대 지식인의 입장에서 그것을 과학적으로 온전히 비판하여 나쁘고 불합리한 것은 치워버리고 그 합리적이고 좋은 것만을 택하는 것입니다. 그리고 그것을 다시 종합 정리해서 그 시대에 맞고, 그 사회에 맞고, 그 인정에 맞도록 제도를 만들고 정책을 고침으로써 사람이 사람을 착취하는 일을 없애고, 또 인간의 존엄성을 무시하는 일을 없애고, 모든 사람의 자유가 완전히 보장되고 모든 사람이 착취당하는 것이 없이 응분의 노력과 사회적 보장에 의해서 다같이 평화롭고 행복스럽게 살 수 있는 세상, 말하자면 우리들의 이상인 복지사회를 건설하자는 것입니다.

이러한 이상을 우리나라의 실정에 비추어서 정치적으로 표시하자면 먼저 민주적·평화적 방법으로 국토를 통일해서 완전히 자주·통일·평화의 국가를 건설하자는 것이고, 모든 사이비 민주주의를 지양하고 혁신적인 참된 민주주의를 실시해서 참으로 인민의, 인민에 의한, 인민을 위한 정치를 실시하자는 것이고, 또 계획적인 경제체제를 수립해서 민족자본을 육성·동원시키고 산업을 부흥시켜서 국가의 번영을 촉구하자는 것이고 또 조속히 사회보장제도를 실시해서 모든 국민의 생활을 보장하고 향상시키려는 것이고, 교육제도를 개혁해서 점차적으로 교육의 국가보장 제도를 실시해서 이 나라에 새 민족문화를 창조하고 나아가서는 세계의 문화진운에 이바지하자는 것입니다. 그런즉 이러한 모든 정치적 과제들은 인류의 새 이상을 한국 실정에 적용케 해서 실천하자는 것이니 이것을 가리켜 한국의 진보주의라고 해도 좋을 것입니다.

우리 진보당원들은 살아서는 나라의 주인으로 그 이상

을 실천하는 지도자가 되는 것이고, 죽어서는 천추만대에 그 거룩한 이름을 빛낼 수 있는 역사의 선구자들입니다. 자중자애해야 되겠습니다. 우리들은 나라를 위하고 대중을 위하는 것과 똑같은 심정으로 우리당을 위하고 우리 동지들을 아껴야 되겠습니다.[8]

조봉암의 개회사는 자신의 혁신정치 이념을 '인류의 새 이상'으로 묶어서 개진하였다. 이어서 '국제정세에 대한 보고'가 있었다. 원래 이 보고서는 250쪽에 달하는 방대한 내용이었으나 대회 날에는 인쇄를 마치지 못하여 조규희가 요지를 보고하였다. 이어서 '국내정세 보고'는 이성진 대의원이 맡았다.

8 앞의 책, 31~33쪽.

자유민주체제 내외에 과시

국내정세 보고(요약)

아름다운 이 강토는 국제적 강대세력의 대립으로 말미암아 인위적으로 갈라졌고 진정한 민족의 의사는 유린되었습니다. 그리하여 북에서는 횡포한 독재와 팽창주의적인 소련 볼셰비키의 앞잡이들이 정권을 취하고, 남에서는 허울 좋은 자유와 민주주의의 이념 아래서 실은 실업과 빈곤과 황폐가 충일하게 되지 않았습니까? 그러나 남북의 통일문제는 소련의 침략적 야망과 미국의 균형정책으로 인하여 매번 실패로 돌아갔으며, 대한민국 정부수립 후 북한의 스탈린주의 공산도당들은 드디어 민족사상에 씻지 못할 죄악을 범하였습니다. 저들이 감행한 6.25의 남침은 수백만 명의 종족, 형제들의 피를 흘렸고 국토를 불살랐습니다. 이때 따뜻한 민주우방의 십자군이 일어나서 우리와 함께 싸웠음에도 불구하고 역시 세력균형의 상대적 안정으로 휴전이 되고 남북은 여전히 분단된 채로 현실은 날로 비참해져가고 있습니다.

이러한 난국에 처하여 우리 정부는 마땅히 민주주의 발전과 국민경제의 안정을 꾀했어야 옳았을 것입니다. 그러나 도리어 그 완고한 보수 세력의 독선적 반동 때문에 우리 사회는 자유와 질서와 안전이 그리고 건설과 진보의 번영으로 전진하지 못하고 도리어 억압과 혼란과 폭력, 무능과 부패와 빈곤으로 휩쓸리고 말았습니다.

이제 국내적으로 그 실정을 살피건대, 농민의 생활은 농지개혁이 시행된 후로 다소 개선되었다고도 하겠지만 영세소작, 고율의 토지소득세, 고리대금업자의 압박, 정부 시책의 빈곤 등으로 말미암아 소농을 비롯한 이 나라 농민 대중은 극도의 곤궁에서 벗어나지 못하고 있습니다.

혁명투사와 우국지사는 야에 묻혀서 부질없이 현실을 개탄하고 굶주려 시들어가는 실정이니 이러고서야 어찌 자라나는 후세에게 애국의 정열과 민주적 자주기풍을 육성시켜줄 수 있겠습니까?

이러한 원인은 국토의 양단과 침략자 공산도당들에게 책임이 있는 것은 물론입니다. 그러나 한편 이 나라 정계를 지배하고 있는 완고한 보수세력도 또한 책임을 져야 할 것입니다. 건국 이래 정당유해론과 무용론을 주창하던 이 박사는 국회세력의 불리함을 알고 4284(1951)년 4월 독재 정권을 동원하여 자유당을 결성하였습니다. 그리하여 이 듬해에는 민의 소동과 정치파동으로 정권의 연장에 성공하고 다시금 재작년 11월에는 사사오입개헌 파동을 감행하여 일당 전제의 기초를 구축하였습니다.

물론 자유당은 이 박사의 집권 보호 밑에서 결성되었기 때문에 민주적 세력이나 혁신세력의 집결을 꾀할 수 없었던 것이 당연하거니와 아직 대안 건설을 청산치 못한 부패분자와 일제와 군정시대를 통하여 군림하던 경찰 및 관료세력이 재빠르게 호응하였던 것입니다. 그러므로 저들은 도저히 이 나라의 민주주의 과업을 수행하지 못하였을 뿐 아니라 도리어 성장하는 대중을 위압하고 불안해지는 사회현상을 권력으로써 무마하려고 합니다.[9]

창당대회는 순서에 따라 김기철 대의원이 '이승만 대통령에게 보내는 메시지'를 낭독하고, 이를 채택하였다. 다음은 전문이다.

9 앞의 책, 47~48쪽.

이승만 대통령에게 보내는 메시지

이 대통령 각하!

우리 진보당은 이제 결당되었습니다. 우리 진보당은 진보적이며 대중적인 정치세력의 집결체로서 우리나라에서 역사적 임무를 다하기 위해서 등장하는 것입니다.

이 대통령 각하!

지금 우리나라는 불행하게도 법질서가 유린되고 관기가 문란하여 모든 면에 부패상이 날로 늘어가고 있습니다. 이래가지고는 국가의 번영도 민생의 안녕도 기대할 수 없고 민주주의 발전이라는 것은 있을 수가 없습니다.

각하께서는 일대 영단을 내려서 이 모든 것을 축출하고 쇄신하셔서 민족갱생의 길을 열어놓아야 될 것입니다.

이 대통령 각하!

지금 우리나라는 대산업도 위축되어가고 있고 중소기업도 휴업상태에 있으며 도시에는 실업자 투성이고 농촌은 극도로 피폐해서 농토를 버리고 이농하는 자가 날로 늘어가는 참상입니다. 각하께서는 우선 국민생활을 보장한다는 문제에 대해서 특별히 관심과 응급한 조치를 보여야 될 줄 확신합니다.

이 대통령 각하!

우리 진보당이 결당에 임하여서 이상의 제언을 드리는

것은 국가와 민족을 위한 양심적인 호소일 뿐 아니라 그렇게 하는 것만이 나라를 바로잡는 길이며 동시에 민주주의적 승리에 의한 조국통일의 기틀을 튼튼하게 하는 유일한 길임을 굳게 믿는 까닭입니다.

이 대통령 각하!

우리들은 현하의 긴급한 정치적 안정과 쇄신에 관한 각하의 역사적 영단을 크게 기대하오며 아울러 각하의 XX 건강하심을 빌어마지 않습니다.[10]

---

10 앞의 책, 49~51쪽(XX는 전당대회 녹음 테이프에 부정확한 부분임).

진보당의 혁신정책

진보당의 주요 정책은 다음과 같다.

정책(요지)

1. 통일문제
   대한민국 주권 하에 UN을 통한 민주적이고 평화적인
   조국통일
2. 국방·외교정책
   호혜평등의 원칙에 입각한 강력한 국민외교로써 모든
   우방과 선린우호의 관계를 수립하고 긴밀한 국제협력을
   통하여 집단안전보장하여 자주적 국방력의 조직강화
3. 정치형태
   대통령중심제 정부형태를 반대하고 책임 있는 의원내
   각책임제 확립

4. 행정정책

국민에 대한 정부의 유해무익한 간섭(도민증, 시민증, 유숙
계, 야간통금) 등 허가제도를 일소하고 사회안전 및 복지
상 필요 범위 내에서 감독권발동, 경찰의 중립, 행정감
찰경찰제 확립, 중앙정부의 행정권 축소 및 지방자치단
체의 권한확대, 지방자치단체장의 공선제, 공무원 시험
제도 확립

5. 경제정책

급속한 경제건설, 공정한 분배에 의한 사회정의 실현,
계획과 통제에 의한 경제의 무정부성 극복, 사회간접자
본 부문의 국유화, 민족자본 육성, 농지개혁, 농업협동
조합의 조직화, 중소기업 및 원양어업 활성화

6. 광업정책

계획적인 통제체제 하에 대규모 광업을 원칙적으로 국
유화하여 국가자본 투자 하에 관민합동위원회 설치

7. 재정정책

국고수지균형의 확립, 다액소득자에 대한 고율누진세
적용 및 면세율 인상, 금융기관의 국가관리

8. 사회정책

노동자의 단결권과 단체교섭권 존중, 노동자의 경영참
가 및 이익균등, 대중의 문맹퇴치와 계몽사업, 상이군
경 및 국가유공자와 그 가족의 생활보장, 실업자 구제,

국민의료제도 확립, 국민연금제 확립

9. 문교정책

교육의 국가보장제, 실업과 전문교육의 분리, 교육사무의 전담으로 일반 행정과 분리된 교육원의 설치, 민족문화 창조, 과학교육의 육성, 진보적 사상이론 체계화[11]

진보당 간부진

위원장 : 조봉암	부위원장 : 박기출, 김달호
간사장 : 윤길중	부간사장 : 이명하
당무부 간사 : 최희규	부 간 사 : 서진걸
재정부 간사 : 박준길	부 간 사 : 조규태, 조중찬
조직부 간사 : 이명하	부 간 사 : 전세룡(서무)
	성낙준 (영남)
	온삼엽 (호남)
	안경득 (중부)
노동부 간사 : 임기봉	부 간 사 : 이창호
농민부 간사 : 임갑수	부 간 사 : 허 명
사회부 간사 : 윤복덕	부 간 사 : 안준표
선전부 간사 : 조규희	부 간 사 : 이성진

---

11 문한동,《죽산 조봉암》, 일원, 1994, 138~139쪽.

황민암(일명 황구성)

교양부 간사 : 김병휘   부 간 사 : 박지수

의원부 간사 : 결 원   부 간 사 : 결 원

진보당 중앙상무위원회의 명단은 다음과 같다.

　　윤길중 · 조규택 · 이창호 · 강징호 · 이성진 · 김병휘 · 신창균 · 박준길 · 서진걸 · 송건(송재규) · 온삼엽 · 김하돈 · 성낙준 · 임갑수 · 박지수 · 염동억 · 홍순범 · 서재록 · 조규희 · 안중표 · 안경득 · 황민암(황구성) · 이규석 · 이명하 · 이봉래 · 최희규 · 곽현산(곽순모) · 선우봉 · 이홍렬 · 전세룡 · 한병욱 · 조중찬 · 김규찬 · 윤복덕 · 김창수 · 최운기.

진보당 각 위원회의 명칭과 임원 명단은 다음과 같다.

통제위원회

위 원 장 : 김위제

부위원장 : 김기철

위　　원 : 홍성억 · 차영호 · 이문필 · 서정계 · 정성업 · 여덕현 · 정예근 · 이한주(경남) · 김정학(경북) · 박병홍(전남) · 김대희(전북)

총무위원회

위 원 장 : 장지필

위　　　원 : 원우관 · 이희재 · 정중 · 송우석 · 송두환 · 김안
　　　　　　국 · 김한규 · 임기봉 · 조기하

기획위원회

위 원 장 : 김안국

부위원장 : 정 중

노농분과 : 성낙준 · 서진걸 · 이창호 · 원대식 · 이홍렬 · 하
　　　　　　태환

상공분과 : 송건 · 최운기

내무분과 : 선우봉 · 원일상

문교사회분과 : 정중 · 윤지화 · 김동서 · 박지수 · 권대복 ·
　　　　　　　박지호 · 안경득

재정경제분과 : 안우석 · 안준표 · 오용제

교체분과 : 이길환 · 황민암

조사통계분과 : 김용성

서 기 국 : 김계생 · 문색민

재정위원회

위 원 장 : 신창균

부위원장 : 홍순범

위　　원 : 김창수 · 강진호 · 김규찬 · 이기복 · 선우기준 ·
　　　　　성낙준 · 이수근 · 이두환 · 윤죽향(경남) · 장동호
　　　　　(강원)

통일문제연구위원회

위 원 장 : 송두환
부위원장 : 이성진
위　　원 : 조기하 · 원우관 · 이희재 · 김기철 · 이수근 · 조
　　　　　규희 · 안경득

출판위원회

위 원 장 : 박기출
부위원장 : 이광진
위　　원 : 김일록 · 이송암 · 이홍렬 이하 14명
사 무 국 : 송건 · 이봉래 이하 4명[12]

---

12 정태영, 앞의 책, 208~210쪽.

북한에 '전한국위원회' 구성 등 제의

북한당국의 평화공세에 대한 진보당의 선언문

오늘날 한민족의 최대 과업은 자유선거 실시에 의한 조국의 평화적 통일의 향후에 있으며 우리 당은 8.15해방 이후 지금까지의 북한 당국의 통일문제에 관한 행동과 역정을 검토하고 한국문제에 관한 종래의 국제연합 결의와 1954년도 제네바회담 성과를 명심하면서, 평화적 남북통일을 호소하고 있는 북한 당국이 그 기본적 출발점에 있어서 국제연합의 기본적 구성에 도전하고 6.25사변의 책임소재를 운위함은 평화적 통일에 유해하며 분할상태의 장구화長久化를 초래할 우려가 있다는 사실에 유의하면서, 이에 우리당은 조국의 조속한 평화적 통일을 진정코 갈망하는 피해대중을 대표하여 북한 당국이 아래와 같은 통일선거 원칙을 수락할 것을 권고한다.

1. 통일되고 독립된 민주적 한국의 국회형성을 위하여 자유선거를 시행한다.

2. 이 선거의 준비와 실시를 감독하고 감시하기 위하여 국제연합의 동의 하에서 선출된 국제감시위원회를 설치한다. 이 위원회는 인도, 스위스, 폴란드, 체코슬로바키아 대표로 구성되어야 하며 인도 대표는 의장으로 취임할 것이다.

3. 이 선거를 준비하고 실시하는 데 있어서 국제감시위원회와 협동하면서 자유스러운 총선거와 직접 관련되는 범위내의 남북한 간의 정치적 접근 조치를 취하기 위하여 대한민국 국회와 북한 당국에서 각각 선출된 대표로서 전한국위원회를 설치한다. 동 위원회에는 남북한의 각종 정치적 경향을 가진 사회단체 대표들이 포함되어도 무방하다.

4. 전한국위원회는 남북 쌍방의 합의제 원칙에 따라서 운영하되 장래 설립될 통일국회에서 취급될 문제와 또는 선거 실시 전후를 통한 과도기간에서 자유스러운 총선거문제와 직접 관련되지 않은 문제로서 마땅히 대한민국 정부와 북한 당국이 관장할 문제에는 개입치 말 것이며, 그 외 당면 최대과업은 자유선거가 진정한 민주주의를 보장할 수 있는 선거법 작성 및 선거 자유분위기 조성에 있어야 한다.

5. 전한국위원회는 그 의제로 상정된 소위 절차 중에서 토의 결과 합의를 보지 못하는 사항은 국제감시위원회 의장에게 앙재仰裁를 요청하고 그의 권고대로 처결하여야 한다.

6. 전한국위원회에서 합의가 성립된 문제는 대한민국 정부와 북한당국에서 책임지고 집행하여야 하며 타면他面 전한국위원회는 여사한 합의 사항을 국제감시위원회에 대하여 통고할 의무를 지닌다.

7. 선거는 관계 당국의 합의 성립 후 6개월 내에 시행한다.

8. 선거의 실시 전, 실시 중 및 실시 후에 있어서 선거의 관리에 관계가 있는 국제감시위 요원은 상태의 감시를 위하여 행동, 언동 등의 자유를 가지며 현지 당국자는 이들 요원에게 가능한 모든 편의를 제공한다.

9. 선거의 실시 전, 실시 중 및 실시 후에 있어서 입후보자, 선거운동원 및 그들의 가족은 행동, 언론, 기타 민주국가에서 인정되고 보호되고 있는 인권을 향유한다.

10. 선거는 비례제 원칙과 비밀투표 및 성인의 보통선거의 기초 위에서 시행한다.

11. 전한국의회는 선거 직후 서울에서 개회한다.

12. 다음의 제 문제는 특히 전한국의회가 결정할 의제로 한다.
    ① 통일 한국의 헌법작성에 관한 문제
    ② 군대의 해산과 관련된 문제

13. 모든 외국군의 철수는 통일선거가 합의되면 비례원칙
   에 따라 선거 실시 이전부터 개시하되 유엔군의 완전
   철수 기한은 통일정부가 수립되고 그 정부가 치안책임
   을 담당한 연후로 작정되어야 한다.
14. 통일되고 독립된 민주적 한국의 평화를 보장하고 또한
   재건에 조력할 강대국을 포함한 국가들이 평화적 통일
   의 확실한 진전을 미리 책임져야 한다.[13]

창당선언문

우리가 8.15의 해방을 맞이할 때 우리의 앞에는 자유발
전의 탄탄대로가 열리고 이 강토에 수립될 새로운 민주국
가로 모든 우리 국민에게 자유와 평등과 사람다운 생활을
보장해주게 될 것을 믿고 기대하고 희망하였던 것입니다.
그러나 이후 11년이 지난 오늘날 우리나라에는 통일된 자
주독립 대신에 국토의 분단과 사상적 대립이 격화되었고
자유와 질서와 안전 대신에 억압과 혼란과 폭력이 횡행하
여 건설과 진보와 번영 대신에 파괴와 토영과 궁핍이 지배
하고 있습니다.

경제시책은 비생산적인 소비면에 치중하여 의연依然

---

13 정태영 외, 앞의 책, 148~150쪽.

자립경제건설에 대한 실질적인 효력을 결여하고 있습니다. 따라서 매년 수억 달러에 달한다는 미국 원조를 받으면서도 수백만의 실업자와 수십만의 상이군경이 가두에서 방황하고 있고 노동자, 농민, 봉급생활자 및 수백만의 월남피난민들은 말 못할 도탄에 빠져왔으며 중소상공업자들은 파산과 생활불안으로 전전긍긍하고 있습니다. 탐관오리들의 발호와 타락은 날로 우심尤甚하고 관료와 결탁한 소수의 정상모리배는 국재와 민부를 갖은 수단으로 갈취독점하고 있습니다. 이리하여 법질서는 유린되고 기강은 해이되었으며 도의는 아주 땅에 떨어져 거세 도도히 탁류 속으로 휩쓸려가고 있습니다.

그러면 해방 이후 아름다운 강토에 이렇듯 추악 불미하며 부정불의한 정치적, 사회적 상태를 출현시키고 사랑하는 우리 국민 대중을 이렇듯 비참한 생활형편에 빠뜨리고 통일을 숙원하는 모든 동포로 하여금 이렇듯 절망과 비애 속에 허덕이게 한 것은 그 무슨 까닭이겠습니까.

첫째로는 온갖 파괴적 수단으로써 통일자주독립의 민주한국 건설을 극력 방해하여오다가 급기야 그들의 상전인 스탈린의 명령을 따라 동족상잔적인 6.25의 참변을 일으킨 저 공산역도들의 침략 때문입니다. 그러나 이뿐이 아닙니다. 8.15 이후 지주, 자본가로서 미군정에 중용되었던 한국민주당 중심의 고루한 정치세력과 대한민국 수립 이후에 있어 한국 정치의 추기樞機를 장악하고 민주주의의 이름 밑에 반半 전제적 정치를 수행하여 온 특권관료적 매판자본적 정치세력의 과오에 기인하였다는 것도 명백한 사실입니다.

시대적 감각과 사회적 양심을 결여하고 있는 후진제국의 독선적 보수세력이 정치권력을 장악, 행사하게 될 때 그들은 놀랄 만한 무능성과 부패성을 스스로 폭로하면서 국가적 혼란과 사회적 불안을 조장 격화하고 국민 대중을 도탄에다 빠뜨리지 않을 수 없다는 것은 보편적인 국제적 통례로 되어 있습니다. 우리 한국의 경우가 결코 이에 대한 예외를 이룰 수 없음은 물론입니다.

사랑하는 동포 여러분! 우리의 조국과 민족은 바야흐로 누란의 위기에 처해 있습니다. 그러면 이러한 국가적 중대위기를 극복하고 생사의 관두關頭에 선 우리 민족의 운명을 크게 타개하는 기사회생의 방도는 어떠한 것이겠습니까. 그것은 그른 것을 광정匡正하고 낡은 것을 혁신할 수 있으며 모든 난관을 극복하고 새로운 건설을 수행하며 국리 민복을 크게 증진 실현할 수 있는 새로운 민주주의적 정치세력을 결집하는 것, 즉 진보적이며 혁신적인 민주주의적 대정당을 새로이 결성 발전시키는 것이야말로 우리의 조국과 민족을 존망의 위기로부터 구출하는 유일의 길인 것입니다.

사랑하는 동포 여러분! 20세기의 진정한 민주정치는 광범한 근로인민의 의사와 이익을 대표하고 또 이를 힘차게 실현 구현하는 데 있습니다. 그러기 위해서는 높은 과학적, 이론적 견식과 실천력은 어느 유능한 개인이나 일부 소수인에게 기대할 수도 없고 또 기대해서도 아니 됩니다. 광범한 근로인민을 사회적 기반으로 하는 진보적이며 대중적인 정치세력의 결집체, 즉 참다운 민주주의적 정당만이 전 인류적 지식과 경험을 올바르게 섭취하고 종합함으로써 이를 진정으로 소화하며 제고하여 소유할 수가 있습니다. 그리하여 광범한 민중의 창조적 에너지를 민주적이며 건설적으로 조직 동원함으로써 후진 한국의 과도적 혼란과 곤란을 극복 수습하는 한편 운명적 기로에 선 우리 조국과 민족을 힘찬 건설과 자유발전의 대로에로 이끌어 올릴 수 있습니다.

사랑하는 동포 여러분! 이러한 큰 역사적 사명을 지닌 우리 진보당은 오늘 국민 대중의 절대한 기대와 촉망을 받으면서 우렁찬 고고의 소리를 울렸습니다. 우리 진보당은 어떤 일부 소수인이나 어떤 소수집단의 정치적 조직체가 아니고 광범한 근로민중의 이익실현을 위하여 노력하고 투쟁하는 근로대중 자신의 민주적, 혁신적 정당입니다.

우리 당의 기본적 역사적 과업은 경제, 문화, 방위 등 제부문에 걸친 건설을 촉진 수행하여 우리의 민주적인 주체적 역량을 확대 강화하고, 이리 함으로써 민주적 국토통일을 평화적으로 실현하는 한편 새로운 복지사회를 건설하는 데 있습니다.

사랑하는 동포 여러분! 노동자, 농민, 근로인텔리, 중소상공업자 여러분! 20세기는 실로 변혁의 세기입니다. 인류사회는 바야흐로 큰 전환기에 처하여 있습니다. 지구상의 이 나라 저 나라에서 급속히 혹은 완만히, 현저히 혹은 은연히 큰 변혁이 진행되고 있습니다. 이러한 변혁의 기본목표는 명실상부한 자유와 평등과 사람다운 생활을 보장하여 줄 진정한 대중적 복지사회를 건설하는 데 있는 것입니다.

그렇다면 국제사회의 일원인 우리의 조국과 민족도 위대한 20세기 변혁을 피와 땀으로써 수행하고 있는 전 인류와 함께 광명의 새로운 복지사회건설을 향하여 매진하여야 하며 또 하지 않을 수 없는 것은 명백합니다. 우리의 진보당은 사랑하는 이 강토에 만민공영의 새 사회를 건설하기 위하여 모든 피해대중과 함께 양심과 성의와 열성으로써 백절불굴 감투 용진할 것을 감히 맹세하는 바입니다. 근로대중 여러분의 적극적인 지지와 협력과 편달을 기대하고 열망하여 마지않습니다.[14]

---

14 앞의 책, 54~57쪽.

지구당 창당에 대한 탄압

조봉암은 이 땅에 진보정치의 뿌리를 내리기 위하여 각별한 노력을 기울였다. 분단과 6.25전쟁으로 몰락하고 흩어진 중도파세력 및 진보세력을 규합하여 민주사회주의세력으로 발전시키고 이적론으로 매도되어온 평화통일론을 다시 공론화하기에 이르렀다.

당조직부는 당대표인 조봉암의 전력을 의식하여 남조선 노동당 계열에 속하였던 사람들의 입당을 억제하기까지 하였다. 그리고 당의 정책이나 활동은 철저한 반공주의 노선을 견지해나갔다.

진보당은 간신히 중앙당 결성에는 성공했지만 시·도지부 결성대회와 지구당 창당대회는 관권과 괴청년들의 탄압과 방해로 쉽지 않았다. 각지에서 수 명의 당원들이 이들의 폭력으로 부상을 당하는 사건이 잇따랐다. 자유당과 민주당은 진보당을 좌경집단으로 경계하고, 동지관계를 유지해왔던 서상일 계열에서는 민주혁신당 창당준비위원회를 발족시키면서 진보당을 위험정당으로 매도하였다.

1958년 5월에 실시되는 국회의원 총선거를 앞두고 진보당은 우선 독자적인 교섭단체를 구성할 수 있는 의원 20석을 확보하기 위해 당력을 모아나갔다. 마침 민주혁신당 창당준비 기구에 참여했던 장건상, 김성숙 등 혁신계 원로 8명이 진보당에 합류함으로써 진보당은 제3세력의 대표자리를 확고히 굳히게 되었다.

진보당을 창당한 조봉암은 얼마 뒤 다음과 같이 소회를 밝혔다. 담담한 기록에서 진보당의 목표를 분명히 하고, 여타 보수 정당들과의 차이점에 대해서 선을 긋는다.

우리 진보당은 그동안 많은 시련을 겪은 뒤에 지난해 11월 10일에 겨우 결당結黨을 해냈습니다. 앞으로 지방의 각급 당부가 결성될 것입니다. 내가 걸어갈 길은 진보당의 걸어갈 길과 꼭 같습니다. 그리고 진보당의 걸어갈 길은 뚜렷합니다. 공산독재도 자본주의 독재도 다 같이 거부하고 인류의 새 이상인 진보주의의 진리를 파악하고 만인이 다 같이 평화롭고 행복스럽게 잘살 수 있는 복지사회를 건설하는 것입니다.

다른 보수 정당과 다른 점은 무엇이냐고? 오늘 우리나라의 보수당들은 순전히 자본가 본위의 정당이고 우리 진

보당은 농민 노동자와 모든 근로대중의 정당이라는 것이 근본적으로 다른 점입니다.[15]

■■■ **15** 조봉암, 〈나의 정치백서〉, 《신태양》, 1957년 5월호(별책), 여기서는 정태영, 《조봉암과 진보당》, 한길사, 1991, 375쪽.

제 13 장
조작된 진보당사건

도대체 대한민국이
진보당의 정강정책 하나를 용인하지 못하고
형사사건으로 입건한다는 것은 참으로 유감스러운 일이다.
법에 위반되는 점이라고는
하나도 없는 진보당의 정강정책인데,
그 무엇을 트집 잡고 있는 것인지 알 길이 없다.
그동안 경찰은 무엇을 조사하는 것인지조차 모를
불확실한 수사를 해왔다.

– 조봉암, 기자회견 중에서.

●권력욕의 제물이 되다

이승만의 권력욕은 끝이 보이지 않았다. 이승만은 대단히 권력지향적이고 탐욕적이었다. 독립운동 시절 하와이에서 자신을 초청한 박용만을 밀어내고 주도권을 장악한 것이나, 해방 뒤 몇 차례에 걸쳐 정권연장을 위한 개헌파동을 일으킨 데서도 찾을 수 있다. 상하이에서 대한민국임시정부가 수립될 때에 헌법에 따라 최고통치권자를 국무총리로 명명하였다. 그런데 미국에 체류하던 이승만은 스스로 프레지던트President, 즉 대통령이라는 관명을 사용하고 있었다. 미국에서 쓰는 프레지던트라는 용어에 집착한 것이다. 이에 상하이 임시정부의 국무총리 대리 안창호는 1919년 8월 25일 다음과 같은 전보를 이승만에게 보내어 헌법조항을 지켜줄 것을 촉구하였다. 대통령의 호칭을 사용하지 말라는 내용이었다.

처음에 임시정부는 국무총리제도이고, 한성정부는 집

정관총재 제도이며, 어느 정부에나 대통령직명이 없으므로 각하가 대통령이 아닙니다. 지금은 각하가 집정관총재 직명을 가지고 정부를 대표할 것이요, 헌법을 개정하지 않고 대통령 행세를 하시면 헌법위반이며 정부를 통일하던 신조를 배반하는 것이니, 대통령 행세를 하지 마시오.[1]

해방 뒤 내각책임제 헌법초안을 하루아침에 대통령중심제로 바꾼 것이나 직선제개헌, 발췌개헌, 사사오입개헌 등은 노욕이고 탐욕이고 병적인 자아집착이었다. '진보당사건' 당시 이승만의 측근이었던 법무부장관 홍진기의 자서전에서 이 대통령의 '조봉암관'의 편린을 읽을 수 있다.

홍 법무는(홍진기는 자서전에서 자신을 3인칭 '홍 법무'라고 쓰고 있다–저자) 장관 취임 때 전임 장관으로부터 특별한 두 가지 일을 넘겨받았다. 그중 하나가 진보당사건이다. 전임 이호 장관은 사무인계를 하면서 홍 장관에게 보안법개정과 함께 진보당사건에도 특별한 관심을 가져야 할 것이라고 했다. 이 대통령도 신임 홍 법무에게 진보당사건에 관심을 표명했다. 홍 법무가 취임하던 무렵 검찰은 경찰과 군으로부터 진보당사건 합동조서를 넘겨받아 기소했고

▬▬▬ 1 김원용, 《재미한인 50년사》, 859쪽, 《독립운동사자료집 8》, 1974.

공보실은 진보당의 정당등록을 취소한 단계였다.

홍 법무가 두 번째로 이 사건에 대해 질문받은 것은 58년 3월 11일의 국무회의에서였다. 대통령은 홍 법무에게 "조봉암사건은 어찌되었나" 하고 물었다. 이 사건은 1심 재판이 시작된 단계여서 대통령의 질문은 의외라고 할 만큼 이례적인 일이었다. 홍 법무는 현재 재판이 진행 중이며 특무대에서 간첩혐의에 관한 유력한 확증을 제시했기 때문에 유죄판결이 예상된다고 보고했다. 그러자 이 대통령은 "이제 확증이 생겨 유죄라면 전에는 증거 없는 것을 기소한 것 같이 들린다. 외부에 말할 때 주의하도록 하라"고 했다.

그로부터 1주일이 지난 3월 18일 국무회의에서도 이 대통령은 새로운 국무위원들에게 진보당사건에 대해 질문했다. 진보당사건에 대한 대통령의 연속적인 관심표명은 특히 신임 홍 법무에게 이 사건의 중요성을 일깨우는 뜻이 분명했다. 이 대통령이 진보당사건에 그토록 집념을 보인 것은 무슨 이유였을까. …… 이 대통령은 사건 초기부터 단호했다. 이 대통령의 단호함은 평화통일론 때문인지, 조봉암에 대한 미움 때문인지, 혹은 대공담당자들이 제시한 간첩혐의 때문인지, 아니면 그런 모든 것들 때문인지는 분명치 않았다.[2]

이보다 앞서 1958년 1월 14일 열린 국무회의에서는 '진보당 간부 체포에 관한 건'에 대해 논의하였다.

진보당 간부 체포에 관한 건
내무 : "조봉암 이외 6명의 진보당 간부를 검거하여 조사 중인 바, 그들은 대한민국의 주권을 무시하는 남북협상의 평화통일을 지향할 금춘今春 선거에 전기 노선을 지지하는 자를 다수 당선시키기 위하여 5열과 접선 잠동하고 있는 것이며 전기 정당이 불법단체냐 여부에 대하여는 조사결과에 의하여 판정될 것"이라고 보고.
대통령 : "조봉암은 벌써 조치됐어야 할 인물이며 이런 사건은 조사가 완료될 때까지 외부에 발표하지 말아야 할 것이다."[3]

미국 국무부의 1958년 1월 13일자 및 2월 3일자 문서에 의하면 당시 상황에 대해서 다음과 같이 보고하고 있다.

체포가 예상되어 왔던 진보당 지도자 조봉암은 표면상으로는 아직 체포되지 않았지만 1월 11일 이후로 실종되

2 편집부, 《유민 홍진기 전기》, 중앙일보사, 1993, 185~189쪽.
3 제4회 국무회의, 《비망록》, 1958년 1월 14일.

었다. …… 이 체포는 행정부가 진보당과 민주혁신당을 매도하고 5월 선거에서의 그들의 노력을 방해하려는 시도를 반영한다. 통상적으로 신뢰할 만한 정보원의 '진실 probably true'로 분류된 보고서에는 '1월 초에 이승만 대통령이 조봉암과 4~5명의 동료들을 체포하고 진보당을 금지하고 해산하는 내용의 계획을 승인했다'고 언급되어 있다. …… 이 지도자들의 체포는 진보당과 민주혁신당의 평판을 나쁘게 하고 그 당들이 올해 5월로 예정된 국회의원 선거운동에서 좌절하게 만들려는 정부활동의 첫 단계이다"(서울Weil발 국무부 수신전문, 1958. 1. 13. no.520).

기밀정보에 의하면 한국 정부는 진보당을 불법화하기 위한 방법을 찾고 있다고 한다. 본 검거는 1949년, 1952년 정부가 야당에 대해 행했던 방법으로 역행하는 것으로 보인다. 용의자들에 대한 혐의로는 간첩과 연락한 것으로 보이는 증거들, 공산주의자들의 진보당 연락시도, '평화통일' 지지 등이다. 주한 미대사관은 '추정되는 증거들은 기껏 해봐야 빈약한 것들'이었다며 그 혐의에 대해 믿을 수 없다고 하는 한국민들의 여론을 직접 수집 보고하였다. …… 만일 한국 정부가 재판 중 평화통일 지지가 반역적일 수 있다고 주장한다면 그것은 이 범법행위에 대해 유엔과 미국이 지원하는 것이 되고, 더 나아가 유엔총회에서 한국

문제에 관한 미국의 위치에 대한 국제적 지지를 위태롭게 할 것이다"((211. Parson(Director of the Office of Northeast Asian Affairs)가 Johnes(Deputy Assistant Secretary of State for Far Eastern Affairs)에게 보낸 문서, 1958. 2. 3. 워싱턴).

이승만의 권력 주변에는 인의 장막이 쳐져서 민의와 여론이 차단되었다. 민생은 도탄에 빠지고 관리들의 횡포와 포악은 날로 더해갔다. 이승만의 양아들 행세를 하는 '가짜 이강석사건'은 이 시대 관리들의 부패를 상징하는 하나의 희극이었다.

야당이 주최하는 시국강연회에는 권력의 사주를 받은 깡패들이 난동을 부렸다. 언론보도를 규제하는 자유당과 민주당의 이른바 '협상선거법'이 통과됐다. 1958년 1월 29일 주한미군은 핵무기를 도입했다고 발표했다. 한반도에 최초로 핵무기가 장치됐다. 그만큼 남북관계는 극한 대치로 치닫고 냉전의 골은 깊어갔다. 국민들은 어디에서도 희망을 찾을 수 없었고, 오로지 이승만과 자유당 간부들만의 '태평성대'가 유지되었다.

그들에게 불안이라면 1958년 5월로 예정된 제4대 민의원 총선거와 1960년의 제4대 정·부통령 선거였다. 여기에 이승만의 고령이 겹쳤다. 당시 그의 나이는 만 83세에 이르렀다. 헌법상 대통령 유고 때는 야당 출신의 부통령 장면이 대통령직을 승계하도록 되어 있었다. 장면 저격사건은 이런 배경에서 일어났지만 '불행히(다행히)' 성공하지 못했다.

이승만과 그 수족들의 뇌리에는 조봉암의 존재가 지워지지 않았다. 진보당은 창당한 이래 관권의 탄압에도 굴하지 않고 착실히 국민 속에 뿌리를 내리고 있었다. 언제 다시 열전으로 변할지 모르는 불안한 남북관계에서 평화통일론과 날이 갈수록 빈부 격차가 심화되어가는 국민에게 노동독재도 자본독재도 배격한다는, 특히 '수탈 없는 경제체제'를 주장하는 조봉암과 진보당의 정책은 희망의 메시지였다.

이승만 정권은 5월 2일로 다가온 제4대 민의원 총선거에서 조봉암이 다시 국회에 입성하게 될 것이 두려웠다. 당시의 분위기로서는 진보당의 당세가 날로 신장되어 원내 교섭단체 구성도 가능해보였다. 다만 걸림돌은 혁신계의 분열 상태였다. 혁신계는 진보당과 진보당 창당과정에서 이탈파 중심의 민주혁신당, 장건상 중심의 구근민당 계열, 노동당 등으로 분열돼 있었다. 대중적인 지지는 조봉암의 진보당이 압도하고 있었지만 여전히 혁신계의 거물들이 민주혁신당과 장건상 주변에 남아 있었다.

지방당 결성에 폭압적 탄압

진보당은 혁신세력의 대통합을 추진하는 한편 내부적으로는 지방당 창당을 비롯하여 자체 조직구성에 심혈을 기울였다. 관권의 탄압과 정치깡패들의 테러가 자행되는 가운데 지방당 결성대회가 진행되었다.

가장 먼저 지방조직을 결성한 곳은 경남도당이었다. 1956년 12월 9일 부산시 초량동 소재 새한중학교 교정에서 열린 경남도당대회는 수백 명의 부두노조원과 다수의 사복 경찰관들이 몰려와 대회장을 난장판으로 만들었다. 대회는 유회되고 박기출의 개인사무실에서 우여곡절을 겪으며 진행됐다.

1957년 4월 15일, 서울 시민회관에서 열린 서울시당 결당대회는 유지광이 거느린 정치깡패와 서울시경 경찰대가 난입하여 대의원들을 폭행하고 회의를 방해하여 대회장을 중앙당으로 옮겨 치러야 했다. 이해 5월 7일 경북도당 결성대회는 시내 중앙극장에서 열렸으나 깡패들이 습격해온다는 소문으로 간신히 위원장만 선출할 수 있었다. 같은 해 5월 17일 조직된 전남도당 대회는 결성대회 전날 부위원장에 내정된 조중환의 집을 괴청년이 습격하여 폭행하고, 간사장 임춘호의 집에 괴한이 침입하여 임신한 부인을 칼로 찔러 중상을 입히고 임춘호도 폭행하였다. 대회 당일에는 경찰이 대회장에 들어와 폭력을 휘둘러 많은 당원이 다치거나 쫓겨났다.

10월 초에 열린 전북도당 대회는 중앙당에서 파견된 윤길중이 괴한들에게 납치되고 도당위원장에 내정된 양해룡은 테러당했으며 중앙당에서 대회를 돕기 위해 내려온 전세룡도 괴한들에게 폭행당했다. 이 같은 폭력이 난무하는 가운데 도당사무실에서 간신히 대회를 치렀다.[4]

경기도당, 전남도당, 강원도당, 충청남북도당 결성대회도 이와 비슷한 처지에서 탄압을 당하면서 어렵게 결성되었다. 이승만 정권이 관권과 폭력배, 노조원들까지 동원하여 진보당 지방당 결성대회를 방해한 것은 그만큼 진보당의 당세 확장에 두려움을 갖고 있었음을 보여준다. 이 모든 귀결점은 1960년 제4대 정·부통령 선거에 맞춰 진행되었다.

이런 속에서도 혁신계의 통합 노력은 단절 없이 전개됐지만, 이념과 이해가 엇갈리면서 쉽지 않았다. 이념적으로는 분단정부에 참여한 인사들과 남북협상에 참여했던 인사들이 갈

---

4 박태균, 《조봉암 연구》, 창작과 비평사, 1995, 298~300쪽, 인용·정리.

리고, 북한정권에 대한 인식문제도 통합에 걸림돌이 되었다. 북한은 반란세력이므로 이를 인정할 수 없다는 측과 이유 여하를 불문하고 국제법상 국가로 인정하지 않을 수 없다는 현실론의 차이가 있었다. 누가 통합 혁신당의 주도권을 장악하느냐는 헤게모니 문제도 쉽게 타협하기 어려운 난제로 작용하였다.

조봉암은 이데올로기 문제에 있어서는 진보적이지만 현실 정치에서는 상당히 유연한 편이었다. 실용주의적 현실주의자였다. 진보당의 간사장이었던 윤길중은 조봉암의 정치적 인식과 운신에 대해 다음과 같이 회고한 바 있다.

외부적으로 볼 때나 또 실제적으로도 조봉암 씨가 더 진보적인 분이었습니다. 서상일 씨가 보수적이라 생각되지만 서상일 씨 주장은 늘 민주사회주의를 해야 이 나라가 구원된다고 하는 그 면에서 더 적극적이었고, 조봉암 씨는 그런 무슨 이데올로기로 지금 정치할 시국이 아니다, 실질적으로 당에 참여하는 사람들 중에는 양심주의 자본가도 있고, 인텔리도 많이 있고 종교인도 있고 한데, 그런 꼭 무슨 주의라 해서 묶는다는 것은 관념론에 불과하다. 한국의 양심적인 진보라고 할까, 이름 붙이려면 그렇게 하지 더 이상도 이하도 될 수 없다, 라는 그러한 주장이었습니다.[5]

진보당은 창당대회를 열고도 6개월 지난 뒤에야 공보처로부터 정당등록증을 받았다. 이승만 정권의 하부기관인 공보처는 여러 가지 이유를 들어 등록서류를 반송하다가 나중에는 정강정책을 문제삼아 지연시켰다.

조봉암은 그럴수록 정권에 탄압의 빌미를 주지 않으려 신중하게 행보했다. 앞에서도 쓴 바 있지만 당조직에 구남로당 계열이나 좌경 인사들을 철저히 배제하였다.

진보당의 간부진은 과거 경력에서 보면 우파 색깔이 강했다. 박기출, 김달호 두 부위원장은 우파 활동의 경력자들이다. 간사장 윤길중 씨 역시 8.15 이후 상해임시정부의 건국준비사업으로 신익희가 개설한 행정연구반에 참여했고 제헌 때는 전문위원, 제2대 국회의원을 지내면서 죽산 계열이 되기 전까지엔 신익희의 측근이었다. 그밖의 간부들, 예를 들어 최희규 당무국장과 그 그룹은 반공이란 면에서 극우파들이었다.

조직부의 핵심이던 김세룡, 안경득 씨 등도 8.15 이후 북한공산당에 쫓겨 남하한 반공주의자들이었다. 8.15 이후 보수우파와 달리 김구·김규식 계열로서 남북협상 길에 참여했던 사람은 재정위원장 신창균, 통일연구위원장

━━ 5 편집부 엮음, 《1955년의 정가─대권을 노리는 정객들》, 율곡문화사, 1955, 25쪽.

김기철 씨 등 몇 사람이다. 그러나 이들 역시 반공을 신념으로 했고 죽산은 공산주의자가 아니라는 확신을 갖고 진보당에 참여했다고 한다.[6]

오제도 검사는 조봉암의 죽음과 진보당 해산에 주도적 역할을 한 사람이고, 최근에는 그가 관여했던 '국회프락치사건' 자체가 날조되었다는 연구도 있어서 그의 발언의 진위에는 다소 의문이 가지만, 이런 전제에서 그의 말을 인용하기로 한다. 제헌 국회에서 소장파의 진보계열 의원들이 '외군 철수와 평화통일 결의안'을 발의할 때 조봉암이 그들을 만류했다는 주장이다.

조봉암은 1949년 국회프락치사건의 증인으로서 필자 앞에 출두하여 증언하기를 당시 국회의 노일환, 이문원 등 소위 소장파 의원들이 국회의 수 차의 결의를 무시하고 신랄하게 외군철퇴, 남북협상 평화통일을 주장하다가 망신까지 당하고도 정신을 차리지 못하고 유엔 한위 사무국장을 방문하여 외군철퇴, 남북협상 평화통일 진언서를 제출한 소위에 관하여 당시 국회 결의와 여히 당분간 방위상 아국의 국방력이 강화될 때까지 미군 계속 주둔을 반대한

■■■■ 6 이영석, 《죽산 조봉암》, 원음출판사, 1983, 221~222쪽.

다는 것은 남·북로당의 프락치 공작에 넘어간 것이 틀림
없다는 것을 과거 좌익운동 경험으로 감지했기 때문에 그
들의 요청을 거부했다고 했다.[7]

7 오제도, 〈진보당사건에 대한 나의 견해〉, 《인물계》, 1959년 4월호.

●조봉암 제거 음모

권력은 마주魔酒라고 한다. 마실수록 취하기 마련, 마주에 취하면 이성을 잃게 된다. 이 무렵 심산 김창숙은 이승만을 '독부獨夫'라고 불렀다. 인심과 천심을 잃어 사람들로부터 버림받고 홀로 있는 사람을 뜻한다. 동서고금을 막론하고 독재자의 속성은 국민으로부터는 버림을 받아도 측근 아첨배들의 추앙을 받는다는 공통점이 있다.

독재자의 측근들은 주군主君의 심중을 헤아리는 데 동물적 촉수를 갖고 있다. 주군이 기침을 해도, 방귀만 뀌어도 감정의 농도를 재고 생각의 방향을 알아챈다고 한다. 이승만이 방귀를 뀌자 내무장관 이익흥이 "각하 시원하시겠습니다"라고 했다는 말은 자유당 말기 이승만 정권의 아첨과 심중 읽기 이상의 의미를 갖는다.

제4대 민의원 선거를 5개월 앞둔 1958년 1월 13일, 검찰은 진보당 관계자들을 일제히 검거했다. 이승만 정권이 조봉암과 진보당 간부들의 일망타진에 나선 것이다. 1957년 가을께 부터 심상치 않은 조짐이 나타나고 있었다. 일종의 '조봉암잡 기 예고편' 이었다. 간첩 박정호사건이 그것이다.

해방 뒤 북한에서 부상급 간부로 활동하다가 남파된 거물 간첩 박정호가 1957년 9월 9일에 검거됐다. 서울시 경찰국은 10월 27일 박정호, 김달용, 김태형 등 7명을 국가보안법위반 혐의로 송치하였다. 오제도 부장검사와 조인구, 이주식 검사 가 이 사건의 수사 결과를 발표하면서 당시 활발히 전개되던 혁신계 통합운동에 일대 파문을 일으켰다.

검찰 발표에 따르면 박정호는 1956년 8월에 합법적인 정당 활동방식으로 이른바 평화통일 선전사업을 전개하라는 지령 과 함께 북한에서 거액의 공작금을 받았으며, 이후 남반부정 치변혁 공작대를 조직하고 감달용, 김태형 등과 함께 혁신계 에 접근하여 정치자금을 제공하였다는 것이 핵심 내용이었다.

박정호 등은 그후 장건상, 김경태, 오중환 등을 포섭하여 민주혁신당을 조직하게 하는 한편, 이들을 통해 각종 혁신계 정당을 통합한 가칭 대동통일당을 창당하도록 하면서 그 준 비 자금을 제공하였다는 것이다.

박정호는 1958년 4월 7일 서울지방법원에서 사형 선고를 받고 그해 12월 16일 대법원 판결로 사형이 확정되어 1959년 5월 6일 조봉암이 처형되기 3개월 전에 형이 집행됐다. 박정 호는 1920년대 말 조선공산당(제3차) 활동으로 일제에 검거된

바 있고, 1930년대 초 이후에는 상해, 연안, 중경 등지에서 민
족해방운동에 참여한 인물이었다고 한다. 이 사건과 관련하
여 장건상, 김성숙 등이 국가보안법 위반혐의로 구속되었다.

검찰의 발표는 장건상, 김성숙, 유병묵 등 전근민당 간부
들이 북한의 지령을 받고 남한에서 근민당을 재건하여 평화
통일을 획책했다는 내용이었다. 이 사건은 민주혁신당의 창
당 이후 그 핵심 세력들을 대상으로 하였다는 점에서 주목되
었다. 장건상 등은 1심과 재심에서 무죄가 선고되었으나 조
인구 부장검사의 불복으로 상고되었고, 1958년 12월 15일 대
법원의 상고기각으로 무죄 석방됐다. 정치적 모략이었음이
드러난 것이다.

장건상은 몇 년 뒤에 자신은 박정호라는 인물조차 몰랐으
며, "지금도 내가 왜 박정호 간첩사건에 관련되어 옥고를 겪
어야 했는지 알 수 없다. 나 이외에도 소위 근민당계라는 13명
의 피고들도 전부 무죄로 석방되었다"며 사건의 조작설을 강
력하게 제기했다.[8] 혁신계의 통합을 방해하기 위하여 장건상,
김성숙 등 과거 독립운동가 출신들로서 혁신운동에 참여하고
있는 핵심 인물들을 박정호사건에 엮은 것이었다.

이 사건이 진행되는 과정에 언론에서는 박정호와 조봉암
의 관련설이 심심찮게 보도되었다. 박정호를 미행했던 서울

8　민주화운동기념사업회 편, 《한국민주운동사연표》, 2006, 34쪽.

시경 실무팀의 책임자 K씨는 박정호와 조봉암의 관계에 대해 다음과 같이 증언한 것으로 보도되었다.

그의 증언(K씨-저자)에서 중요한 부분은 박정호가 조봉암의 집을 방문해 조봉암과 만나 무언가 밀담을 나누었으며 방명록에 서명까지 했다는 사실이다. 박정호는 취조 과정에서도 이 점을 시인했다고 한다.[9]

그러나 이 점은 이후 재판과정에서 부인되었으며 없었던 사실로 처리됐다. 박정호와 조봉암이 모두 처형되었으니 누구의 증언이 정확한 것인지 현재로서는 알 수 없다.[10]

조봉암의 진보당사건 관련 유죄 판결에서도 박정호와의 관계는 무혐의로 처리되었다. 이로 미루어 보아 이승만 정권이 조봉암을 간첩사건에 엮으려고 얼마나 고심했는지를 알게 된다.

재판과정에서 박정호 자신은 5월 3일 진보당 사무실에 간 일은 있으나 그것은 일제시대 때 마포 형무소에서 같이 옥살이를 하던 최익환을 만나기 위해서였는데 갔다가 만

━━━ **9** 〈중앙청: 진보당사건〉, 《중앙일보》, 1982년 8월 12일.
━━━ **10** 박태균, 앞의 책, 322~324쪽.

나지 못하고 돌아왔으며, 조봉암은 만난 적도 없다고 진술하였다. 조봉암도 1956년 5월 6일이라면 신익희가 사망한 다음날이고 따라서 자신이 신익희와의 회담을 이루지 못한 채 호남지방에서 밤차를 타고 서울에 도착, 신변의 위험을 느끼고 서상일의 집에 은신해 있던 날이었으므로 박정호를 만난 일도 없고 더구나 당 사무실에는 선거가 끝날 때까지 간 적이 없다고 주장했다.[11]

전후 사정을 종합해보면 정부가 박정호 사건을 조봉암과도 연계시키려 했지만 워낙 증거 입증이 어려워서 포기했던 것 같다. 그 대신 새로운 인물을 등장시켰다. 양명산이다. 서정학 치안국장은 1958년 1월 13일 "박정호 등 간첩사건 수사중 진보당 간부의 국가보안법 위반 혐의가 뚜렷해졌다"면서 윤길중, 조규희, 조규택, 이동화, 박기출 등 진보당 핵심간부 7명을 전격 구속하였다. 다음날 정순경 검찰총장은 조봉암이 북에서 밀파된 김경태, 오중환과 접선하고 북한의 지령에 따라 평화통일론을 주장했다고 발표했다.

제1장에서 쓴 대로 조봉암은 검찰의 움직임을 미리 알고 피신하여 당일에는 검거되지 않고 이틀 뒤에 자진 출두하여 구속되었다. 자진 출두했는데도 경찰은 "시내 모처에서 조봉

━━━ 11 박태균, 앞의 책, 324쪽, 주 18.

암을 체포했다"고 발표하고 신문들은 이를 받아 대서특필하였다. 검찰은 1월 15일 진보당 간부 김기철, 신창균, 김병휘 등을 추가 구속하고 진보당을 돕는 공작 임무를 띤 간첩이 1957년 이래 계속 남파되었다며 11명의 간첩 명단과 공작내용을 함께 발표하였다.

이어 16일에는 조봉암의 집 비밀장소에서 모종의 불온문건을 압수했으며 조봉암이 장건상, 김성숙 등과 김일성의 지령을 실천하기 위한 7인 위원회를 구성하여 재야 혁신세력 준비위원회를 만들었는데 간첩 박정호, 김경태 등이 이에 침투했다고 발표했다. 조봉암과 진보당, 혁신계 통합움직임을 한꺼번에 때려잡으려는 거대한 정치 음모였다. 그중에서도 핵심 목표는 조봉암 제거에 있었다. 여기에는 이승만의 확고한 의지가 배어 있었다.

서울시경 조사요원으로 진보당 조직부장 전세룡全世龍(41)을 조사했던 한승격은 언론 인터뷰에서 "당시 경무대에서 조봉암을 잡아넣지 않으면 이승만 대통령의 재당선이 불가능하니 어떤 수를 쓰더라도 잡아넣으라는 지시를 받았다. 당시 상부로부터 진보당을 없애고 죽산을 죽일 수 있을 만큼 사건을 엮지 않으면 네가 죽을 것이라는 협박도 받았다. 당시 경찰 고위인사가 간부 몇 명과 나를 불러놓고 '경무대에서 조봉암을 그대로 두어서는 이 대통령의 재선이 불가능하니 치안국이 책임지고 대책을 강구하라는 지시가 내려왔다. 우리가 살 길은 이것밖에 없으니 당신들이 책임지고 조봉암을 잡아넣을 수 있는 방법을 강구하라'고 말했다. 당시 조직부장 전 씨로부터 '북한 김일성의 지령에 따라 대한민국의 전복을 획책했다', '죽산은 빨갱이 간첩이다'는 자백을 받아내기 위해 3일가량 혹독하게 신문했으나 자백을 받지 못했다"고 증언하였다.[12]

━━━ **12** 《동아일보》, 1999년 8월 18일.

날조된 검찰의 기소내용

　서울시경은 2월 3일 북한이 조봉암에게 보냈다는 비밀지령문 일부(소위 진보당의 '강평서')를 발표하였다. 내용은 기초공작, 총선거 대비 공작, 의회 내 투쟁, 정권획득 공작 등이었다. 뒷날 밝혀진 바로는《동양통신》외신부 기자로서 진보당 당원이었던 정태영이 개인적인 소견을 적어 조봉암에게 전달한 것을 이른바 '비밀지령문'이라는 어마어마한 이름을 붙여 간첩으로 조작한 것이었다. 이 문건은 공판과정에서 증거로 채택되지 못했다. 조인구 검사는 2월 8일 조봉암 등 구속 피의자 10명을 기소하였다.

　다음은 조인구 검사의 기소장 요지다.

　1. 피고인 조봉암은
　　① 진보당을 조직함에 있어 북한 괴뢰에 호응하여 평화통일 방안을 주장함으로써 대한민국의 전복을 수단

으로 괴뢰집단과 야합키로 하고, 1956년 5월 6일 진
보당 사무실에서 간첩 박과 밀회하고 동당의 통일방
안이 북괴의 것과 상응함을 상통하고,

② 1956년 6월 북괴의 조국통일구국투쟁위원회의 김약
수金若水에게 밀사를 파견시켜 남한의 제반 정세 및
진보당의 통일방안을 설명시켜 앞으로 대한민국을
전복시키는 데 북괴와 진보당이 결합한 후 동일 내
용의 평화통일을 강조시켰으며, 이 밀사는 약 1개월
반 동안 밀봉교육을 받고 재차 남하하여 간첩행위를
감행케 했으며,

③ 진보당을 결당하여 대한민국을 변혁할 목적으로 결
사를 조직했으며,

2. 피의자는 공산주의자 정태영과 밀회하고 그로부터
1957년 5월에 '실천적 제문제'라는 강평서를 받았으며,
그 내용은
① 당의 운영은 사회주의 실천에 있다.
② 인류의 역사는 계급투쟁의 역사이며 중국의 세계 평
화는 세계 적화에 있다.
③ 집권 후 해결해야 할 문제로 농민 어민의 프롤레타리
아적 성격에 주목하여 노조와 협동조합 강화에 주력
한다.

④ 통일방법은 남북 군경 해산, 국제 감시 하의 총선거, 남북 연립정부 수립, 남북 의회의 통합에 의한 정부 수립.

⑤ 당 조직 강화와 확대책으로 당의 이중조직을 행한다. 즉, 당의 현재 이하의 수난기를 대비하여 비밀당원제의 지하조직에 일층 힘써야 한다. 또한 가능한 장애를 고려하여 행동의 제1, 제2, 제3 방안을 미리 세워야 하며 당원 명부를 소홀히 취급해서는 안 된다.

⑥ 어떤 이유에서든 당위원장의 방 안에서 양담배가 발견되었다는 것은 좋지 않은 현상이다.

3. 재일 조련계 간첩 정우감을 그 정을 알면서도 밀회하여 그를 진보당에 입당시킴으로써 간첩활동에 방조하였고,

4. 그의 운전수 이재윤을 통하여 미제 4.5구경 권총 1정, 실탄 150발을 매수하여 이를 불법 소지하고,

5. 당세 확장을 목적으로 근민당 재남잔류파인 김창숙 등 10여 명과 회동하고 통일준비위원회를 구성하는 동시에 대회를 개최하여 결정을 짓기로 합의하고,

6. 당 기관지인 《중앙정치》 10월호에 〈평화통일에의 길〉

이라는 논문을 당 간부의 결의 아래 게재 발표하였고,

7. 1956년 9월 동당 통일문제위원회로 하여금 통일방안을 작성할 것을 지시하여, 북한당국의 평화공세에 대한 진보당의 선언문 초안을 기초하여 중립국으로 구성된 국제감시위원회의 감시 아래 총선거를 주장하고, 남북대표로 구성된 전한국위원회의 설치와 군대의 해산, 외군의 철수 등을 주장하여 점진적인 방법에 의한 대한민국의 전복을 기했다.[13]

검찰의 기소장은 내용만 장황하고 행위의 사실들만을 나열했을 뿐 범죄가 구성되는 것을 입증하는 구체적 증거가 제시되지 못했다. 뚜렷하게 드러나는 것 없이 애매한 공소장의 내용에 조봉암을 비롯한 피고인들과 담당 변호사들은 공소유지조차 어려울 것으로 예상하고 있었다.

이 무렵에 양명산이라는 거물 간첩의 검거사실을 특무대와 검찰이 발표했다. 진보당 담당 검사인 조인구의 발표에 따르면 양명산은 ① 양이 10여 차례 북을 왕래하면서 북의 지령에 따라 조봉암에게 자금을 지원했고 ② 조봉암

━━ 13 김삼웅, 《한국현대사 바로잡기》, 가람기획, 1998, 62~64쪽.

도 돈을 받은 사실을 시인했고 ③ 양이 그동안 4만 달러를 죽산에게 준 것이 대질신문으로 확인되었고 ④ 조봉암이 그 자금으로 진보당 확대에 사용했음을 시인했다고 발표했다.[14]

이승만 정권이 총선을 앞두고 조봉암과 진보당을 공안사건으로 묶으려 한다는 소문은 몇 갈래로 흘러나오고 있었다. 통일운동가로서 조봉암과도 절친했던 박진목의 증언이다.

1958년 1월 초순 어느 날 이영근 씨가 근심스러운 얼굴로 조봉암 선생과 진보당 지도간부들이 구속된다는 정보를 입수했다고 귀띔을 해주었다. 나는 놀라지 않을 수가 없었다.

"무슨 일로?" 하고 물었더니,

"죄 없는 구속이 더 무서운 것이 아니오? 조봉암 선생을 속히 만나서 알립시다. 인도 같은 나라에 망명이라도 하도록 해봅시다."

"이 판에 무슨 방법으로 외국 망명을 하오?"

"밀선을 타고 가야지 딴 무슨 방법이 없지 않소?" 하고 서로 걱정했다.

14 김삼웅, 앞의 책, 64쪽.

그날 저녁 조봉암 선생을 만나 이영근의 말을 전했다.

선생은 반신반의하는 얼굴을 하시면서,

"설마 그럴 리가 있을라고, 내가 무엇을 어떻게 했다고 잡아넣는단 말이오?" 하면서 분해한 얼굴을 하였다.

술상을 앞에 놓고 마주 앉았다. 그 어느 때보다도 술을 서로 많이 권하고 마셨다.

"그것이 사실이라면 너무 지나친 장난을 하고 있는데……. 이영근 군의 말이니 근거 없는 말은 아닐 테고." 하고는 술을 마시면서 한탄하셨다.

나는 이영근 씨가 말하는 외국망명을 권하였더니 첫말에 거절했다.

"동지들은 이런 처지에 버려두고 나만 살겠다고 그 궁색한 망명을 할 수 있소? 당하면 당하지 미리 도망갈 생각은 없소."

그날은 어느 때보다 지난날을 들먹이면서 쓸쓸해 하셨다. 노래도 불렀다. 서로의 처지로 보나 그동안 지내온 정의로나 너무 우울한 마음이 들기도 했다. 이것이 내가 이 세상에서 선생을 모시고 술을 마시는 마지막 기회가 될 줄은 그때는 상상도 할 수 없는 일이었다.[15]

---

15 박진목, 《내조국 내산하》, 계몽사, 1994, 451~452쪽.

진보당 간부에 대한 혹독한 고문

진보당 간부들을 기소한 검찰은 2월 20일 이중간첩 양명산을 검거했다고 대대적으로 발표했다. 양명산은 조봉암을 죽음으로 몰아가는 데 하수인 역할을 한 문제의 인물이다. 군특무대는 2월 23일 조봉암이 간첩 임해(양명산)로부터 받은 인삼, 녹용 등에 대한 답례로서 만년필 등을 증정하기도 했으며 북한으로부터 딸을 통해 300만 환을 받았고, 수차에 걸쳐 1500만 환을 지급받았다고 발표하였다. 경찰·검찰에 이어 군특무대까지 동원됐다.

공보처는 진보당 간부들을 검거한 지 42일 만인 2월 25일 진보당 등록을 취소한다고 발표하였다. 확정판결은커녕 아직 첫 공판도 열리기 전에 정당의 등록을 취소한 것이다. 이승만 정권이 진보당을 얼마나 못마땅하게 여겼는가를 보여주는 대목이다.

수사기관에 끌려간 진보당 간부들은 심한 고문을 당하였

다. 당시 《한국일보》 사회부 기자로서 법무부를 출입하며 이 사건을 취재한 한 언론인은 뒷날 이들의 고문 받은 실상을 다음과 같이 썼다.

엄동설한에 붙들려간 진보당 간부들이 훗날 법정에서 진술한 바에 의하면 물고문, 몽둥이 뜸질, 밥을 며칠씩 굶기는 공복고문空腹拷問, 500촉짜리 전등을 켜놓고 사나흘씩 의자에 앉힌 채 잠을 못 자게 하는 불면고문不眠拷問을 당했다고 한다. 그들이 고문취조를 받은 것은 시경사찰과 분실 '남일사南一社'로 알려졌다. 특히 국회의원이었던 김달호 씨는 태도가 거만하다는 이유로, 전신 나체로 만들어 몽둥이 뜸질을 당했다고 주장한다. 그들이 한결같이 강요당한 자백의 내용은, "조는 국가방침으로 치게 되었으니 그를 공산당원이라고 말만 하면 석방시켜주겠다"는 것과 '평화통일'의 진보당 구호가 "당원들의 반대에도 불구하고 오로지 조 위원장의 고집으로 채택되었다"고 말하라는 것이었다고 그들은 주장했다. 전세룡, 조규택 씨 등은 밤중에 한강으로 끌려가 권총을 들이대고 죽인다는 위협을 받았고 물속에 처넣는 고문을 받았다고 주장했다. 그러나 그들은 한사코 허위의 자백을 하지는 않았다고 한다.[16]

------

16 임흥빈, 〈죽산 조봉암의 죽음〉, 《신동아》, 1965년 8월호, 369쪽.

진보당이 창당될 무렵에 《중앙정치》라는 월간지가 발행되고 있었다. 1957년 10월호를 창간호로 하여 12월호까지 3권이 발행되고 진보당사건으로 종간됐다. 조봉암은 창간호에 〈평화통일에의 길-별제 진보당의 주장을 만천하에 천명함〉이라는 논문을 기고하였다. 일부에서는 《중앙정치》가 진보당의 기관지라고 하지만, 진보당의 간사장 윤길중은 사실이 아니라고 밝혔다.

조봉암의 이 논문은 서론에 이어 ① 왜 통일을 해야 하는가? ② 왜 지금까지 통일이 되지 않고 있는가? ③ 어떻게 하면 통일을 성취할 수 있을까? ④ 시도한 바 있는 무력적 통일방안 ⑤ 노력해야 할 평화적인 방법에 의한 남북통일 ⑥ 평화통일을 위한 국제적 사실史實 ⑦ 몇 가지 방법론 ⑧ 몇 가지 오해와 곡해 ⑨ 결론으로 끝을 맺는다.

검찰은 이 논문이 '국시'인 북진통일론에 배치되는 평화통일을 주장했다는 이유로 기소사유에 포함시켰다. 조봉암은 논문의 서두에서 '일부에서는 고의로 우리의 정치적 평화적 통일주장을 곡해 또는 왜곡하고 모략함으로써 이 실현을 반대하며 방해하려고 하는 경향도 없지 않아 있는 것 같다'라고 전제, '일부 인사의 오해를 푸는 동시에 우리들 주장의 정당성을 해명하여 모든 국민의 지지를 얻음으로써 조속한 시일 내에 우리들의 숙원인 민주주의 승리에 의한 남북통일의 성업을 이룩하는 데 기여하고자 한다'라고 집필의 의도를 밝혔다.

조봉암은 이승만의 북진통일론을 비판하여 "이제는 이북 괴뢰가 남침을 한다는 것도 결코 간단히 생각할 수 없는 일인 동시에 우리가 북진을 한다는 것도 역시 단순히 생각할 수 없는 것이다. 우리가 북진을 한다는 것은 이북 괴뢰들을 공격하는 것이지만 실상은 그것이 소련에게와 또는 중공에게도 미치는 영향이 있어 전면적 전쟁을 유발하는 결과가 되기 때문이다. 그러고보면 우리가 무력적인 방법에 의하여 한국통일 문제를 논의한다는 것은 곧 세계전쟁을 일으켜 비로소 한국통일 문제를 의논하는 것과 마찬가지의 이론이 되는 것이다"라고 명쾌하게 '북진통일불가'의 이유를 설명하였다.

조봉암은 통일방안에 관하여 여러 가지 내용의 장단점을 설명한 뒤에 '유엔 감시 하에 남북총선'의 방안을 제시한다. "유엔의 결의와 같이 우리 대한민국이 이북 괴뢰와 동등한 위치에 서서 동일한 시간에 선거가 실시된다는 것은 좀 불유쾌하기는 하지만 기왕에도 유엔 감시 하에서 몇 번이나 선거를 해왔으니 또 한 번 한다고 해서 그게 그렇게 나쁠 것도 없을 것 같다. 오히려 그렇게 되는 것이 북한에게만 맡겨서 하는 것보다는 더 좋은 결과를 초래하리라는 것도 고려되는 것이다"라고, 어찌 보면 새로울 것도 없는 유엔이 권고하는 방안을 제시하고 있다. 조봉암은 이 같은 방안을 제시하면서 "중대한 국가적인 외교문제이니 만큼 현 정부의 주장과 정면충돌이 되어서 조금이라도 나라에 해를 끼칠 염려가 있을까

저어해서 현 행정부에서 제기하고 있는 문제 이외의 구체적인 안은 공개하기를 사양하기로 하겠다"[17] 라고 썼다.

아무리 정적 제거를 목적으로 날조한 혐의라고 하더라도 이 같은 내용의 논문을 이적으로 몰고, 국가보안법 위반혐의를 씌운 것은 심해도 너무 심했다. 결국 법원에서는 이 논문은 유죄로 받아들이지 않았다.

17 조봉암, 〈평화통일에의 길〉, 여기서는 《죽산 조봉암 전집 4》, 죽산조봉암선생기념사업회, 1999, 424~441쪽, 발췌.

●의문의 인물, 양명산의 정체

검찰은 2월 28일 간첩 양명산이 조봉암과 북한 간의 연락책이라는 새로운 사실을 발표하고 그를 기소하였다. 문제의 인물 양명산은 누구인가. 윤길중의 증언을 통해 그의 정체와 조봉암과의 관계를 들어보자.

문제의 간첩 양명산梁明山의 본명은 양리섭梁利涉, 평북 강계 출신인 그는 신의주 우체국 집배원으로 근무하던 중, 우편행낭 속에 든 우편물 중에서 당시의 일본돈 2만 5968 원에 해당되는 동남성 관록호 대양표를 훔쳐 중국으로 건너갔다(조선총독부 사법문서의 기록). 그는 상해임시정부와 연관성을 갖고 뛰어난 상재商才를 발휘하여 임시정부의 독립운동 자금을 후원했다.

그때 그의 이름은 김동호金東浩. 그러니까 본명은 양리섭, 항일운동시절엔 김동호, HID 요원으로 남북교역을 할 때에는 양명산, 때로는 양장우로도 통했다.

그래서 죽산은 진보당사건으로 재판정에 설 때까지 양명산을 김동호로 알고 있었고 '김 사장'이라고 불렀다. 죽산이 양명산을 처음 만난 것은 상해 시절, 죽산이 '코민테른(국제공산당)' 요동부 조선대표로 항일운동을 하던 때였다. 그 시절 죽산은 상해의 프랑스 조계租界에 살고 있었고, 김동호도 이웃에 살면서 죽산의 재정후원자가 되기도 했다.

김동호는 4년 동안 독립운동을 돕는 생활을 계속하다가, 1931년 6월 일본 경찰에 체포되어(우편물 절도와 치안유지법 위반혐의) 신의주 형무소에서 4년간 옥살이를 했다. 이때 김동호보다 먼저 신의주 형무소에 수감돼 있던 죽산은 김동호와 재회하여 약 1년 동안 신의주 형무소에서 같이 죄수생활을 했다.

8.15해방 후 이북에서 월남하여 인천에서 잠시 죽산을 다시 만났던 양명산은 남북을 오가며 장사를 하다가 6.25 후에 강원도 속초에서 자리 잡고 해산물 장사를 하고 있었다.

죽산이 양명산을 다시 만난 것은 1955년 여름 경이었다.

죽산은 검찰조서에 대해 이렇게 말했다.

"김 사장은 예전부터 돈이 있으면 정치운동을 후원하는 사람이었다. 8.15 직후 인천에 있을 때 나를 한 번 찾아온 이래, 근 10년 동안 소식이 없다가 뜻밖에 전화를 걸어왔다.

옛 친구여서 만나 그동안의 안부를 물었더니, 빈손으로 남하해와 고생을 하다가 토건업과 무역업을 해서 이제는 기반을 잡았고 돈을 벌었다고 했다.

그래서 돈을 벌었다면 나를 도와 달라고 했다. 마침 5.15 정·부통령 선거를 준비하던 때였는데 김 사장이 선거자금은 얼마나 있어야 하느냐고 묻기에, 2억 환쯤 든다고 했다.

대통령 선거 기간에 김 사장이 나에게 준 돈은 100만 환 정도다. 언제인지는 확실치 않지만 김 사장은 진보당에 대해서도 관심을 갖고 있었다. 나를 늘 도와온 사람이니 관심을 가지는 건 당연한 일이었다. 그래 나는 진보당의 선전책자를 그에게 주었다. 이미 신문에도 보도된 문건들을 비밀리에 북으로 낼 무슨 가치가 있다는 것인가?"**18**

진보당 관계자들은 1월 22일 변호인단을 통해 법원에 구속적부심사를 제출하였다. 그리고 며칠이 지난 26일 조봉암과 간부들은 구속적부심사를 받기 위해 재판정으로 나갔다가 대기실에서 기자들과 만났다.

조봉암에게 기자가 물었다. "오늘의 적부심사를 어떻게

---

18 윤길중, 《이 시대를 앓고 있는 사람들을 위하여》, 호암출판사, 1991, 176~177쪽.

예상하느냐"는 질문이었다.

도대체 대한민국이 진보당의 정강정책 하나를 용인하지 못하고 형사사건으로 입건한다는 것은 참으로 유감스러운 일이다. 법에 위반되는 점이라고는 하나도 없는 진보당의 정강정책인데, 그 무엇을 트집 잡고 있는 것인지 알 길이 없다. 그동안 경찰은 무엇을 조사하는 것인지조차 모를 불확실한 수사를 해왔다. 처음에는 북진통일을 제외한 평화통일이 국시國是에 위반된다는 것이 수사각도였다. 그런데 그것이 성립되지 않으니까 진보당을 폭력혁명단체라고 규정하며 취급했다. 그러나 우리는 아무도 그것을 시인한 바 없는 것이니, 적부심사 결과에서 명백히 드러날 줄로 믿는다.[19]

이날 법원의 구속적부심사는 공개원칙을 깨고 비공개로 진행됐다. 다음은 재판장과 조봉암 등 진보당 간부들의 심문 내용이다.

재판장 : 간첩 박정호와 만났다는데?
조봉암 : 만난 일도 없고 그런 이름을 들은 일도 없다.

━━ **19** 앞의 책, 167쪽.

재판장 : 1957년 6월에 평화통일 추진을 위해 북한에 밀사를 보낸 일이 있는가?

조봉암 : 그런 일이 없다.

재판장 : 구속영장에 기재된 혐의에 대해서 다른 의견이 있으면 말하라.

윤길중 : 이번 사건은 마치 소설과 같은 얘기이다. 문제의 월간지 《중앙정치》는 진보당 기관지가 아니며, 10월호에 게재된 조봉암의 논문도 그분의 개인의견을 쓴 것일 뿐이다.

김달호 : 이승만 박사는 3대 대통령 취임 직후 북진통일이라는 말은 쓰지 않는 것이 좋겠다는 다울링 주한 미국대사의 권유를 받고, 그로부터 유엔정신에 입각한 평화통일론을 제시했다. 정치적 반대자를 체포, 투옥, 고문하는 행정부의 처사가 재판을 통해 규명되어야 한다. 공산당을 싫어하고 동시에 전쟁도 싫어하는 국민의 뜻을 받들고 일하는 진보당의 앞길을 막는 것은 부당한 일이다.[20]

▬▬ **20** 앞의 책, 167쪽.

변호인단, 날조사실 밝혀내

　　진보당사건의 1차 공판은 3월 13일 유병진 부장판사, 조인구 부장검사의 관여로 시작됐다. 조봉암은 간첩방조 및 국가보안법 위반혐의, 박기출·김달호·조규택·조규희·신창균·김기철·김병휘·이동화 등은 각각 국가보안법 위반혐의였다.

　　4월 3일의 3회 공판에서는 조봉암에 대한 집중심리가 열렸다.

　　재판장 : 《중앙정치》라는 월간지에 〈평화통일에의 길〉이
　　　　　　라는 논문을 게재한 경위는?
　　조봉암 : 평화통일 방안을 집필함으로써 진보당에 대한 오
　　　　　　해를 없애고 싶었다.
　　재판장 : 김기철의 평화통일 방안이 당론으로 채택되지 않
　　　　　　으니까 이것을 그대로 게재한 것 아닌가?

조봉암 : 그렇지 않다. 내 글이 게재된 것이 김기철의 통일
　　　　방안이 작성되기 전이다.

재판장 : 평화통일의 구체적 방안은?

조봉암 : 그런 것은 세운 바 없다.

재판장 : 논문 속에, 우리나라에는 통일을 원하지 않는 부
　　　　류가 있다고 했는데?

조봉암 : 그것은 이북의 김일성이 독재를 길이 유지할 속
　　　　셈으로 통일을 원하지 않듯이, 남한에서도 탐관
　　　　오리 등 일당이 그들의 생명보전책으로 통일을
　　　　원하지 않고 있음을 말한 것이다.

재판장 : 무력통일이 불가능한 이유는?

조봉암 : 논문에 자세히 적혀 있다. 덧붙여 말한다면, 한미
　　　　관계 및 북괴와 중소관계 등 전쟁은 광범한 지역
　　　　으로 여파가 미치기 때문에 무력통일은 불가능하
　　　　다고 생각한다.

재판장 : 좀 불유쾌할지는 몰라도 남북이 일시에 총선거를
　　　　해도 괜찮다고 한 것은 무엇을 말하는가?

조봉암 : 우리나라에서는 공산당원이 한 두 명만 있어도
　　　　펄펄뛰는 경향이 있는데, 유엔 감시 하에 총선거
　　　　를 한다는 것 자체가 동시에 통일선거를 한다는
　　　　것을 인정하고 있으므로, 그것이 우리에겐 좀 불
　　　　유쾌하다고 표현한 것이다. 또한 북괴구역만 선

거한다면 일시에 100여 명의 공산당 국회의원이 등장할 테니, 그보다는 제반 민족적 주위환경을 철저히 다지고 나서 일시에 남북총선거를 한다면 오히려 민주주의에 투철한 사람들이 당선됨으로써 공산당 의석이 감소될 것이므로 국가적으로도 유익한 일로 생각했기 때문이다.

재판장 : 당으로서의 주장인가?

조봉암 : 당으로서의 주장도 아닐 뿐 아니라, 나의 주장도 못 되고, 다만 내 개인의 관찰인데 가급적이면 당에서도 이해가 되었으면 하는 나의 욕심이 있었다.

재판장 : 남북통일이란 두 정권을 인정치 않는 것을 전제로 한 것 아닌가?

조봉암 : 그것은 유엔의 결정이다. 나 개인으로선 우리의 주권을 무시한 일이 없다.

재판장 : 북괴 산하의 조국통일구국투쟁위원회의 김약수에게 밀사를 보냈다는데?(김약수는 공산당에서 전향하여 한민당 창당멤버가 되었고 제헌국회에 진출, 부의장을 맡았었다. 그는 '국회프락치사건'에서 유죄선고를 받고 감옥살이를 하다가, 6.25 때에 월북했다.)

조봉암 : 김약수에게 내가 밀사를 보냈다고 공소장에는 기재되어 있지만, 나는 처음부터 김약수와는 정치노선이 달라 남한에서 그와 차 한 잔을 같이 마신 일

이 없다. 내가 과거 공산당 출신이라는 점을 이용
해서, 누군가가 잘 꾸며놓기는 했지만 그것은 나
와 김약수와의 관계를 잘 모르는 자의 소행이다.

재판장 : 조총련에서 파견된 정우갑과 만나 조총련과 연합
을 모의한 사실이 있는가?

조봉암 : 그 사람을 만난 것은 사실이다. 그의 아들이 해병
대 대위로 있고 이미 전향해서 서울에 살러 왔다
고 하기에 그런 줄 알고 만나 일본의 실정을 들었
을 뿐이지, 결코 무슨 계획이 있어 만난 것은 아
니다.[21]

양명산의 등장으로 진보당사건은 새로운 국면으로 전개
됐다. 양명산은 일제시대 상해시절부터 조봉암과 잘 알고 지
내던 가까운 친구이고 반일인사였다. 검찰은 오랜만에 양이
나타나서 그동안 사업으로 모은 돈이라며 조봉암에게 준 정
치자금이 북에서 보낸 간첩활동비라고 주장했다.

법정에서 대질신문이 있었다. 조봉암이 "언제 나에게 북
쪽에서 온 돈이라고 하면서 준 일이 있느냐"라면서 양명산에
게 물었다. 그러자 양명산은 아무런 대답도 없이 눈을 감고
있었다. 이에 조봉암은 재판부를 향해 "원래 순진한 사람인

21 앞의 책, 172~173쪽.

데 왜 이런 터무니없는 말을 하는지 재판부에서 밝혀달라"고 주문했다.

세 번째 대질심문 때다. 조봉암이 "특무대에서 압력을 받은 모양인데 양심에 따라 바른 말을 하라"고 촉구하자, 양은 "심경의 변화로 죽산 선생을 배신한 결과가 되었지만 거짓말만 한다니 섭섭하다"라면서 아리송한 말을 남겼다. 이때 변호인 신태악 변호사가 "심경의 변화로 죽산을 배반했다는 말은 무슨 뜻이냐"라고 다그치자 양은 대답하지 못했다.

변호인단은 '거물간첩' 양명산의 정체가 이 사건의 핵심이라는 점을 간파하고, 그가 남파간첩이 아니고 미정보기관 HID의 공작원이라고 주장했다. 변호인단의 일원인 김봉환 변호사의 말에 따르면 김 변호사가 특수부대사건 때 변론을 담당했으며, 정보장교 C모 중령이 이북을 넘나드는 루트를 그린 해도를 설명하며, 양이 미정보기관HID의 공작원으로서 남북교역을 해왔다는 사실을 알려주었다는 것이다. 이렇게 해서 양의 정체가 드러났다.

그동안의 의문점이 풀렸고 사건의 핵심에 접근할 수 있었다. 정치적 음모의 냄새가 풍기는 진보당사건 자체의 성격을 가늠해볼 수 있는 것이기도 했다. 변호인단은 양명산이 간첩행위가 불가능하다는 점에 초점을 맞춰 반대심문을 개진해나갔다. HID 수사요원 엄숙진도 증언대에 세웠다.

양의 진술이 엇갈리고 조작되었음이 드러났다. 변호인단

은 양이 1956년 남북내왕 때 500만 환씩 죽산에게 주었다는 데 그 돈은 어떻게 만든 것이냐고 묻고, 이에 양은 "사향을 몰래 팔아서 마련했다"고 대답했다. 여기에 대해 변호인단은 "사향 500만 환 어치면 3킬로그램이 넘는다. 어떻게 그런 부피를 몰래 숨겨 왔다는 말이냐"고 양의 진술의 모순을 날카롭게 지적했다.

양명산의 행적이 의문투성이었고 검찰의 공소장의 내용 전체가 '비열한 정치조작의 각본'이었다. 당시 공판정의 분위기도 죽산의 간첩혐의는 무죄라는 쪽으로 기울고 있었다.[22]

▬▬▬ 22 이동화 〈죽산 조봉암-사형집행, 그후 30년〉, 《현대공론》, 1989년 6월호, 249~250쪽.

끊임없는 조작

변호인단은 양명산의 해방 뒤 정체에 대해 치열하게 파헤쳤다. 조봉암을 잡기 위해 투입된 하수인이라는 것이 확실하기 때문이었다. 그의 정체를 알면 조봉암의 날조된 혐의가 벗겨질 수 있을 것으로 믿었다.

재판이 진행될수록 양명산의 간첩행위에 대한 의심은 점점 더 커졌다. 변호인단은 양명산의 남쪽에서의 간첩활동과 함께 공소장에 나타난 양의 북쪽에서의 행적도 모순이 적지 않음을 지적했다. 양명산이 북을 방문한 때 박일영을 만나 죽산을 포섭하라는 지령을 받은 것으로 되어 있는데 박이 어떻게 죽산과 양과의 관계를 알았는지에 대한 설명이 없으며 양이 평양을 드나들었다고 되어 있는 점도 양과 함께 배를 타고 간 선원이 북에서도 양을 계속 감시하고 보고서를 제출하는데, 양이 정말 평양에 갔었다면 어째서 양이 며칠째 행방을 감췄다는 내용이 보고서에 없는가를 지적하면서 양이 평양에 갔었다는 사실은 믿을 수 없는 것임을 강조했다.

양명산의 북쪽에서의 행적도 믿을 수 없는 것으로 드러나기 시작했다. 공소장의 내용은 사전에 준비된 연출치고는 허술한 것이었다. 비열한 정치조작의 치졸한 각본이었던 것이다.[23]

날조된 사건은 또 있었다. 이른바 조봉암의 '통방사건'이다. 통방이란 감옥에 갇힌 수인들끼리 비밀리에 정보를 주고받는 것을 말한다. 조봉암은 어느 날 서대문 형무소에서 2명의 간수부장으로부터 '충정어린' 제안을 받았다. 양명산이 권력에 매수되어 죽산 선생을 배신하고 죽음으로 몰아가니, 그러지 말도록 비밀리에 선생님의 뜻을 전달하겠다는 것이었다. 조봉암은 양명산에게 양심대로 진실을 말하도록 하라는 쪽지를 썼다. 이것은 함정이었다.

또 하나의 증거로는, 죽산이 양명산에게 메모해 보냈다는 문제의 죽산 친필이었다. 형무소 안에서의 통칭인 '통방'을 도와주겠다고 자청한 서대문 형무소의 이동현,

___ **23** 앞의 책, 250쪽.

임신환 두 간수부장 중 임신환의 진술은 2심과 3심에서 죽산에게 간첩죄를 적용하는 치명적인 증거가 되었다.

죽산은 이렇게 진술했다.

내가 수사기관에서 양명산과의 간첩접선 혐의를 조사받고 형무소로 돌아온 어느 날, 임신환 간수부장이 내게 사건의 내막을 캐물었다. 그래서 내가 사실대로 말해주었더니, "자기가 양명산에게 사실대로 말하라고 해줄 테니 몇 자 적어달라"고 했다.

내가 말로 전하라고 했더니, 양명산이 신용하지 않을 테니 염려 말고 종이에 몇 자 적어달라고 하면서 종이와 만년필을 내게 주었다. 나는 자칫하다가는 양명산 때문에 나도 간첩으로 몰릴 것 같아서 걱정하고 있었는데, 간수부장이 진심으로 나를 위해주고 수고해주겠다고 해서 양명산에게 "사실을 그대로 말해달라"고 쪽지를 썼다.

그런데 임 간수 부장은 죽산을 동정해 돕고 싶어서 메모를 받았다고 수사기관에서 진술한 것과는 달리 법정에서는 다른 진술을 했다.

"조봉암 피고인으로부터 받은 쪽지를 간첩혐의의 산 증거로 만들기 위해 양명산 피고인에게 전달하지 않고 옆집에 사는 어느 형사에게 전달하려던 차에 발각되었다."[24]

24 윤길중, 앞의 책, 179쪽.

정치재판으로 변질

진보당사건 발생 5개월 만인 6월 13일 구형공판이 열렸다. 조인구 검사는 조봉암과 양명산에게 간첩과 국가보안법 위반으로 사형을 구형하고 나머지 피고인들에게는 12년 이상의 중형을 구형했다. 그러나 7월 2일, 1심 판결은 조봉암과 양명산에게 각각 5년형을 선고하고 다른 피고인들에게는 전원 무죄를 선고했다. 주심 유병진 재판장, 배석 이병용·배기호 판사였다.

정부는 1심 판결 선고 직후인 7월 4일 열린 제59회 국무회의에서 '조봉암사건에 관하여'라는 안건에 대하여 다음과 같이 대책을 논의하였다.

조봉암사건에 관하여

법무 : "법원은 조봉암을 위시한 진보당원의 판결에 있어서 평화통일론은 문제로 하지 않고 따라서 진보당

이 불법단체라는 것도 규정하지 않았으므로 만일 진보당이 행정소송을 하면 가처분이 있을지 모르니 진보당을 불법으로 처분한 공보실의 입장이 곤란할 것이라고 생각하며 본건 판결에 대하여 검사는 즉시 공소하였으나 제1심에 비하여 고법, 대법원의 판결이 검찰에 유리하도록 될 것이 예상되는 차제에 공연히 판사들을 자극하는 것은 득책이 아니라고 생각한다"는 보고와 견해.

공보 : "진보당이 불법단체가 아니라면 평화통일도 합법적이라 해야 할 것이니 앞으로 우리는 무엇을 가지고 국민을 지도하며 행정을 하여 갈 수 있나. 좀 신중히 생각하여야 하겠다"고 그간 내무, 법무가 말하는 것만 믿고 지금껏 해온 것이 이러니 걱정이라는 탄식.[25]

유병진 재판장은 설혹 조봉암이 양명산으로부터 받은 돈이 북에서 제공한 자금인 사실을 알았다 할지라도 간첩행위를 실행하지 않았기에 죄가 될 수 없으며, 조봉암이 간첩 박정호와는 만난 일이 없고, 정우갑과는 만난 일이 있지만 면담 내용이나 경위로 보아 유죄를 인정할 근거가 없다고 판시했

25　제59회 국무회의,《비망록》, 1958년 7월 4일.

다. 또 진보당의 평화통일론도 국시를 위반하고 북한과 야합해 국가변란을 기도했다는 사실은 이를 증거할 수 없고, 당의 정강정책도 국가변란이나 북한에 호응했다는 사실을 인정할 수 없으며, 진보당이 사회민주주의를 지향하고 있는 바 국헌을 위배했다는 공소사실을 인정할 수 없다고 판결했다. 다만 조봉암이 양명산의 행동이 북의 지령에 따른 것임을 몰랐다 할지라도 당원 명부와 당직자 명단을 주었다는 것은 국가보안법 3조 위반혐의로 볼 수 있다고 징역 5년의 유죄 부분을 명시했다.

1심 판결 직후 200여 명의 반공청년이 법원건물에 몰려와 관제데모를 벌였다. "빨갱이 판사를 처단하라"는 구호가 터져 나왔다. 1심 판결을 맡았던 유병진 판사는 반공청년단으로부터 친공판사라는 공격을 받고, 법관 연임에서 탈락되는 등의 수난을 겪었다. 뒷날 유 씨는 이 사건의 변론을 맡았던 태윤기 변호사를 만나서 "나도 조봉암 씨가 당시 이 대통령의 정적이라는 점을 심사숙고 고민한 끝에 5년이라는 형을 언도한 것이며, 실은 집행유예 정도가 알맞은 판결이라고 생각되었다. 그런데 그 재판이 사형을 언도하고 종말을 지었다는 것은 자기로서는 도저히 이해가 가지 않는다"라는 심정을 말했다고 한다.[26]

    검찰의 항소로 시작된 2심 공판은 속결로 진행됐다. 2심의 주심은 김용진 부장판사, 배석은 최보현·이규대 판사이며, 검찰관은 고검의 방재기 검사였다.

    진보당사건의 재판이 얼마나 정치재판이었는지는 2심 과정에서 여실히 드러났다. 1심의 재판장까지도 '이승만의 정적' 관계를 고려하여 집행유예 정도에 해당할 사안을 징역 5년에 선고했는데, 2심 판결은 이런 양식마저 깨뜨리고 완전히 정치재판으로 진행되었다.

    2심이 진행되면서 양명산이 양심선언을 하고 1심의 증언을 모조리 번복했다. 양명산의 새로운 증언 요지는 다음과 같다. "특무대에서 자신을 찾는다기에 출두했더니 북을 왕래한 사실에 대해 간단한 신문이 있고 난 후 조봉암과의 관계에 대해 질문을 해 상해 시절부터 잘 아는 사이이고 해방 후에도 자주 만났다는 사실을 설명했다. 그후 특무대의 고명섭 수사관이 자신의 혈압을 걱정해주며, 주사를 맞자고 해 의무대에서 주사를 맞았다. 주사를 맞고 나니 몽롱한 기분이 들었는데 이때 고 수사관이 "조봉암은 역적이며 당신도 역적이 되어야 한다고 했다. 또 조봉암에게 돈을 준 사실을 물어 2000만 환가량 된다고 대답했다. 이후 여관에 감금됐고 매일 고 수사관이 찾아와 조봉암은 역적이고 돈을 대준 자신도 같이 죽어야 한

----

26 태윤기, 《권력과 재판》, 삼민사, 1983, 58쪽.

다며 위협했다. 이러한 위압적 태도와 고문으로 조봉암을 잡기 위한 특무대의 각본에 따를 수밖에 없었다"고 증언했다.

또 자신은 북을 왕래하는 상인에 불과하며, 조봉암의 간첩 혐의는 특무대에서 만든 것이며 조봉암과는 오랜 친구이고 존경하기 때문에 수백만 환을 도와주었노라고 했다. 8.15 이후의 북쪽에서 경력을 설명하며 이것이 간첩으로 몰리는 사연으로 이용되었고, 공소장에 나와 있는 자신이 이북에서 만났다는 인물들도 이북에서 무역업을 할 때 노동당 계열의 사람들을 적절히 배열한 것뿐이라고 진술했다. 1심의 진술을 완전히 뒤엎어버린 것이다.

이승만의 노골적인 재판 관여

양명산은 2심 진술에서 1심의 대질심문 내용을 거의 백지화할 정도로 뒤엎어버려 공판을 뒤죽박죽으로 만들었다. 양명산은 "나는 이북을 왕래하는 상인이지 정치적 문제는 터치하지 않았으며, 소위 조봉암의 간첩혐의는 특무대에 의해 만들어진 것이어서 나는 그 내용조차 알 길이 없다"면서 "나로선 조봉암과 오랜 친분 관계에 있고 돈을 만지기 때문에 기백만 환을 도와준 일이 있을 뿐이다"라고 밝혀 1심 대질심문에서 한 자신의 진술을 번복하고 조봉암의 진술이 사실이라고 주장했다.[27]

유일한 증거(인)로 검찰이 채택했던 사람이 진술을 뒤엎음으로써 정치공작의 각본이 백일하에 드러나는 순간이었다. 하지만 2심 재판은 양명산의 양심선언에도 불구하고 권력의

---

27 박태균, 앞의 책, 360쪽.

각본에 따라 진행됐다. 1심 재판장을 '용공'으로 몰아붙이는 관제 시위가 계속되는 가운데 2심은 변호인단의 재판부 기피 신청이 기각되는 속에 속결 재판이 거침없이 진행됐다.

2심 판결 선고 직후인 10월 28일 열린 국무회의에서, 법무부장관이 진보당사건 공판에 관하여 보고하자, 이승만 대통령은 다음과 같이 지시하였다.

진보당사건 공판에 관하여

법무 : (진보당사건 공판에 관하여 보고)

대통령 : "법관들만이 무제한의 자유가 허용된다는 것은 이해할 수 없는 일이라"고 하며 "이러한 판사들을 처리하는 방법은 없는가" 하는 하문에

법무 : "탄핵소추가 있으나 참의원이 없어서 안 되고 법관 징계위원회가 있어도 법관들끼리 하는 것이니 소용이 없고 임기 만료자를 그때에 정리하는 도리밖에 없는 바, 금일 임기 만료된 법관 중에 대법원이 제청하지 않은 자 외에 몇 명 부적당한 자가 있어서 연임을 명하기 전에 조사를 하고 있으며 진보당사건 1심 판결의 책임판사도 이번 임기 만료자 중에 들어있다"고 보고.

대통령 : "조봉암사건 1심 판결은 말도 안 된다. 그때에 판사를 처단하려 하였으나 여러 가지 점을 생각하여

서 중지하였다. 같은 법을 갖고도 한 나라 사람이
판이한 판결을 내리게 되면 국민이 이해가 안 갈
것이고 나부터도 물어보고 싶은 생각이 있다. 헌법
을 고쳐서라도 이런 일이 없도록 엄정하여야 한
다."[28]

10월 14일에 재개된 2심 공판에서 검찰은 조봉암과 양명
산에게 각각 사형을 구형하고 다른 피고인들에게도 중형을
구형했다. 조봉암은 최후진술에서 "그동안 허위사실을 조작
해 나를 해치려 한 것이 집권당이다. 이번 사건도 정치적 효
과를 거두려면 이 대통령의 비위에 맞게 사형을 판결하고, 역
사에 남을 이 사건을 공정히 재판하려면 무죄판결을 내려라"
고 진술했다.

10월 25일 2심의 선고공판이 열렸다. 재판장 김용진 판사
는 조봉암과 양명산에게 간첩 및 국가보안법 위반죄를 적용
해 원심을 파기하고 사형을 선고했다. 조봉암의 간첩혐의는
양명산과 관계된 것뿐이고, 증거라는 것도 오직 양의 진술뿐
이었다. 그 진술도 2심에서 번복하여 증거능력이 상실되었
다. 그런데도 사형이 선고됐다.

해가 바뀐 1959년 2월 27일 대법원에서 최종심의 선고공

■■■■ **28** 제98회 국무회의,《비망록》, 1958년 10월 28일.

판이 열렸다. 재판장 김세원, 주심 김갑수, 배심 백한성·허진·변옥주 대법관이었다. 이날 선고공판에는 재판장 김세원은 지방출장을 이유로 나오지 않고 주심 김갑수가 떨리는 음성으로 판결문을 낭독하였다.

양이섭의 간첩 혐의에 대해 상고를 기각하여 사형을 확정.

조봉암의 국가변란목적 진보당 결성 및 간첩 혐의에 대하여 이례적으로 파기자판破棄自判으로 사형 선고.

진보당 간부들의 국가변란목적 진보당 결성 혐의에 대하여 무죄.

조봉암은 위 대법원 판결에 대하여 재심을 청구하였으나, 대법원(재판장 대법관 백한성, 대법관 김갑수·배정현·고재호·변옥주)은 7월 30일 재심청구를 기각하였다. 조봉암에게 사형을 선고한 김갑수 대법관이 재심판사가 된 것은 비상식적인 일이었고, 기각 하루 만에 사형을 집행한 것은 몰상식이었다.

대법원의 공판이 열리기 직전에 이승만 대통령은 국무회의에서 '몰상식'한 발언을 했다. "한 법을 가지고 한 나라 사람들이 아주 판이한 재판을 하게 되면 어느 것이 옳은 것인가를 판단하기 어렵게 된다"라고 말하면서 사법부에 "재판의 권위를 세워 줄 것"을 요망했다.

실로 어이없는 행동이었다. 삼권분립을 원칙으로 하는 국가에서 행정수반이 사법권을 침해하는 언동을 공공연히 자행한 것이다. 절대 권력자 이승만의 이 한마디에 법관들의 양심이나 법률, 증거 따위는 아무런 의미도 없었다. 그들은 머리 좋은 권력자의 '충견'이었을 뿐이다.

조봉암의 사형이 선고되자 국내외의 여론이 비등했다. 국내에서는 《한국일보》가 4회의 연속 사설을 통해 상고심에 의문점 등을 제기하면서 '극형에 대한 특사의 길'을 찾고자 노력했다. 국외에서는 재일교포 지도자들이 조봉암의 구명을 요청하는 호소문을 이 대통령에게 전달했다. 하지만 이승만이나 정부의 '충견'들에게는 인명의 소중함이나 정의의 법칙같은 것은 안중에도 없었다. 한없는 권력욕만 충만해 있었다. 불과 9개월 뒤에 4월혁명의 폭풍우가 닥칠 줄 그들은 미처 예상하지 못했다.

제1심 재판장이었던 유병진은 4월혁명 뒤 한 신문과 인터뷰에서 조봉암 재판과 관련, 다음과 같이 언급하였다.

차기 대통령 선거에서 조 씨를 제거하기 위해 간첩으로 몰아댄다는 것은 누구나 다 상상할 수 있었을 것이며, 또 기록을 보면 무엇 때문에 조 씨를 간첩이라고 하는가를 엿볼 수가 있다. 내가 선고한 5년 형이라는 것도 마음이 아픈 판결이었음을 당시나 지금이나 장래까지도 잊을 수 없을 것이다. ······ 양명산이 조 씨에게 주었다는 돈은 아무리 증거를 살피어 보더라도 이북 괴뢰가 보내온 것이라고 인정할 수 없었다.

일전에 서울 형무소에서 진보당사건의 담당검사였던 조인구 씨를 만났을 때 조 씨는 나에게 "그때(진보당 1심 판결 때) 좋은 판결을 하여 주었다"고 말하는 것으로 보아 조 씨 역시 그 기소가 무리였다는 것을 알고 있는 듯하였다.[29]

──── **29** 《법정신문》, 1960년 6월 10일.

● 사형 선고

대법원의 판결이 있던 당일 조봉암과 함께 피고인으로 공판정에 섰던 윤길중은 그날의 '풍경'을 다음과 같이 기록하였다.

2심 판결로 사형수가 된 지 100여 일 만에 법정에 모습을 나타낸 죽산은 여전히 건강해 보였고 표정 없는 얼굴을 하고 있었다.

우리는 죽산 옆에 나란히 서서 마음을 졸이며 재판부를 바라보았다. 개정 시간인 상오 11시가 되어도 재판관은 법정에 나타나지 않았다. 피고인과 방청객으로 초만원을 이룬 법정은 숨을 죽이고 있었다.

선고공판의 예정시간이 훨씬 지나갔다. 피고인들은 불길한 예감에 얼굴이 창백해지며 긴장과 불안 속에 서 있었다. 마치 한나절과 같은 1시간 20분이 흘러갔다.

이윽고 재판장인 김세완 씨는 출장 중이어서 김갑수金
甲洙 대법관이 언도공판을 선언했다.

"피고인 조봉암은 사형에 처한다."

죽산은 피고인석에서 바위처럼 꼼짝도 않고 묵묵히 선
고언도를 듣고 있었다. 무죄선고를 받은 진보당 간부들과
변호인들은 멍하니 허탈상태에 빠져 있었다. 방청석은 숨
을 죽인 가운데, 죽산의 외동딸 호정이 왈칵 울음을 터뜨
리며 그 자리에 실신하여 쓰러졌다.

판결을 끝낸 재판부는 곧바로 퇴정했다. 방청석도 하
나 둘 자리를 떴다. 사형선고를 받은 죽산은 더욱 엄격히
모든 것에서 차단되어 형무소로 끌려 갔다.

죽산의 법정대리인인 김춘봉 변호사는 죽산의 말을 이
렇게 전했다.

"판결은 잘 되었다. 무죄가 안 될 바에야 차라리 죽는
것이 낫다. 환갑이 다 된 사람이 징역을 살고 나면 무슨 희
망이 있겠는가. 정치란 다 그런 것이다. 이념이 다른 사람
이 서로 대립할 때에는 한쪽이 없어져야만 승리가 있는 것
이며, 그럼으로써 중간에 있는 사람들의 마음이 편안하게
되는 것이다. 정치를 하자면 그만한 각오는 해야 한다." [30]

---

30 윤길중, 앞의 책, 190쪽.

대법원 판결 며칠 뒤인 8월 5일 열린 제76회 국무회의에서 홍진기 법무부장관의 보고와 이승만 대통령의 발언이 있었다.

조봉암 사형 집행에 관하여
법무 : "법절차를 다 밟고 집행할 것이므로 사회에 하등 물의가 없다"고 보고.
대통령: "공산당으로 하여 가는 것은 곤란한 것이며 법보다도 중대한 문제인데 법대로 처리되었다니 더 말할 것 없다." [31]

이승만은 불법, 초법, 무법을 동원하여 조봉암을 죽이고 국무회의 석상에서 "법대로 처리되었다니 더 말할 것이 없다"고 독재자들의 상투어법인 '법대로'를 강조하였다. 그에게는 한줄기의 눈물도, 인정도, 양식도 남아 있지 않았다.

'1958년~1969년 미국 대외관계'(제18권 일본, 한국. United States Government Printing Office, Washington, 1994. 461~462쪽)는 '226. Editorial Note' 항에서 조봉암사건에 대한 미국의 입장을 다음과 같이 적고 있다.

---

31   제76회 국무회의, 《비망록》, 1959년 8월 5일.

조봉암과 진보당 관련 지도자들의 재판이 1958년 봄에 시작되었다. 6월 13일 검찰은 조봉암에게 사형을, 다른 22명의 피고인에게는 징역형을 구형하였다(6월 19일 서울발신 항공우편공문 G-97, 국무부 Central Files, 795B.00/6-1958).

6월 20일 서울로 발송한 전문 799에서 국무부는 조봉암에 대한 사형선고는 공산주의자들에게 훌륭한 선전거리를 제공하고 "중립적 국가의 관점에서뿐만 아니라 나머지 전 세계의 다른 자유국가들의 관점에서 볼 때 우리가 한국의 정치적 안정과 성숙을 이루는 데 기여했던 여하한 성공도 완전히 무효화시키는 것이 될 것"이라고 우려를 표명했다. 주한 미대사관은 "즉각 미국무부가 이 문제에 대해 가지고 있는 우려와 그 원인에 대해 비공식적으로 부각시키고, 영향력이 있다고 생각되는 관료들로 하여금 조봉암이 사형당하거나 추방당할 가능성을 없앨 수 있게 하라"는 지시를 받았다(6월 19일 서울발신 항공우편공문 G-97, 국무부Central Files, 795B.00/6-22058).

6월 23일 다울링 미 대사는 이 문제를 가지고 국회 대변인 이기붕을 찾아갔고, 이기붕은 사형을 막도록 하겠다고 약속했다(6월 23일 서울발신 전문 915).

7월 2일 조봉암과 다른 4명의 피고인은 국가보안법 위반죄가 확정되어 징역형이 선고되었다(7월 2일 서울발신 전문 7; ibid., 795B.00/7-258). 조봉암은 5년형이 선고되었으나 제2

심에서 10월 25일 판결을 바꾸어 간첩죄를 적용하여 사형이 선고되었고 다른 19명의 진보당원들은 징역형을 선고받았다(10월 27일 서울발신 전문189; ibid, 795B.00/10-2758).

다시 국무부는 다울링 대사에게 서울의 적절한 정부요인에게 접근하여 조봉암 처형과 관련하여 경고를 하도록 지시했다(10월 29일 서울수신 신문 170; ibid). 다울링 대사는 이기붕 대변인과 이 문제에 대해 논의하기로 동의했으며 대법원이 제2심의 판결을 바꿀 것이라는 확신을 표시했다(11월 4일 서울발신 전문206; ibid., 795B.00/11-458).

그러나 대법원은 1959년 2월 27일 사형을 선고했고, 7월 31일 조봉암의 사형이 집행되었다. 국무부의 지시를 받아 다울링 대사는 8월 3일 외무부장관을 만났고, 미 국무부에서 표현한 대로 조봉암을 처형한 것이 "갑작스럽고 대단히 의문스러운 결정"이라는 미국의 유감을 전달했다(7월 31일 서울수신 전문 82 및 8월 4일 서울발신 전문 88; ibid., 각 795B.00/7-3159 및 795b.00/8-459).[32]

---

32 진실화해를 위한 과거사정리위원회 보고서, 〈진보당 조봉암사건〉, 1098쪽.

조봉암을 독립유공자로 인정하라

반세기의 망각과 분노의 세월이 흘렀다. '진실화해를 위한 과거사정리위원회'는 2007년 9월 27일 '진보당 조봉암사건'의 조사를 마치고 발표한 보고서에서 7개항을 적시하였다. 양이섭의 임의성 없는 자백만을 근거로 간첩죄로 기소한 불법성, 수사권이 없는 특무대가 수사한 직권남용, 정치보복적인 탄압 등을 적시하고, 재심조치와 독립유공자로 인정할 것을 결정하였다. 7개항의 내용은 다음과 같다.

〈결정요지〉

1. 이 사건은 검찰이 아무런 증거도 없이 공소사실도 특정하지 못한 채 조봉암 등 진보당 간부들에 대해 국가변란 혐의로 기소를 하였고, 양이섭의 임의성 없는 자백만을 근거로 조봉암을 간첩죄로 기소한 것으로 밝혀졌다.

2. 이 사건의 주요 인물인 양이섭은 1958년 2월 8일부터
   특무대 수사과정에서 외부와의 연락이 일체 두절된 채
   여관에서 구속영장이 집행된 3월 8일까지 1개월여 불법
   감금 상태에서 조사를 받았다. 그러나 조봉암과 양이섭
   은 민간인 신분이었고 그 혐의 내용도 형법 제98조 및
   국가보안법 위반이었으므로 특무대는 이들에 대한 수
   사권이 없었다. 따라서 특무대수사관이 민간인 신분의
   조봉암, 양이섭에 대해 수사를 행한 것은 형법 제124조
   직권남용죄를 구성하며, 형사소송법 제420조 제7호, 제
   422조가 정한 재심사유에 해당한다.
3. 1심 법원은 양이섭의 자백에도 불구하고 법리적으로 무
   리가 있어 간첩죄를 적용하지 아니하고 대한민국의 변
   란의 실행을 협의하였다는 점을 인정하여 국가보안법
   제3조를 적용하여 징역 5년을 선고하였으나, 양이섭이
   자백을 번복하였음에도 2심 법원과 대법원이 조봉암에
   게 간첩 혐의에 대해 유죄를 인정하여 사형을 선고한
   것은 법리적으로도 무리가 있다.
4. 서울고법 및 대법원의 판결은 조봉암이 국가변란을 목
   적으로 진보당을 창당하였다는 점을 인정할 아무런 증
   거가 없고, 서울고법 공판에서 번복한 양이섭의 1심재
   판에서의 자백만으로 국가변란 및 간첩죄로 조봉암에
   게 극형인 사형을 선고하여 결국 처형에 이르게 한 것

은 증거재판주의에 위배된다.

5. 이 사건은 정권에 위협이 되는 야당 정치인을 제거하려는 의도로 표적 수사에 나서 극형인 사형에 처한 것으로 민주국가에서 있어서는 안 될 비인도적, 반인권적 인권유린이자 정치탄압 사건이다.

6. 국가는 특무대가 수사과정에서 불법감금 등 인권침해를 한 것과 검찰과 법원이 임의성 없는 자백에 의한 기소 및 유죄판결로 국민의 생명권을 박탈한 것에 대하여 피해자와 유가족에게 총체적으로 사과하고 화해를 이루는 등 적절한 조치를 취하여야 하며, 명예를 회복시키기 위해 형사소송법이 정한 바에 따라 재심 등 상응한 조치를 취하는 것이 필요하다.

7. 또한 조봉암이 일제의 국권침탈 시기에 국내외에서 일제에 항거하고 독립운동을 하다가 복역한 사실이 인정됨에도 불구하고 이 사건 사형판결로 인하여 독립유공자로 인정받지 못한 것인 만큼, 국가는 조봉암을 독립유공자로 인정하는 것이 상당하다.[33]

---

33 앞의 보고서, 1069쪽.

제 14 장

구명운동 그리고 평가

이 사건은 정권에 위협이 되는 야당 정치인을
제거하려는 의도에서 표적 수사에 나서
극형인 사형에 처한 것으로
민주국가에 있어서는 안 될
비인도적·반인권적 인권유린이자
정치탄압사건이다.

— 진실화해를 위한 과거사정리위원회, '진보당 조봉암사건' 결정요지

●조봉암 구명을 위한 노력

대법원에서 조봉암에게 사형이 확정될 것으로 전해지면서 주변에서 구명운동이 전개되었다. 딸 조호정은 아버지를 죽이지 말아달라는 애절한 호소문을 작성하여 이승만 대통령과 부인 프란체스카 그리고 이기붕 국회의장 등 요인들에게 전하고자 백방으로 노력했으나 허사였다.

특히 이기붕 부의장의 부인 박마리아는 조호정의 이화대학(전 이화여전) 선배여서 직접 만나 호소하려고 면담을 요청했지만 만나주지도 않았다. 이기붕은 이승만 정권의 명실상부한 2인자이고 그의 부인은 프란체스카의 측근 실세였다.

조호정이 이 대통령에게 드리고자 한 탄원서는 다음과 같다.

딸 조호정의 탄원서(요약)

저는 아버님의 망명지 상해에서 태어났습니다. 어느

부녀 사이든 모두 정답겠지만 저의 부녀 사이는 더 많은 정과 슬픔을 간직하고 있습니다. 아버님이 일본 경찰에 체포되어 병든 어머님과 저는 친척 할아버지의 도움으로 고향 강화로 왔습니다.

아버님의 구속이란 충격 때문인지 어머님은 끝내 세상을 떠났습니다. 그때 저는 여섯 살이었습니다. 글을 몰랐기 때문에 할아버지께서 써 주신 글을 제가 그림을 그려 아버님께 보내는 편지로 만들어 신의주 형무소로 띄웠습니다. 그후 인천에서 새 어머니를 맞이하여 살았습니다.

어머님도 항일운동을 하다가 감옥살이를 했기 때문에 감시는 이중삼중으로 심한 고통스런 날들이었습니다. 아버님은 박사님 초대 내각에서 농림부장관 일을 보셨습니다. 두 차례 국회부의장으로서 직무에 충실했습니다. 6.25 공산남침 때만 해도 아버님은 최후까지 국회 중요서류를 옮기고 뒷처리를 하시느라 저희 가족을 돌보지 못했습니다. 이것이 저의 어머님이 죽음의 땅으로 끌려가게 된 원인이 되었습니다. 그때 저는 어머니와 아버님을 원망하기까지 했습니다.

저희 아버님은 운명이 어찌나 기구하신지 일제 때는 항일투사로 구사일생을 하고 6.25동란 때는 '반역자 조봉암을 처단하라'는 공산당 벽보가 서울거리를 휩쓸었고, 오늘은 아버님이 심혈을 기울이신 대한민국의 품 안에서 사형수의 신세가 되어 있는 것입니다. 참으로 하나님도 무심하다고 하겠습니다.

박사님, 저의 아버님은 결코 정부가 오해하는 것 같이 피도 눈물도 없는 잔인한 성격의 소유자가 아닙니다. 꽃과 달을 보시면 시를 읊으시고, 영화를 감상하시다가도 가련한 장면이나 처참한 장면을 보면 눈물을 흘리십니다. 그 모습을 보고 저는 마음이 아파 "아버님 그만 보고 가십시다"고 한 적이 한두 번이 아닙니다. 이런 분이 어떻게 공산당과 기맥이 통할 수 있겠습니까.

아버님의 사생활과 심경을 누구보다도 잘 아는 저로서는 백 번 천 번 죽어도 상상조차 할 수 없는 일입니다. 박사님, 저의 이 애끓는 심정을 굽이 살피사 아버님에 대한 사형을 면하게 해주실 수 없겠습니까? 저의 아버님이 꼭 사형을 받아야만 되는 큰 죄를 지었다고 생각하십니까? 하해와 같이 넓은 마음으로 저의 아버님 목숨을 제발 살려주십시오.[1]

'진보당사건'으로 구속되었다가 풀려난 진보당 간부들이 구명운동의 중심이 되었다. 윤길중도 2심에서 풀려난 상태여서 변호사이던 김달호 의원과 함께 구명운동에 나섰다.

---

1 임홍빈, 〈죽산 조봉암의 죽음〉, 《신동아》, 1965년 8월호, 377~378쪽.

우리는 여러 사람을 찾아 죽산의 구명을 호소했으며 창랑滄浪 장택상張澤相도 만나보고 상의했다. 그는 무슨 방법으로 하든 죽이기야 하겠느냐고 낙관하고 있었다. 나는 또 이기붕 씨와의 면담을 주선해달라고 부탁하면서 매일 아침 찾아갔으나, 이 핑계 저 핑계를 대며 만나주지 않았다.

이기붕 씨를 만나면 죽산이 정치적으로 정적이지만 죽일 필요까지야 있겠는가 하고 이 박사에게 한마디만 해 달라고 부탁하려 했는데, 이기붕 씨가 만나주지 않는 것을 보고 아무래도 심상치 않은 느낌이 들었다.

또 자유당 안에서도 극우에 속하는 이성주 씨도 만났다. 그는 청년단장도 지낸 일이 있는 씩씩한 사람으로서 자유당의 원내총무였다. 나는 이재춘 씨와 함께 조용히 그를 만나 죽산에 관한 문제를 거론하고, 사형집행만은 하지 말아달라고 당부했다. 그랬더니 그는 죽산을 죽이는 문제만은 막도록 하겠다고 약속했다. 그후 이성주 씨는 당내에서 죽산의 사형문제를 거론했으나 거절당했다고 한다. "그 문제는 법대로 할 일인데 당에서 거론할 문제가 아니다"[2]라고 했다고 한다.

당시 정계의 실력자인 이기붕의 측근을 만난 사람도 있었

2 윤길중,《이 시대를 앓고 있는 사람들을 위하여》, 호암출판사, 1991, 191~192쪽.

다. 진보당의 조직부장인 이명하다. 다음은 그의 증언이다.

진보당 간부 몇 사람이 이기붕 국회의장 비서실장이던 한갑수 씨를 만났다. 우리는 이 의장에게 죽산이 사형을 면하도록 노력하겠다는 것을 공개적으로 약속해주면 진보당은 다음 정·부통령 선거에서 이승만·이기붕 러닝메이트의 당선을 위해 총력을 기울이겠다고 제안했다.

한 실장은 이 뜻을 이 의장뿐 아니라 자유당 간부들에게도 전하겠다고 했다. 이에 대해 한갑수 씨는 "간부들과 만난 것이 아니고 진보당 간부 한 분이 나를 찾아와 죽산의 구명을 호소했다. 내가 이 의장에게 이 분의 말을 전했더니 '나 혼자 힘으로 되는 건가'라고 반응했다."[3]

독재자들이 항용 쓰는 말이 '법대로' 또는 '법치'이다. 자신들은 초법적으로 권력을 휘두르면서 국민들에게는 '준법'을 요구하고 '법치'를 강요한다. 위법·불법 행위가 드러나면 권력의 장막 속으로 숨거나 어용 언론, 지식인, 법조인들을 내세워 '합법'을 논리화한다.

조봉암에게 사법의 이름으로 사형을 선고한 이승만 정부는 구명을 요청하는 가족과 지인들에게 '법대로'를 강조하면

■■■■ 3 이영석, 《죽산 조봉암》, 원음출판사, 1983, 273쪽.

서 이를 받아들이지 않았다. 법을 어겼으니 죽어야 한다는 것이었다.

더 이상 이승만 절대권력체제에서 인도주의나 생명의 존엄성을 내세워서 조봉암의 구명을 건의할 사람은 없었다. 그것은 조봉암이 이승만의 정적이었기 때문이고, 자유당 정권이 그만큼 경직되어 민의의 투입기능이 마비되고 산출기능産出機能만 비대했기 때문이다. 산출기능이 과대하면 동맥경화 현상이 나타나고 곧 쓰러지고 만다. 이승만 정권은 조봉암의 구명을 거부하고 그를 처형한 지 9개월 만에 4월혁명으로 쓰러졌다.

"비루한 구명운동은 말아달라"

조봉암의 사형이 곧 집행될 것으로 예감한 윤길중은 서대문 형무소로 조봉암을 찾아갔다.

"선생님 아무래도 내일쯤 디데이D-day가 될 것 같은데, 공연히 이대로 죽을 수는 없잖습니까? 무슨 수를 쓰던지 해야겠습니다."

"절대로 비루한 짓은 하지 말아주게. 내가 정치운동을 하다가 죽는 것은 할 수 없지 않은가. 내가 어떻게 비루하게 생명을 빌겠는가."[4]

여기서 윤길중의 "무슨 수를 쓰던지"에는 함의가 있었다. 윤길중과 절친했던 김달호는 어떻게 해서든 조봉암의 목숨을

---

4 윤길중, 앞의 책, 192쪽.

구해야 한다는 생각에서 자유당 측과 모종의 협상을 했던 것 같다. 일종의 '물밑거래'였다. 그러니까 조봉암이 간첩죄를 시인하고 용서를 비는 성명을 내면 대통령의 특사형식으로 살려주겠다는 언질을 받았을 가능성이다.

　　김달호 씨는 자유당과의 어떤 타협을 위해 죽산을 찾아갔다. 죽산이 스스로 간첩죄가 있음을 시인하고 용서를 비는 성명을 내면 목숨만은 건질 수 있겠다는 심증을 얻고서였다. 그러나 죽산은 타협을 거부했다. "대의명분에 어긋난 일은 하지 말라. 죄 없이 징역살이를 할지라도 까닭 없는 굴복을 하느니보다는 차라리 사형을 택하겠다"는 것이 죽산의 단호한 자세였다.[5]

1956년 5.15 제3대 정·부통령 선거 투표를 며칠 앞두고 암살의 위기 앞에서 몸을 사렸던 조봉암이 이제 '사법살인'의 가면을 쓴 망나니의 칼날이 눈앞에 다가오고 있는데도 오히려 "비루한 짓은 말라"며 당당할 수 있었던 것은 무슨 연유일까.

　　사마천은 "죽는 것이 어려운 것이 아니라 어떻게 죽느냐가 어려운 문제이다"라고 말하면서, 남근男根이 잘리는 치욕을 딛고 살아남아 불후의 명저《사기史記》를 집필하였다. 그

━━━ **5** 　이영석, 앞의 책, 270쪽.

는 죽기보다 더 어려운 삶을 택하여 업적을 남겼지만, 조봉암은 비루한 삶보다 차라리 떳떳한 죽음을 택하고 평화통일론과 고루 잘사는 진보정치의 씨를 뿌리는 것이 낫다고 판단했을지 모른다.

조봉암은 이즈음이 죽을 때고 수많은 독립운동가, 애국자들이 처형당한 서대문 형무소를 죽을 자리로 작정했던 것 같다. 그래서 면회를 온 윤길중에게 "결국엔 어느 땐가 평화통일을 할 날이 올 것이고, 바라고 바라던 밝은 정치와 온 국민이 고루 잘 살 수 있는 날이 올 것이네. 씨를 뿌린 자가 거둔다고 생각하면 안 되지. 나는 씨를 뿌려놓고 가는 것으로 생각하고 있네"[6] 라고 말할 수 있었을 것이다. 또 마음 한 켠에는 어떠한 비굴한 방법을 쓰더라도 이승만과 보수(수구) 세력이 자신을 결코 살려주지 않을 것이라고 판단하고 있었을 것이다.

국내에서 구명운동이 난관에 봉착했을 때 일본에서 조직된 '조봉암구명위원회'에서는 5월 10일 '재심 요구를 관철시키자'는 성명을 발표하였다.

놀라운 사실은 조봉암 개인의 구명과 절사節死와는 상관없이 야당과 언론, 미국의 침묵이었다. 독립운동가 출신의 유력한 정치인이 사형선고를 받고 처형되기에 이르렀는데도 이

---

6 윤길중, 앞의 책, 194쪽.

들은 약속이나 한 듯이 침묵으로 일관하였다. 신문의 경우는 처음부터 침묵했던 것은 아니다. 사형선고 사실까지는 대서특필했다가 정부의 경고문을 받고서부터 침묵했다.

조봉암의 사형을 집행한 정부는 당일 전국 각 신문사에 치안국장 이강학 명의로 "사형수의 주변 환경에 관한 기사는 법에 저촉되는 것이니 일절 보도하지 말라"는 경고문을 보냈다. 정부가 보도통제를 한 법적 근거는 1920년 조선총독부가 총독부령 제120호로 제정한 식민지 악법이었다. 일제는 독립운동가들을 소리 없이 처형하기 위하여 형사자刑死者의 분묘, 제사, 초상 등에 관한 총독부령을 제정하고 독립운동가들의 장례나 비석, 묘지 설치 등을 엄격히 규제했다.

조선총독부가 제정한 법령 때문에 사형이 집행되었다는 보도는 물론 장례와 묘비조차 세울 수 없었다. 아무리 그렇다고 보도조차 하지 못했던 당시 언론인들의 비굴함에, 한때 언론계에 몸담았던 필자는 참괴慚愧함을 느낀다. '시대모순'이란 한마디 단어로 처리하기에는, 그 시대 언론인들과 지식인들의 몰상식과 반지성에 분노를 느낀다. 이로 인해 뒷날 박정희 정권에서 인혁당사건과 같은 유사한 사건이 날조되어 8명의 아까운 인재들이 '사법살인'을 당하게 되었다.

이승만 치하의 관료와 법조인들은 형장에서 이승의 마지막 소원으로 술 한 잔과 담배 한 대를 피우게 해달라는 조봉암의 요청까지도 '법'과 '규정'을 들어 거부하였다. 독재정권에서 인간이 얼마만큼 '비인간화'되는 것인가를 보여주는 사례다.

조봉암의 처형 사실은 《한국일보》만이 "지난 7월 31일 상오 사형이 집행된 조봉암의 시체는 2일 하오 3시 서울시내 충현동 그의 집에서 발인되어 하오 5시 반경 망우리 공동묘지에 묻혔다"는 1단 6행의 짧은 보도를 하였을 뿐이고 기타 다른 신문들은 대부분 이를 외면했다.

조봉암의 시신은 진보당 조직부장 이명하를 통해 이날 밤 늦게 인도되었다. 유족들이 요구한 5일장은 거부되고 8월 2일 장례를 치르라는 명령이 내려졌다. 상가에는 경찰이 발부한 40매의 출입증 소지자 이외에는 다른 조문객들의 출입이 철저히 통제되어, 장택상 같은 거물 정치인조차도 집 부근에서 발길을 돌릴 수밖에 없었다. 조봉암의 장례식에 시민들이 몰려 시위대로 돌변할 것을 두려워한 당국은 장례식 당일 트럭 열 대 분의 무장군인과 경찰을 동원하여 삼엄한 감시와 경계를 펼친 가운데 조봉암의 영구차를 호송하였다.[7]

독립운동가, 사학자, 언론인 출신 단재 신채호는 1936년

7 이기하, 《한국정당발달사》, 의회정치사, 1961, 286쪽, 박태균, 《조봉암 연구》, 창작과 비평사, 1995, 398쪽, 재인용.

2월 18일 여순감옥에서 옥사하여 화장되었고 그 유골은 오동나무함에 담겨져 청주시 남성면 향리로 귀환하였다. 무국적인이고 형사자라는 이유로 매장과 묘비건립이 허가되지 않았다. 하지만 비밀리에 매장을 하고, 만해 한용운이 벌석伐石하고 오세창의 글씨로 비석을 세울 수 있었다. 그러나 조봉암의 죽음에는 이러한 정도의 자유도 허여되지 않았다. 아니다. 한용운이나 오세창과 같은 인물이 없었던 것이다.

아직 이루어지지 않은 명예회복

조봉암은 8월 2일 오후 비명碑銘 하나 세우지 못한 채 망우리 공동묘지에 쓸쓸하게 안장되어 파란 많은 생을 접었다. 그 시각 '빌라도의 후예들'은 축배를 들었을 것이다. 국내 언론이 침묵할 때 외신들은 한국 정부의 '사법살인'을 맹렬하게 비난했다. 영국 《이코노미스트》는 "이승만의 경찰이 무고한 조봉암 씨의 목에 오랏줄을 매어 정적을 말살하였다"고 비난하고, 미국의 《뉴욕타임스》와 일본의 신문, 잡지들도 정부가 조봉암을 '사법살인'하였다고 맹비난했다.

일본에서는 거류민단을 중심으로 구명운동이 일어났다. 독립운동가 이강훈, 통일운동가 김삼규 등이 중심이 되어 조봉암 구명위원회를 구성하고, 1959년 3월 3일 '조봉암 씨의 구명을 호소함'이라는 성명을 발표하였다. 5월 10일에는 '재심요구를 관철시키자'는 성명을 냈다. 처형 13일 후인 8월 12일에는 도쿄에서 추도식을 거행하였다. 재일교포 유력자 300

여 명과 일본 정계의 명사들이 다수 참석한 추도식에서는 고인의 영혼을 위무하고 이승만의 만행을 규탄하였다.

그 이후 망각의 세월이 흘렀다. 망각 속에는 분노와 체념이 뒤섞였을 것이다. 4월혁명으로 이승만과 자유당 정권이 궤멸되고, 그 가운데 수괴급들은 조봉암과 진보당 간부들이 수감되었던 서대문 형무소에 갇히게 되었다. 불과 9개월 뒤에 일어난 역사적인 반전이었다.

4월혁명 공간에서 혁신세력은 다시 기지개를 켜고, 조봉암의 신원운동을 시작했다. 하지만 5.16군사쿠데타로 혁신·진보세력이 또 한 차례 폭풍을 맞게 되었고, 조봉암의 신원과 명예회복은 다시 한 번 멀고 긴 망각의 터널에 갇히게 되었다. 국민들의 뇌리에서 그는 잊혀지고, 혁신 진보정치의 씨앗이 움트기 어려운 동토의 긴 암흑이 계속되었다.

1987년 6월 민중항쟁은 정치군부가 장악했던 권력을 국민이 환수하는 계기가 되었다. 정치적 민주화가 시작되면서 이승만과 박정희 독재정권에서 자행된 국가폭력의 베일이 하나둘씩 벗겨졌다. '죽산 조봉암선생 추모회'가 결성되고 처형 30주년이 되는 1988년 7월에 본격적인 명예회복 운동이 시작되었다.

'추모회'는 1991년 10월 25일 '죽산 조봉암 선생 사면·복권에 관한 청원서'를 국회에 제출하였다. 청원인 대표 채문식, 김재순 전 국회의장을 비롯하여 김영삼 민자당 대표최고위원, 박태준 최고위원, 김종필 최고위원, 민주당 김대중, 이기택 공동대표 등 80여 명의 의원이 서명하였다. 그리고 촉박한 시일 관계로 청원서에 서명하지 못한 많은 의원들이 여기에 동조한다는 뜻을 전해와 명실상부 '여야 합의'의 성격을 갖게 되었다. 이에 기초하여 '추모회'는 '죽산조봉암선생기념사업회'로 발전하고, 1991년 11월 15일 '청원'의 법적 처리를 위하여 '사자에 대한 사면·복권'도 가능하게 하는 사면·복권법 개정조항을 기초하여 국회법사위에 제출했다. 그러나 제156회 국회가 여야 격돌로 변칙 마감되는 과정에서 법개정안은 계류된 채 방치되었다. 그리고 다시 긴 세월 동안 국회 창고에서 먼지만 쌓이고 있었다.

노무현 정부에서 구성된 '진실화해를 위한 과거사정리위원회'는 딸 조호정 여사의 신청에 따라 조봉암의 억울한 죽음에 관한 진상조사에 나섰다. 2007년 9월 18일 이 사건은 "재심사유에 해당한다"고 밝히고, "국가는 조봉암을 독립유공자로 인정하는 것이 상당하다"라는 '결정요지'를 밝혔다. 이후 2010년 검찰은 진실화해위원회의 재심 권고에 대해 "궤변에 지나지 않는다"고 발표했다. 그러나 2011년 1월 20일 대법원은 "이 사건 재심에서 피고인에 대한 공소사실 대부분이 무죄로 밝혀졌으므로 이제 뒤늦게나마 재심판결로써 그 잘못을 바로잡"는다며 무죄를 선고했다. 이로써 조봉암은 사법 살인을 당한 지 52년 만에 간첩 누명을 벗었다.

부록

구명운동과 추도문

조봉암 씨의 구명을 호소함

1959년 2월 27일 한국 대법원은 한국의 평화통일 운동자 조봉암 씨에 대하여 '사형'의 최종 판결을 내렸다.

이른바 진보당사건이 처음부터 날조극이었다는 것은, 수사 당국에서 발표한 엉터리 같은 체포 사유와 최종 판결을 기다리지 않고 잽싸게 진보당을 불법화한 뒤 경찰의 손으로 중앙·지방의 당사무실을 강제 폐쇄한 그 불법적인 포학, 검찰 기관이 발표한 그 공소사실이라는 것의 황당무계함, 그리고 공판 회부 후에 서둘러 '꼭두각시'를 만들어내는 등 일련의 비열하기 이를 데 없는 행위 그 자체가 이것을 실증한 것이라 할 수 있다.

그러나 이 추악한 음모는 너무도 졸렬하여 공판정에서 그 내막이 폭로되고 그 판사(1심)조차도 "진보당사건은 사실상 무죄다"라고 언명하지 않을 수 없었을 뿐 아니라 그 '꼭두각시' 자신이 2심 이후 그 자신의 경솔한 잘못을 뉘우친 끝에 종래의 자백이 모두 강요된 허위였음을 거듭 천명하고, 그 날조 사건 경위까지도 상세하게 진술하기에 이름에 당해서는 이제 명명백백한 일이라 하지 않을 수 없다.

그럼에도 불구하고 한국 대법원이 이 '꼭두각시'의 최초의 자백만을 유일한 증거로 해서 조봉암 씨에게 '사형'을 단죄하였던 것이다. 실로 법의 이름으로 법을 유린한 최대의 포학이라 하지 않을 수 없다.

조봉암 씨는 이미 아시다시피 민족의 비원이며, 지상 명령인 조국의 평화적 통일을 역설한 것뿐이다. 그것이 어째서 죽음에 해당한단 말인가. 그러나 조 씨는 이미 '사형'의 최종 선고를 받은 것이다. 30여 년에 걸친 민족해방투쟁사에 빛나는 전사, 두 번이나 대통령 후보로 출마하여 200만 이상의 지지 표를 얻은 혁신진영의 최고 지도자, 현 정부의 압제 하에서 용감하게 "조국의 평화통일"을 주창하여 민족의 앞길을 밝히신 애국자 조봉암 씨는 이미 '사형'의 최종선고를 받은 것이다.

우리 어찌 이것을 보고만 있을 것인가. 법과 인도를 유린한 이 불법적인 참살을 어찌 좌시할 수 있을 것인가. 미력이나마 우리가 조봉암 씨 구명에 결연히 일어난 까닭이 여기에 있다.

조국의 평화통일을 염원하는 모든 동포와 인도와 정의와 평화를 사랑하는 전 세계인에게 호소한다. 조봉암 씨의 구명에 조금의 힘이나마 아끼지 마실 것을! 정의를 사랑하고 전제적 포학을 미워하는 모든 사람들에게 호소한다. 조봉암 씨의 구명에 그 손을 뻗쳐주시기를!

1959년 3월 3일 일본日本 도쿄에서
조봉암 구명위원회[1]

대표위원 : 배 정襄正, 강위전姜渭典, 이강훈李康勳
김삼규金三奎, 이천추李千秋, 김성규金聲圭
양조한梁兆瀚, 김종재金鐘在, 양승호梁承浩
이영근李榮根, 원심창元心昌, 김봉진金奉鎭

1 정태영 외, 《죽산 조봉암 전집 5》, 죽산조봉암선생기념사업회, 1999, 296~297쪽.

재심 요구를 관철시키자

지난 2월 27일 대법원이 조봉암 씨에게 언도한 사형 판결의 집행기한은 오는 8월 26일까지다. 대검찰청에서는 이미 지난 5월 1일, 동씨에 대한 사형집행의 구신서具申書를 법무장관에게 제출한 것으로 전해진다. 검찰청측은 스스로의 위법행위를 반성하려고는 하지 않고 그 과오를 안면몰수한 채 후안무치한 태도로 나오고 있다.

검찰청측의 이 같은 태도에 비추어 조봉암 씨는 지난 5월 5일 윤길중尹吉重 씨 외 2명의 변호사로 하여금 대법원에 재심을 청구한 바 있다. 그 요지는 ① 양이섭洋利燮의 자백은 사법경찰관의 협박에 의해 날조된 것이라는 것, ② 양에 대한 판결 기록은 육군 첩보대에 보존되어 있는 증거서류와 서로 다르다는 것, ③ 진보당사건의 공소 절차가 처음부터 위법이라는 것 등을 들어 원판결을 재심하지 않으면 안 된다고 강조하고 있다. 조봉암 씨가 거론한 이유는 재심에 필요한 요건을 충분히 갖추고 있다. 검사의 기소 사유가 재판을 통해서 모조리 부인되었다는 사실 자체가 그 공소 절차의 허구성을 실증하고도 남음이 있는 것이었고, 사법경찰관의 직무상의 과실, 육군 방첩대의 유리한 증거 서류의 출현, 법조 적용에 있어서의 잘못 따위는 모두 재심 청구를 성립시키기에 필요하고 충분한 요건이라 하지 않을 수 없다.

우리는 조봉암 씨에 대한 부당한 재판을 절대로 용인할 수 없으며, 항차 필요하고도 충분한 재심 사유를 묵살하려고 하는 여하한 기도도 이것을 간과할 수가 없다. 우리는 오히려 한국의 사법부가 실추된 그 권위와 독립성을 되찾기 위해 하루라도 빨리 조봉암 씨에 대한 재심을 결정하고, 공정한 재판에 의해 조봉암 씨를 즉각 백일하에 석방할 것을 강력히 요구하는 바이다. 조봉암 씨에 관한 재판이 얼마나 날조된 것이고 부당한 것인가는 주지의 사실이며, 그렇기 때문에 또한 조봉암 씨에 대한 동정은 끝없이 높아가고 조봉암 씨 구명운동에 나서는 동포의 수는 날이 갈수록 늘어나고 있는 것이다. 지금이야말로 이 구명운동을 전국적으로 확대하지 않으면 안 된다.

평화통일을 염원하는 동포 여러분! 정의와 인도를 사랑하는 동포 여러분! 평화통일의 주창자, 혁신진영의 지도자 조봉암 씨를 구출하는 데 모두 나섭시다. 조봉암 씨의 올바른 재심청구를 관철시키도록 합시다. 사법부에 대한 일체의 압력을 배제하기 위하여 개인적으로, 집단적으로 빗발치는 항의문을 보내도록 합시다.

1959년 5월 10일 일본 도쿄에서
조봉암 구명위원회[2]

---

2 앞의 책, 298~299쪽.

조사弔辭

애국정신 이어받아 싸우자

1959년 7월 31일 오전 11시 애국자 조봉암 선생은 끝내 처형되었다. 향년 61세. 선생의 재심 청구가 각하된 다음날 아침이고 보면 즉시 항고의 여유조차 주어지지 않았다. 이 도道에 어긋나는 조치가 이승만 대통령의 지시에 의해 취해졌다는 것을 우리는 잘 알고 있다.

조봉암 선생은 이승만 대통령의 주구들에 의해서 북한의 첩자라는 허울을 뒤집어썼다. 그러나 그것이 어떻게 날조된 것인가는 이제 잘 알려진 사실이다. 한국민의 누구도 선생을 북한의 첩자로 생각하지 않는다. 그러기는커녕 선생을 위대한 애국자라 생각하고 있다.

왜냐하면 선생은 3000만 동포가 염원해 마지않는 조국의 평화적 통일을 과감히 제창, 의연히 싸우시다 태연히 죽음을 맞이했기 때문이다. 모든 동포는 선생의 죽음을 슬퍼하며 눈물을 머금고 울며 선생을 처형한 원흉에 대한 노여움으로 가득 차 있다. 그저 동포만 그런 것이 아니다. 외국인들조차 지나칠 정도의 비인도적 조치에 대하여 끓어오르는 의분을 느낀다.

선생의 주장은 옳았고 선생의 태도는 훌륭했다. 선생은 바로 조국의 미래며 빛나는 희망의 별이었다. 그것을 시기하고 선생을 없앤 이승만 대통령은 스스로 정의와 인도를 모르는 악마임을 실증했다.

이승만 대통령은 끝내 자신의 묘혈을 팠다. 이승만 대통령은 이제 백성의 뜻이 하늘의 뜻임을 알 것이다. 총검을 가지고서도 이 소리를 어찌할 수 없음을 알게 될 것이다. 그것을 알게 하는 것은 바로 바르고 행복하게 살려는 모든 동포의 의욕이기도 하다.

애국자 조봉암 선생은 처형되었다. 그러나 선생의 주장은 영원히 빛날 것이다. 모든 동포는 선생의 숭고한 정신을 우러르고 기리며 스스로의 생을 바로잡게 하는 목소리로써 가슴 깊이 간직할 것이기 때문이다.

우리들 또한 조국의 평화통일의 선구자 조봉암 선생의 위대한 애국적 정신을 기리고, 그 뒤를 잇기를 바라며 미력이나마 힘을 모아 싸울 것을 이에 엄숙히 맹서함으로써 선생의 명복을 빌고자 한다.

1959년 8월 2일 일본 도쿄에서

조봉암 구명위원회[3]

---

3 앞의 책, 300~301쪽.

추도문

조봉암 선생!

7월의 열기가 조국의 땅을 태우고 있던 31일, 선생의 혈맥에는 차가움이 흘러 식어가고 말았습니다.

전 민족이 걱정하고 또한 있을 수 없는 일로서 상상조차 할 수 없었던 선생의 사형이 권력자의 악마와 같은 하수인에 의해 집행되었다는 보도는 우리에게는 실로 경천동지의 일이었습니다. 우리들은 자기의 눈과 귀를 의심하고, 이것이 현실 아닌 꿈이기를 바란다는 생각을 누를 수가 없었습니다.

선생의 무죄를 천지신명께 맹세코 확신해왔던 수천만 동포의 외침과 기도는 선생의 육체를 말살코자 기도한 권력자의 포악과 야욕 앞에는 너무도 무력했습니다. 뜨거운 염원을 모아 희구해온 선생의 석방이, 생명이 끊긴 차가운 시체가 되어버리리라고 그 누가 생각이라도 했을 것입니까.

조국 강토가 이국인 땅이 되고 일제의 군화가 복종을 강요하고 있던 암담하던 시절, 인적 없는 대륙의 광야에 홀로 조국의 광복과 민족의 자유를 찾아 헤매었던 선생의 역사를 알고 있던 우리들은, 잔인한 일경의 처참한 고문에 의해 오른손이 못 쓰게 만들어지면서도 결코 굴종하는 일이 없던 숭고한 민족정신을 알고 있는 우리로서는, 선생이 국적의 오명을 둘러쓰고 이처럼 비명에 생애의 막을 내리리라고는 생각조차 할 수 없었습니다. 너무도 분하고 통탄을 금할 길이 없나이다. 민족에 바치셨던 찬연한 그 생애를 그리워하며, 조국의 전도를 비쳐주신 그 지도로 해서 숭앙해온 수백만 농민, 노동자 그리고 지식인들은 실로 선장을 잃은 배를 창해에 띄워 놓은 느낌입니다.

조봉암 선생!

민족 통일에의 길은 아직도 멀고 험하며, 민족의 비원인 이 과업은 선생이 쓰러지신 지금 어떻게 해야 한단 말입니까.

선생이 목숨 바쳐 사랑하시던 가난한 대중과 짓밟혀온 대중은 지금도 기아와 추위를 면하지 못한 채 버려지고 있는데 선생이 가신 뒤, 누가 그들의 권리를 주장해주고 지켜준다는 말입니까. 창궐의 극을 다한 독재정치의 탄압 속에서 국민의 민주적 권리가 여지없이 짓밟히고 있는 이때, 선생이 아니고서 그 누가 압제자에게 대항할 민주세력을 조직 지도해나갈 수 있다는 말입니까. 선생이야말로 바로 살아 계셔야 되고, 선생의 생명이야말로 그 무엇과도 바꿀 수 없는 귀중한 생명이었습니다. 그러나 천추의 저주를 한 몸에 지녀야 할 반역자의 철퇴는 선생의 동맥을 끊고야 말았습니다.

선생의 존재는 이정표를 잃고 진로를 잃은 조국의 등불이었습니다. 어둔 밤을 밝게 물들인 그 등불이야말로 마치 동해 저편으로부터 희망의 태양이 솟아오르고, 백두산과 압록강,

지리산과 낙동강, 남북 삼천리금수강산을 아름답게 물들일 그날까지 꺼져서는 안 될 불이었습니다. 우리들은 선생의 그 깊은 애정어린 면모와 불덩이 같은 사상에서 타오르는 휘황한 불빛을 통해 뒤덮고 있는 암운을 쓸어내고 민족의 미래를 전망할 수 있으며, 통일된 민족의 행복한 생활을 상상할 수도 있었습니다. 그러나 암흑의 범죄자는 자기의 야망을 수행하기 위해서는 이 등불이 무엇보다도 큰 장애였던 것입니다. 그래서 정치적 완전 범죄자의 손으로 민족의 광명은 지워지고 선생은 교수대의 이슬로 사라지신 것입니다.

그러나 7월 31일 선생이 남기신 마지막 말씀을 우리는 결코 잊지 않을 것입니다. "모든 사람이 평등한 행복을 누릴 수 있는 사회의 실현을 위해 노력합시다"라던 그 말씀을! 그래서 참살된 7월의 운명을 우리들은 영원히 기억할 것입니다. 세월이 흐르고 흥분이 가라앉는다 해도 우리는 결단코 선생에 대한 불법적인 처형을 잊지 않을 것입니다. 수년 후 조국의 영광이 회복되고 분열된 민족의 통일이 전취된 그날이 왔을 때, 선생의 생명을 박탈한 교수대의 둔중한 울림은 비겁한 반역자의 목 위에서 다시 울려 퍼질 것입니다. 준엄한 세계사의 심판의 하나가 선생의 육체를 손상시키고 선생의 명예를 더럽힌 그 형장에서 추상같은 민족의 고발에 의해 장엄하게 개정될 것입니다. 그 날 그 일을 위해 싸우는 과정에서 설사 우리들의 위에 떨어지는 한이 있다 해도 승리의 영광은 우리들의 것이고 우리들 형제 위에 찬연할 것입니다.

　조봉암 선생!

　조국의 평화통일과 민주주의의 확립을 폭력에 의해 저해하는 세력을 타도하기 위해 선생의 묘를 기지로 삼아 민주주의의 군세를 정비하여 행진을 개시할 것입니다. 이 군세는 선생이 높이 드신 기를 앞세워 그들 반민족세력을 정복하고 분쇄할 것입니다. 이 대열에는 민족을 위해 생명을 바치신 선열의 영혼이 참가하실 것이며 원한을 품고 쓰러지신 김구 선생의 유지와 여운형 선생의 정열 그리고 송진우 선생의 지혜와 장덕수 선생의 천재가 가세하게 될 것입니다.

　조봉암 선생!

　선생의 유지를 계승하는 우리들은 선생이 남기신 위대한 통일사업을 완수하는 일을 여기 선생의 영전에 삼가 서약하는 바입니다.

　조봉암 선생!

　선생은 마침내 유명을 달리하게 되었지만 선생의 사상과 정신은 우리들과 함께 살고 계심을 믿습니다. 선생의 죽음을 통곡하는 수천만 동지들은 힘을 결집해서 선생의 길을 오로지 뒤따를 것입니다. 내일도, 모래도, 1개월 뒤에도 우리들의 애수와 비탄이 그칠 줄 모르는 것은 선생을 죽음에 이르게 한 지배자들에 대한 끝없는 증오 때문입니다. 선생은 생전, 우리 사회가 수탈 없는 경제체제가 확립된 복지사회가 되지 않으면 안 된다고 하셨습니다. 선생님, 우리는 우리의 생명을 내던져 선생의 유언 실현에 몸 바칠 것을 맹세합니다. 그것은 세계가 지향하는 이상사회의 형태이기 때문입니다. 선생은 생전, 피를 흘리지 않는 평화통일을 주장하셨습니다. 우리는 우리의 명예에 걸고 그 실현을 위해 싸워나갈 것입니다. 그것이야말로 우리 민족의 피가 명령하는 윤리이기 때문입니다.

조봉암 선생!

편히 잠드소서. 지금 권력의 폭풍이 선생의 묘까지 황량하게 하고 있지만 밤이 되면 수많은 별들이 선생의 영을 달래는 전 민족의 눈물과 함께 아름답게 빛날 것입니다.

민족의 지도자여!

선생의 죽음을 우리 민족은 결코 헛되이 하지 않을 것입니다.

부디 편히 쉬옵소서!

1959년 8월 12일
죽산 조봉암 선생 추도 실행 위원회[4]

---

4 앞의 책, 302~305쪽.

비문(안)

민족의 큰 별 이곳에 잠드시다.

1899년 9월 25일에 태어나 1919년 3.1운동 시 스무 살의 젊은 나이에 강화의 청년 지도자로서 그 선두에 섰다가 왜경에게 피체, 투옥된 것을 효시로 일제하 감옥에서 수삼 차에 걸쳐 10여 년의 옥살이를 하시다.

항일 민족해방투쟁의 한 방편으로 택했던 일제하 사회주의, 공산주의운동에서는 1925년의 국내당 조직을 위시하여 1932년 상하이에서 왜경에게 체포, 투옥될 때까지 조직의 다수파를 주도적으로 이끄셨으며 항일 노동쟁의와 만주 간도사건 등을 지도하시다.

1945년 8.15해방과 더불어 반민족적 프롤레타리아 국제 노선과 계급독재 노선을 추구하는 재건공산당과 결별, 미소 편의偏倚세력에 의한 극좌 극우 독재노선 추구에 반대, 비미·비소의 민주적 중앙노선을 추구하시며 김규식·여운형의 좌우합작운동에 참여, 민주주의민족전선과 대립된 민주주의독립전선을 결성하여 미소공위 활동의 성공을 위해 힘쓰시다.

1947년 3월 트루먼 독트린 선포로 미소냉전이 공식화되고 남북에 각각 미소 헤게모니 하의 단독선거에의 참여 불가피론을 제기, 중간파 민족지도자들의 반대를 물리치고 5.10단독선거에 참여, 제헌의회 의원이 되시다.

제헌의원이 되어 소장파 의원들로 무소속구락부를 조직하셨고, 초대 농림장관으로 입각하여서는 농림부 직제를 개편하고 농지국, 농정국들에게 농지개혁법·농업협동조합법을 입안케 하였으며 농민신문도 발간하여 비전과 소신 있는 지도자로 농민들의 절대적인 지지를 받으시다.

1950년 5.30선거에 출마 재당선되어 국회부의장으로 선출되시고, 부의장직에 있으면서는 명사회, 명조정자로서 그 이름을 날리시다. 1952년 2대 대통령 선거에 입후보하시어 무능 부패한 이승만에 맞서 싸우시다. 일제하 항일투쟁 경력과 농림장관 시절 발휘한 탁월한 행정력, 부의장으로서의 원만한 통솔력 등이 상승되어 대중의 압도적 지지를 받으시다. 호표·샌드위치표로 비록 낙선되었으나 이 선거에서 이겼을 것이라는 것이 정평이다.

1950년 이승만 독재정권의 탄압으로 일시 정계은퇴를 강요당하였으나 이른바 사사오입개헌 파동으로 정계에 복귀, 민주대동운동과 혁신대동운동을 거쳐 사회적 민주주의를 이념으로 한 진보당을 창당하시기에 이르다.

1956년 3대 대통령 선거에 다시 입후보하여 이승만과 겨루시다. 공칭 200만 표의 득표로 낙선하였으나 이번에도 부정 투·개표로 낙선된 것이어서 국민 대다수는 선생의 승리를 믿어 의심치 않았다.

새로운 무기체제 개발경쟁으로 미소 냉전이 극에 이르렀

던 1950년대 후반 1956년 대통령 선거에서 평화통일을 내걸고 친미 편의세력에 도전하여 사실상 승리한 것과 진보당이 전국적으로 뿌리를 내린 것은 얄타체제에의 중대한 도전이요 친미 보수세력에의 일대 위협이었다.

1958년 정월 드디어 세칭 진보당사건이 날조되어 국내외적으로 고립된 선생은 이승만 독재의 독아에 걸려 법의 이름으로 죽음을 당하시다. 향년 61세, 때는 1958년 7월 31일.[5]

---

5 앞의 책, 319~321쪽.

● 조봉암에 대한 평가

영도자로서 품격 엿보여

유병용(1심재판 배석판사)

법정의 태도로서도 태연자약하여 한 당의 영도자로서의 품격이 엿보이는 바 특히 그의 왼손가락은 끝이 문드러져 있는 바 한격만 변호사의 변론에 의하면 일제 경찰의 혹독한 고문이 남겨준 쓰라린 상처라 하니 백전불굴의 지조가 흐르는 듯이 보였다. 그의 법정진술은 담담한 데가 있고 시是와 비非가 명확한 것이 특색으로 보이는 것이었다. 다만 양이섭 피고인과 서로 상반된 진술로 대립할 때에는 그저 어째서 저와 같은 거짓말을 하는지 알 수 없다고 하면서 재판부에서 흑백을 가려달라고 할 뿐 군이 변명하려 들지 않는 것은 보통 피고인들의 법정태도와는 좀 다른 데가 있는 듯이 보였다.[6]

---

6 《한국평론》, 1958년 7월호(제목은 저자가 붙인 것임-모두 같음).

공산주의자 아닌 것 인정

김갑수(당시 대법원 판사)

나도 죽산이 전향 이후에 있어서 공산주의자와 그 동조자가 아닌 것을 인정한다. 간첩이라면 영화나 소설에 나오는 간첩을 생각하기 쉬우나 죽산이 그런 의미의 간첩이 아님도 사실이다.

그러나 우리나라의 법은 이북에 신문 한 장이라도 보내면 그것을 간첩으로 처벌하기로 되어 있으니 법 앞에 만민이 평등하여야 한다면 죽산의 처형은 부득이한 일이다.

흔히들 죽산에 대한 사형을 정치와 결부시켜서 생각하는 경향이 있으나 재판에 관한 한은 있을 수 없는 일이다. 죽산이 대통령 선거에 입후보하여 기백만 표를 얻고 기소의 시기로 본 오해로 생각되나 이 박사를 대통령이 되게 하기 위하여 죄가 없다고 인정한 죽산을 어떻게 극형에 처할 수 있겠는가.[7]

진보당 강령 합법분장한 공산주의 전술원칙

오제도(부장검사)

조봉암은 청년시절부터 국제공산주의운동을 하여 왔으며

---

7 《신동아》, 1965년 10월호.

8.15 이후에도 공산주의 이념을 지속하면서 우리나라의 공산화를 획책하다가 당시 조선공산당 당수 박헌영이 마르크스 레닌의 전략전술 원칙에 위반되는 방향에서 당을 영도함으로 자기는 그와 같은 철저하지 못한 박헌영과 동조할 수 없다고 하여 그와 결별하고 박헌영은 그후 월북하여 조봉암이 지적한 과오로 인하여 처단되었다.

그러면 조봉암은 김일성보다 9년 전에 박헌영을 반당분자로 지적한 당의 선구자로 결과하는 것이다. 그는 계속 남한의 사회주의 변혁을 위하여 침투 …… 기회를 엿봐온 사람이라는 것을 상도할 적에 진보당의 강령정책이 얼마나 교묘히 공산주의 전술원칙에 적응하게 작성되었으며 적절하게 합법을 분장하였겠는가도 능히 짐작할 수 있다.[8]

'비미비소'의 민족자존 노선

정태영(진보당원,《조봉암과 진보당》저자)

얄타체제의 붕괴라는 세계사적 대변혁은 마침내 분단국가 독일의 통일을 가져왔고, 우리 한반도 통일의 가능성도 가져다주었다. 이제 조국의 통일을 가로막았던 국제적 제약 요인은 독일의 예에서 볼 수 있듯이 완전히 제거되었다. 그럼에

---

8 《인물계》, 1959년 4월호.

도 불구하고 얄타체제가 붕괴되는 이 시점에서조차 통일을
위한 노력은 그리 활발히 이루어지고 있는 것 같지 않다. 지
난 1991년 2월 우리나라를 방문한 바 있는 폰 바이체커 독일
연방 대통령이 지적했듯이 우리의 통일에 있어서도 첫째, 민
주주의의 철저한 실천, 둘째, 사회정의의 실현, 셋째, 서로를
이해하려는 사심 없는 교류의 증대 등이 요청되고 있다. 조봉
암과 진보당은 이미 50년 전에 이 같은 세계사적 변혁원리를
간파했으며, 민족이 강대국의 농락 대상이 되지 않고 민족자
존의 길을 걸을 수 있는 '비미비소' 노선을 제시한 바 있다.[9]

너무 조급한 노선의 야심가

주요한(당시 민의원)

조봉암 씨의 노선은 너무 조급하였고 너무 야심적이었거
나 그렇지 아니하면 의식적인 가장 전술이었다는 판정을 불
면하는 것이다. 선의로 해석하면 너무 조급했기 때문에 자금
조달에 있어서 중대한 과오를 범했다고 볼 것이다. 그 원인의
하나는 조 씨가 두 번 대통령으로 입후보하여 비정상적인 우
연의 소치로 의외의 득표를 한 데 대하여 스스로 과대평가했
는 데 있었을지 모른다.

---

9 정태영, 《조봉암과 진보당》, 한길사, 1991.

진보당사건의 정치적 의의는 여러모로 논할 수 있겠지만, 공산독재정치의 본질과 그 침투전술(최근 용어로 말하면 '간접적 침략')에 대한 일층 명료한 판단력을 우리 국민에게 주었다는 것이 하나의 결정적인 수확이라고 할 수 있을 것이요, '진보적'인 대중에게 자기 평가의 기회를 제공하는 것으로 생각한다.[10]

선구적 안목 갖춘 정치인

이동화(전 민주사회주의연구소 의장)

죽산은 해방 이후 과거 그가 몸담았던 공산주의 즉 폭력혁명을 제창하는 볼셰비즘에서 의회민주주의를 인정하고 점진적으로 자본주의를 개혁해 나가려는 민주사회주의로 옮아온 것이다.

죽산의 이 같은 변신은 2차대전 후 소련의 공산주의와 결별을 선언한 서구의 사회주의자들과 이념적으로 같은 자리에 놓일 수 있다. 서구의 사회주의자들이 2차대전 이후의 새 시대를 건설하기 위해서 혁명적 방법 대신 민족적인 길을 걸었던 것과 같이 죽산도 해방된 조국을 위해서는 수정공산주의, 즉 민주사회주의를 받아들여야 한다고 판단한 것이다.

---

10 《인물계》, 1958년 9월호.

죽산의 판단이 탁월했던 것은 전후의 유럽세계의 발전 과정이 입증해주고 있다. 죽산은 그만큼 선구적 안목을 갖췄던 정치인이었다. 그러나 6.25 이후 분단 고착화에 따른 극우 세력의 대두, 즉 이승만 일당과 한민당까지 포함한 반동세력이 주도권을 잡았던 시대가 그를 불행으로 몰고 갔다.[11]

진보주의자이면서 대중정치가

서중석(성균관대학 교수)

조봉암이 대중들로부터 지지를 받은 것은 진보주의자이면서 현실정치가이자 대중정치가로서 뛰어난 자질을 보여준 것과 함께, 그의 평화통일론과 피해대중단결론, 피해대중을 위한 정치를 하겠다는 주장이 대중한테 어필하였기 때문이었다.

또 평화통일론과 피해대중단결론은 극우반공체제를 위협하고 해체하는 기능을 가졌다. 휴전협정 체결에 즈음하여서부터 전개되어 한국형 파시즘 동원체제로 1950년대 내내 계속된 북진통일운동은 북과의 대결태세를 극대화하고 전시사태와 같은 긴장을 고조시켜 한편으로는 분단고착화를 강화하였고, 다른 한편으로는 영도자 이승만의 권력과 극우반공체제를 강화하는 데 뛰어난 효능을 발휘하였다. 그런데 조봉암은 북진

───── 11 《현대공론》, 1989년 6월호.

통일론의 허구성을 매섭게 공격하면서 평화통일론을 폈고, 이 평화통일론은 더 이상 동족상잔의 전쟁을 원하지 않고 평화적 통일을 원했던 피해대중으로부터 지지를 받았다.[12]

짧지만 굵게 산 민족주의자

박태균(《조봉암 연구》 저자)

식민지에서 해방으로, 그리고 전쟁에서 분단으로 이어져 온 한국의 현대사는 우리 민족에게 수많은 굴절과 왜곡을 강요해 왔다. 순탄치 않은 역사의 흐름 속에서 민족 성원 개개인들은 파란만장한 삶을 살아야 했으며, 개개인의 인생 그 자체가 역사이며 또한 대하소설이었다.

조봉암이라는 일개인 역시 이러한 역사적 흐름에서 예외일 수 없었다. 게다가 그는 평범한 삶을 살지 않고 각각의 역사적 국면에 적극적으로 대처하려고 하였다. 따라서 그는 한국현대사의 굽이굽이마다 그 중심에 등장했다. 일제시대에는 공산주의운동 주도자의 한 사람으로서, 단독정부 수립 직후에는 초대 농림부장관이자 국회부의장으로서, 1950년대에는 이승만 정권과 보수야당에 대항하는 혁신정당의 지도자로서, 이와 같이 한국 현대사의 중심에 위치했던 만큼 그의 정치노

━━ **12** 서중석, 《역사비평》, 1999년 여름호.

선과 활동은 여러 사람의 구설수에 올랐다. 그에 대한 평가 또한 공산주의자에서부터 사회민주주의자, 변절자에 이르기까지 매우 다양하였다. 시기시기마다 그의 활동에 대한 긍정적인 평가도 많았지만 비난도 적지 않았다.

지금까지도 많은 사람들이 조봉암이라는 이름 석 자를 기억하고 있는 것은 그의 다양한 활동 때문이기도 하지만, 화려한 변신 때문이기도 하다.

그러나 다른 무엇보다도 1950년대 이승만 정권의 독재 속에서 과감하게 전개했던 '평화통일운동'과 진정한 민주사회를 건설하기 위한 '진보당' 활동 때문이다. 따라서 그는 자신이 참여했던 이승만 정권의 반공이데올로기의 칼날에 맞고 쓰러질 수밖에 없었다. 1950년대 이후 남한 사회에서 혁신운동을 통해 민족주의 노선을 추구하다가 짧지만 굵은 일생을 마감한 것이다.[13]

그의 질주는 보수세력에 위협돼

이영석(《죽산 조봉암》 저자)

조봉암의 삶과 죽음만큼 슬픈 사연은 없다. 파란과 굴곡의 생애─그 마지막의 참담함에서 한恨을 볼 수 있기 때문이다.

─── **13** 박태균,《조봉암 연구》, '머리말'에서.

그가 걸었던 길은 나라를 잃었던 암흑의 시기를 살던 세대엔 숙명이기도 했던 수난의 길이었다. 그는 독립운동가→사회운동→사회주의운동이라는 길을 걸었다. 그는 20년대 조선공산당 창당의 주역이자 지도인물이었다. 그 때문에 7년의 옥고도 치렀다. 그는 8.15와 함께 공산주의를 청산했다. 그는 공산당과 대결해 싸웠고 건국에 헌신했다.

그는 초대 농림부장관이었고 2대 국회부의장이었다.…… 그는 50년대 이 나라 진보세력을 대표했다. 그는 진보주의의 씨를 뿌리고 가꾸겠다고 했다. 그의 정치적 질주는 이승만 박사에게만이 아니라 이 나라 보수진영에 위협으로 받아들여졌을지도 모른다. 아무튼 그의 정치행동엔 언제나 사신死神이 그림자처럼 따랐다.[14]

사람들은 그를 공산주의에서 전향했다고 한다. 하지만 그 스스로는 전향이라는 말을 가장 싫어했다. 그는 스스로를 민족주의자라고 했고 평등사회의 구현이 그의 이상이라고 했다. 그런 그가 소련의 괴뢰로 전락한 공산당과 대결하는 것은 전향이 아니라 그의 사상적 성숙이고 정착이라고 했다. 그는 정치적 좌표를 민중의 편이라고 했다. 그를 따랐던 사람들의

14 이영석,《죽산 조봉암》, '머리말'에서.

기억 속에 죽산은 가장 서민적인 정치인으로 남아 있다.

그는 농림부장관이던 때 오버코트를 오래 지니지를
못했다. 항일운동을 함께했던 가난한 동지가 그를 찾아왔
을 때 그 사람이 코트를 입지 않고 있으면 자기 코트를 입
고 가도록 했기 때문이다. 죽산의 이런 성격 때문에 비서
들은 곤란을 겪기도 했다. "자네, 돈 가진 것 있나." 그렇
게 해서라도 돈을 마련해 그를 찾아온 사람에게 건네주곤
했다.[15]

법무장관의 배신, 식언이었다

장택상(전 국무총리)

죽산은 머리가 명민한 사람이라 그가 정신착란증에 걸리
지 않는 이상 김일성의 첩자로부터 돈 몇 푼에 팔릴 사람이
아니라고 나는 믿고 싶다.

그야말로 그 진상이야 하늘이나 땅이나 알지 인간으로서
는 모를 일이지만 나는 부산으로 떠날 때 죽산에게 진 부채를
어느 정도나마 보상한 것으로 알고 있다.

그것은 다름 아니라 죽산이 처형당할 무렵, 하루는 죽산의

━━ **15** 이영석, 앞의 책, 289쪽.

영양 호정이가 내 집을 찾아왔다. 그는 "일이 닥쳐온다"는 뉴스를 내게 전하고는 하염없이 눈물을 흘렸다.

나는 즉시 구명운동에 나서 법무부장관을 만났다. 법무부장관은 두 가지 조건을 내세우면서 이 조건들이 이루어질 때 죽산의 처형을 익년 3.15선거 후로 미루겠다고 다짐했다. 그래서 나는 시기를 놓치지 않고 두 가지 조건을 완수하였다. 그 조건 중의 하나는 죽산의 성명서 발표였다. 그 성명서는 공산당이 아니라는 성명서로서 이는 내가 저작했고 윤길중 군이 받아 쓴 것이다.

윤군은 이 성명서를 가지고 내 차로 형무소로 직행, 죽산에게 온 이유를 설명하고 성명서 내용을 말하려고 하자 죽산은 듣기도 전에 노기를 띠며 "창랑이 집필했으면 그만이지 내게 설명은 무슨 설명이야……." 하고 윤군을 나무라면서 돌아서 나갔다. 나는 윤군으로부터 이 말을 전해 듣고 안타까운 마음에 두 눈에서 뜨거운 눈물을 흘렸다. 사람은 지기知己를 취하여 죽는다는 말이 옛날부터 있어왔다.

그러나 결국 이것은 다 허사로 돌아가고 말았으며, 죽산은 끝내 처형되고 말았다.

이것은 법무부장관의 배신이었고 식언이었다. 이 배신에 대한 심판을 이 세상에서 받지 아니하면 천국에 가서라도 받을 것이다. 내가 똑똑히 말해두고 싶은 것은 죽산은 비겁한 자가 아니라는 것이다. 죽산은 성격상 자기의 실낱만한 생명을 붙들기 위하여 자기가 평소에 품은 뜻을 속여가면서까지 내가 집필한 그 성명서를 수락할 리가 없다.[16]

━━━ **16** 장택상, 《대한민국 건국과 나》, 장병혜 . 장병초 편, 1992, 124~125쪽.

조봉암 선생 연보

연도(나이)	관계사항	국내외 사건
1899년(1세)	9월 25일 경기도 강화군에서 출생	
1904년(6세)		2월 8일 러일전쟁
1905년(7세)		제2차 한일협약(을사늑약) 체결
1910년(12세)		한일합병안 공포 조선총독부 설치
1911년(13세)	강화 공립보통학교 졸업	
1912년(14세)		토지조사령 및 시행령 공포
1913년(15세)	농업보습학교 졸업	
1914년(16세)		제1차 세계대전 발발
1915년(17세)	강화군청 고용원, 면서기, 대서 보조원 등으로 일함(1919년까지)	
1917년(19세)		10월 러시아 사회주의혁명
1918년(20세)		러시아의 이르쿠츠크에 남만춘 등 귀화 한인이 공산당 한인지부 창립 이동휘·김립 등 하바로프스크에서 한인사회당 조직(뒤에 상해파)

연도(나이)	관계사항	국내외 사건
1919년(21세)	3.1운동 참가로 서대문 형무소에서 1년간 수감	강우규 · 신임총독 사이또 일행에 폭탄을 던짐 상해임시정부 창설
1920년(22세)	YMCA 중학부 입학 5월 26일 대동단사건 관련 혐의로 연행되어 2주일간 조사받고 풀려남 7월 7일 일본에 건너가 도쿄 세이소쿠 영어학교 입학	박중화 등 조선노동공제회 창립 봉오동전투에서 홍범도는 일본군을 대파, 김좌진의 지휘 아래 청산리대첩을 거둠 서울청년회 조직 부산 부두노동자 총파업
1921년(23세)	연말 일본 쮸우오대학 전문부 정경과 입학 11월 29일 박열 등과 함께 재일 유학생 최초의 사회주의단체인 흑도회 조직	
1922년(24세)	7~8월경 귀국 11월 베르흐노이전스끄대회에 국내 대표로 참가 12월 모스크바 동방노력자공산대학에 입학	윤덕병 등 조선노동연맹회 결성 고려공산당 해체, 코민테른 극동총국 휘하에 고려국 설치
1923년(25세)	중반 폐결핵으로 고생함 9월 일본을 거쳐 귀국	국민대표대회 열림, 개조파와 창조파의 대립으로 결렬 김찬 · 김재봉 등 서울에 꼬르뷰로 국내부 설치 관동 대지진
1924년(26세)	이후 신흥청년동맹 · 화요회 등에서 활동 연초 김조이와 결혼 4월 3일 꼬르뷰로 산하 청년뷰로 간부로 임명됨	

연도(나이)	관계사항	국내외 사건
	4월 21일 조선청년총동맹 중앙 집행위원 9월 박헌영 등과 함께 조선일보 사회부 기자로 재직	조선노총동맹 창립총회 조선청년총동맹 발족 암태도 소작쟁의 발생
1925년(27세)	2월 16일 전조선민중운동자대회 경성대표 준비위원 4월 17일 제1차 조선공산당 결성. 중앙검사위원 4월 18일 제1차 고려공산청년회 결성. 중앙집행위원 5월 고려공청 대표, 조선공산당 부대표 자격으로 코민테른 및 국제공산청년동맹의 승인을 얻기 위해 모스크바로 떠남	화요회 중심의 조선공산당 창립 치안유지법 공포 백남운 · 홍명희 등 조선사정연구회 조직 조선노농총동맹, 조선노동총동맹과 조선농민총동맹으로 분리 신의주사건으로 제1차 공산당사건 발생
1926년(28세)	1~2월 김찬 · 김단야와 함께 조선공산당 중앙간부 해외부 설치 5월 16일 조선공산당 만주총국 설치, 책임비서 7월 조선 대표로 재상해 코민테른 원동부 위원	강달영 · 김재봉 등 제2차 공산당 조직 6.10만세운동 안광천 · 김준연 등 조선공산당 재조직(ML당)
1927년(29세)	4월 11일 한국유일독립당 상해 촉성회 조직에 참가 5월 20~26일 한구에서 열린 범태평양노조회의 1차 회의에 조선 대표로 참가 중반 코민테른 원동부 위원사임 8~9월경 일국일당원칙에 따라 홍남표, 여운형 등과 중국공	신간회 조직 근우회 창립 장개석 쿠데타로 국공분열, 남경에 국민정부 수립

연도(나이)	관계사항	국내외 사건
	산당 강소성위 법남구 산하에 한인지부 조직 딸 조호정 출생	
1928년(30세)		제3차 공산당사건으로 김준연 등 34명 구속 제4차 공산당사건 코민테른, 조선공산당 승인을 취소, 재건명령 하달(12월테제)
1929년(31세)	10월 26일 한국유일독립당 상해촉성회를 해체하고 유호 한국독립운동자동맹을 조직함 강령 규약 기초위원에 선임	원산 총파업 정의부 · 참의부 · 신민부, 제2차 통합회의 개최, 국민부 조직
1930년(32세)	2월 15일 상해 한인청년동맹 조직	간도 5.30사건 발생 국제적색노동조합, '조선의 혁명적 노동조합운동의 임무' 발표
1931년(33세)	2월 중국혁명호제회 상해한인 분회를 조직하고 동생 조용암을 책임자로 임명 12월 3일 상해 한인반제동맹 조직	신간회 해소 만주사변 발발
1932년(34세)	9월 28일 상해에서 프랑스 경찰에 피체 10월 10일 일본 경찰에 신병 인도 12월 3일 신의주 경찰서에 유치	간도공산당사건 발생 이봉창, 도쿄 사꾸라다몬 밖에서 일왕에게 폭탄 던짐 윤봉길, 상해 홍구공원에서 상해사변 승리 축하회장에 폭탄 던짐
1933년(35세)	9월 25일 공판 시작 12월 27일 신의주 지방법원에서 7년 징역 선고	총독부, 미곡통제령 공포

연도(나이)	관계사항	국내외 사건
1934년(36세)		재만 한국독립당과 한국혁명당 남경에서 회합, 신한독립당으로 통합
1935년(37세)		한국독립당 등 독립운동단체, 남경에서 민족혁명당 조직
1936년(38세)		신채호, 여순 감옥에서 옥사 중국에서 서안사건 발생
1939년(41세)	7월 감형(1년)되어 출옥, 이후 인천비강조합 조합장으로 일함 김조이와 재결합	영국과 프랑스, 독일에 선전포고
1940년(42세)		창씨개명 실시 한국국민당 · 조선혁명당 · 한국독립당, 통합하여 한국독립당 창당
1941년(43세)		일본, 하와이의 진주만 습격
1942년(44세)		김두봉 등 연안에서 조선독립동맹 조직 조선어학회사건
1943년(45세)		징병제 공포 카이로 선언
1944년(46세)		여운형, 지하단체 건국동맹 조직
1945년(47세)	1월 일본군 헌병사령부에 예비검속됨 8월 15일 해방으로 석방, 이날 밤 인천보안대 조직 8월 16일 인천 건국준비위원회 조직	얄타회담 개최 포츠담 선언, 한민족의 독립을 공약 일본의 패망과 조선의 해방 건국준비위원회 발족 조선인민공화국 수립 남과 북에 미군과 소련군이 분할 점령

연도(나이)	관계사항	국내외 사건
		이승만과 임정 환국 모스크바 3상회의 결정 발표
1946년(48세)	2월 15일 민주주의민족전선 결성식에 경기도 대표로 참석, 민전 인천지부 의장에 선임 5월 7~9일 '존경하는 박헌영 동무에게' 가 신문지상에 게재 5월 14일 민전 인천지부 의장직 사임 6월 11~22일 인천 미군방첩부대에 연행되었다 풀려남 6월 23일 인천시민대회장에 '성명서'(노동계급독재, 자본독재 반대, 공산정부 반대)배포, 이후 《3천만 동포에게 고함》《공산주의 모순 발견》 등 소책자를 저술 8월 2일 기자회견으로 반공노선 천명	찬반탁 운동 시작 민주의원, 민주주의민족전선 결성 제1차 미소공동위원회 시작, 실패미군정, 좌우합작위원회 설치 남조선과도 입법의원 개원
1947년(49세)	2월 민주주의독립전선 조직, 상무위원	남조선 과도정부 조직 여운형, 혜화동 로터리에서 암살됨 한국문제 유엔으로 이관
1948년(50세)	5월 10일 단독선거에 참가, 제헌 국회의원 당선 6월 1일 제1회 국회 본회의에서 헌법기초위원으로 선임 8월 2일 이승만에 의해 초대 농림부장관에 임명됨	유엔조선임시위원단 내한 4.3 제주도민중항쟁 발발 단독선거 실시와 단독정부 수립 2차에 걸친 남북협상 여순사건 발생

연도(나이)	관계사항	국내외 사건
1949년(51세)	2월 22일 관사수리비 유용 혐의로 농림부장관 사직	김구, 자택에서 안두희에게 암살됨 주한미군 철수, 주한미군사고문단 설치
1950년(52세)	5월 30일 제2대 국회의원에 당선 6월 19일 장택상과 함께 국회부의장으로 선출됨(이후 1952년 7월 10일 재선되어 1954년 5월까지 국회부의장으로 활동)	제2대 국회의원 선거 한국전쟁 발발 미군과 중국군의 참전
1952년(54세)	8월 5일 제2대 대통령 선거에 입후보, 2위로 낙선	거창양민학살사건 발생 발췌개헌안 국회 통과 부산정치파동 제2대 정·부통령 선거
1953년(55세)		휴전협정 조인 한미상호방위조약 조인
1954년(56세)	3월 《우리의 당면과업》 저술 5월 20일 당국의 방해로 제3대 국회의원 선거 후보등록 실패	제3대 국회의원 선거 사사오입개헌
1955년(57세)	2월 민주당 창당에 참여하겠다는 성명 발표(결국 참여 못함) 9월 1일 혁신계, 진보세력의 광릉회합 12월 22일 진보당 창당준비위원회구성, 추진위원회 대표에 선임	민주당 결성
1956년(58세)	3월 31일 진보당 전국추진위원 대표자대회에서 대통령 후보로 지명	제3대 정·부통령 선거(대통령 이승만, 부통령 장면 당선) 진보당 창당

연도(나이)	관계사항	국내외 사건
	5월 15일 제3대 대통령 선거 입후보, 2위로 낙선 11월 10일 진보당 창당위원장으로 선출됨	
1957년(59세)		민주혁신당 창당 근로인민당 재건사건 발생
1958년(60세)	1월 13일 진보당사건으로 검거됨 2월 25일 진보당 등록 취소 7월 2일 제1심에서 징역 5년 선고(국가보안법 위반죄) 10월 4일 항소심에서 사형 선고	진보당 사건 제4대 국회의원 선거 지방의회선거 2.4보안법 파동
1959년(61세)	2월 27일 상고심에서 사형 선고(간첩죄) 7월 30일 대법원에서 조봉암의 재심청구 기각 7월 31일 사형집행	경향신문 폐간
1960년 1961년		3.15부정선거 4.19민주혁명 발발 7.29총선 내각책임제 개헌과 민주당정권 성립
		5.16군사쿠데타

▬▬ 박태균, 《조봉암 연구》, 전재.

죽산 조봉암 선생 50주기, 명예회복을

　이승만 대통령과 친일파들이 죽산 조봉암 선생을 '사법살인'한 지 7월 31일로 50주년이 된다. 치열한 독립운동가, 평화통일론자를 권력에 중독된 이승만과 친일에서 반공으로 '성형수술'한 법조인들이 합작하여 처형한 뒤 반세기가 지났다. 그 억울함과 부당함, 불법과 폭력이 아직까지 신원되지 않고, 재심 조처와 독립유공자 인정이 이루어지지 못하고 있는 것은 한국 사회의 야만성을 보여주는 대목이다.

　죽산은 일제와 싸우다가 체포되어 손톱이 뽑히는 고문을 당하고 신의주 감옥에서 7년을 복역하면서 혹독한 추위 속에 동상으로 손가락 7개를 잘라내기도 했다. 해방 이듬해 박헌영을 비판하는 성명을 발표하고 민족진영에 가담하여 제헌의원과 초대 농림부장관을 맡아 정부수립 과업에 기여했다. 그리고 '평화통일론'과 '고루 잘사는 사회' 건설을 내세우며 이승만 정권에 도전했다가 정치보복을 받고 형장의 이슬로 사라졌다.

이승만은 자신의 정적 죽산을 죽이기 위해 국무회의에서 세 차례나 '죽산 재판 문제'를 언급하여 사법부에 압력을 가하고, 검찰과 법관들은 '국부'의 뜻을 받들어 총대를 멨다. 상고심의 재판장 김세완과 주심판사 백한성·변옥주 등은 총독부 판사로서 독립운동가들에게 유죄 판결을 선고했고, 사형집행에 서명한 홍진기 법무장관 역시 총독부 판사를 지낸 인물이다. 해방 조국에서 총독부 판사 출신들이 독립운동가에게 애먼 누명을 씌우고 공산주의자로 몰아 처형한 것은 반문명·반이성·반민족의 극치다. 1959년 7월이면 해방 9년이 지난 시점인데, 감옥에 가 있거나 은둔했어야 할 친일파들이 법복을 입고 독립운동가를 처단한 것은 참괴이고, 그런 '전통'이 지금까지 사법부에 이어지고 있는 것이 참담하다.

죽산은 투철한 독립운동가, 진보적인 평화통일론자, 양심적인 개혁정치인이었다. 이승만의 비현실적인 북진통일에 맞서 평화통일론을 제기하고 자유당의 부패한 독재권력에 대항하여 개혁정치를 주창하다가 용공으로 몰려 회갑을 두 달 남겨두고 처형되었다. 6·25전쟁 때는 공산군의 체포령이 내려지고 부인이 납북되는 시련을 겪었다. 제헌의회 헌법기초위원으로 선임되어 국민기본권 신장과 균형 있는 경제 조항을 신설하고, 초대 농림부장관에 기용되어 농지개혁의 기초를 만들었다. 전쟁 때 농민들이 북한 인민군에 협력하지 않은 것은 죽산의 농지개혁 기초에 힘입은 바 컸다. 제3대 대통령 후보로서 국민의 지지를 받아 '투표에 이기고 개표에 지는' 불운을 겪었다. 이것이 화근이 되어 결국 교수대에 서게 되었다.

죽산의 생애에서 정수라고 할 수 있는 진보당의 정강과 정책은 당의 강제해산과 당수의 처형 이후 '불온'의 대상이 되고 망각에 묻혔다. 죽산은 유언에서 자신은 '평화통일의 씨앗'을 뿌린 것이고 열매는 후대에 맡긴다고 말했지만, 반세기가 지난 오늘 또다른 이 대통령 치하에서 평화통일운동은 용공좌경의 동의어가 되고 다시 북진통일론이 고개를 쳐들고 있으니, 50년대의 트라우마가 반복되는지, 역사가 거꾸로 가는지 개탄스럽다.

브루노가 이단으로 몰려 화형당할 때 "말뚝에 묶여 있는 나보다 나를 묶고 불을 붙이려는 당신들이 더 공포에 떨고 있을 것이다"라고 했듯이 한 치 앞을 볼 줄 몰랐던 이승만과 수하들은 죽산을 죽인 지 9개월 만에 4월혁명으로 외국으로 도망치거나 투옥되었다. 진실·화해를 위한 과거사정리위원회에서 죽산 사건은 정치탄압이므로 명예회복 조처를 취하라고 권고했다. 이제 정부는 선생을 독립운동가로 서훈하고, 사법부는 재심을 통해 선생의 명예를 회복시켜야 한다. 이것은 50년 묵은 산 자들의 책무다. 삼가 죽산 선생의 명복을 빈다.

2009년 7월 29일자 《한겨레》 시론
김삼웅 전 독립기념관장

찾아보기

인 물

가

아

내 용